조사방법론

제갈욱 · 김병규 · 윤기웅 · 제갈돈

도서출판 대영문화사

머리말

주제의 선정과 자료의 수집, 분석, 보고서 작성은 사회과학을 공부하고 연구하는 데 매우 중요한 것으로 학생들이 사회에 나아가 역량을 발휘할 수 있는 실용적인 능력이다. 그럼에도 불구하고 저자들이 다년간의 조사방법론 강의를 하면서 느낀 것은 많은 교재가 이론적인 면에 치중하고 있어 학생들의 지식을 함양하는 데는 어느 정도 도움이 되겠지만 다양한 방법을 조사연구 주제의 데이터에 적용해 분석하고 그 결과를 바탕으로 보고서를 쓰고 그 함의를 도출하는 데는 한계가 있다는 점이다. 또한 다수의 교재가 데이터를 활용해 분석하는 실습 부분이 상대적으로 빈약하다는 것도 학생들의 자료를 활용한 분석 능력을 제고하지 못하는 결과를 낳고 있다.

이러한 부족한 점을 미약하나마 보완해 이 교재를 통해 주제 선정부터 설문지 작성, 설문조사, 데이터 코딩, 다양한 방법을 적용한 분석, 분석 결과를 토대로 한 보고서 작성까지 전 과정의 사회조사 능력을 제고하고자 하는 것이 교재 저술의 동기이자 목표이다. 또한 조사방법론에서는 주로 다루지 않고 계량행정이나 통계학에서 다루는 통계학적 접근도 필요한 부분에 접목해 학생들의 이해를 돕고자 노력했다.

특히, 다양한 분석기법을 통해 통계치들이 어떻게 도출되었는지를 설명함으로써 학생들의 이해를 돕고자 했는데 이는 이 교재만의 장점이라고 생각된다.

이 교재는 모두 14개 장으로 구성되어 있다. 1장은 사회과학과 과학적 연구 방법, 2장은 이론, 가설, 변인 및 측정, 3장은 표집 방법, 서베이 방법, 설문지 작성법, 4장은 SPSS를 활용하는 방법, 5장은 SPSS를 이용한 기초 통계분석, 6장은 추리통계, 7장은 문항 간 교차비교분석, 8장은 t검증, 9장은 일원변량분석, 10장은 다원변량분석, 11장은 상관관계분석, 12장은 회귀분석, 13장은 경로분석, 14장은 요인분석으로 구성되어 있다. 특히 분석 방법 부분에서는 각 분석기법을 여러 데이터를 활용해 결과를 내고 해석하는 방법을 자세하게 설명함으로써 실용적 능력을 배양할 수 있도록 노력했다.

끝으로 이 책의 원고를 작성하고 수정하는 데 큰 도움을 준 제자 제갈대헌 군에게 고마움을 전한다.

2016년 7월

저자 일동

차 례

제 1 장 사회과학과 과학적 연구 방법

제 1 절 사회과학과 과학적 탐구

1 사회과학의 개념과 특성

사회과학은 사회 현상을 그 연구 대상으로 한다. 관찰할 수 있는 실체를 현상(phenomenon)이라 하는데 이를 바탕으로 사회 현상(social phenomenon)을 정의하면 사회 내의 인간, 인간 간의 상호작용, 사회구조에서 일어나는 모든 관찰할 수 있는 실체를 의미한다. 그러므로 사회과학은 사회 내의 인간이나 인간집단 간의 상호작용으로 나타나는 현상을 연구하는 학문이다. 이는 자연과학에 대비되는 개념으로 자연과학이 물리학, 화학, 생물학, 천문학 등 물리적·자연적 세계를 탐구하는 학문이라면 사회과학은 사회 현상을 탐구하는 학문으로 사회학, 행정학, 경영학, 경제학, 정치학, 심리학 등이 포함된다.

이런 사회과학의 특성은 자연과학과 비교함으로써 독자의 이해를 도울 수 있는데, 자연과학이 자연적 현상을 관찰하고 법칙을 발견해 결과를 정립할 수 있다면 사회과학은 상대적으로 사회 현상을 관찰해 그 결과를 유도하므로 견고함이 약하다고 할 수 있다. 다시 말해 사회 현상은 시대와 사회의 환경에 따라 다르게 나타날 수 있는 여지가 자연과학에 비해 훨씬 크다고 볼 수 있다. 예를 들어 1940년대까지는 미국 대통령선거에서 유권자들이 누구를 선택할 것인가에 가장 큰 영향을 미치는 요인은 후보자들의 선거운동이라고 여겨져 왔다. 그러나 컬럼비아대학교의 연구팀이 1944년에 유권자들과의 면접을 통해 유권자들의 선택은 후보자들의 선거운동이 시작되기 전에 결정된다는 것을 발견하면서 이에 대한 선거운동결정론은 흔들리기 시작했으며, 1974년 마침내 니미(Richard Niemi)와 제닝스(Kent Jennings)에 의해 유권자의 선택은 가족과 학교에 의해 이미 결정된다고 밝혀졌다. 즉, 대통령을 선택하는 데 가장 큰 영향 요인은 어린 시절의 가족과 학교의 영향력, 특히 부모와 선생님의 영향력이 가장 큰 것으로 드러났다. 이렇듯 사회과학의 진리는 자연과학에 비해 상대적으로 쉽게 바뀔 수도 있다. 프톨레마이오스(Klaudios Ptolemaeos) 천동설에서 코페르니쿠스(Nicolaus Copernicus)의 지동설로 바뀐 것의 주기(週期)와 비교해 보면 그 견고성이 비교될 수 있다.

사회과학과 자연과학은 과학성을 추구한다는 점에서 공통점이 있으나 위에서 제시한 연구 대상과 연구의 견고성 외에도 연구 방법, 지식 습득 방법 등에서 차이가 있다. 연구 방법 면에서 사회과학은 실증적 방법과 반실증적 방법 양자를 사용하나 자연과학의 경우 실증적 방법만을 추구한다. 지식 습득 방법 면에서도 사회과학은 과학적 방법뿐만 아니라 직관, 관찰, 관습 등에 의해서도 설득력 있는 법칙의 발견이 가능하나 자연과학은 과학적 방법에만 의존한다. 이는 연구 대상의 차이에서 기인하는 것이라 볼 수 있다.

2 사회과학 방법과 과학적 탐구

사회과학을 탐구하는 방법을 사회과학 방법이라 한다. 사회과학 방법은 사회 내·외에서 일어나는 다양한 상황, 사건, 현상들을 객관적이고 체계적으로 탐색(exploration), 기술(description), 설명(explanation), 예측(prediction)하는 것을 목적으로 한다. 이러한 사회과학 방법은 과학적 연구를 그 기본으로 한다.

1) 과학적 탐구

과학은 자연이나 사회 현상을 체계적으로 관찰해 이들로부터 일정한 규칙성 또는 유형(pattern)을 찾아내 이를 설명하고 이해하려는 데 목적이 있다. 사람들은 자기 주변의 일을 관찰하고 이해하지만 객관성 없는 관찰과 자신의 주관적 의견과 논리적이지 못한 해석으로 오류를 범하는 반면, 과학자는 논리적으로 신중하게 관찰을 하고 관찰한 결과를 객관적으로 분석함으로써 복잡하고 혼란스러운 현상에서 일반적인 유형을 찾아내고 이를 설명 · 이해하려 한다. 다시 말해 과학자들은 논리적인 방법에 의해 정보와 자료를 수집해 경험적으로 검증하고 합리적인 결론을 얻는다. 그래서 과학자들은 각각의 학문 분야에서 관심과 흥미를 갖는 현상과 현상들 간의 관계에 대해 일정한 법칙과 규칙성 발견하고 이를 축적해 이론을 구축하는 것을 목적으로 삼는다. 즉, 현상들 간에 규칙성이 축적되고 정립되면 이는 그 학문의 이론(theory)으로 정립되고, 이러한 이론의 지속적인 발전과 새로운 발견을 위해 과학적 연구 방법(scientific research method)을 사용한다. 과학적 연구 방법은 객관성을 기본적 특성으로 하는데, 객관성이란 연구 과정과 결과가 현재 받아들여지고 있는 지식 체계 내에서 논리적이고 경험적인 근거에 근거해 현상들 간의 인과 관계(원인과 결과)를 파악하려 함을 의미한다. 이 밖에도 논리성, 일반성, 간결성, 구체성, 검증 가능성, 항상성(恒常性)과 같은 특징을 갖는다. 논리성은 이치에 맞아야 함을 의미하는 것으로 시간의 순서성과 인과 관계의 타당성을 의미하고, 일반성은 결과가 개별적인 현상만을 설명하는 것이 아니라 유사한 현상에 대한 보편적인 설명이 되어야 함을 의미하고, 간결성은 필요한 최소한의 설명으로 현상을 설명할 수 있어야 함을 의미하며, 구체성은 추상적이지 않고 구체적이어야 함을 의미하고, 검증 가능성은 경험적으로 검증 가능해야 함을 의미하며, 항상성은 결론이 일정 기간 이상 유지되어야 함을 의미한다(최창현, 2011).

2) 과학적 탐구의 접근법

사회과학에서의 과학적 탐구는 논리실증주의에 그 바탕을 두고 있다. 즉, 사회 현상에 대한 과학적 주장은 납득할 만해야 하고(논리적이고), 우리가 관찰한 것과 일치해야(경험적으로 입증되어야) 한다. 논리실증주의(logical positivism)는 사회과학 연구의 세 가지 주요 구성 요소인 이론, 자료 수집, 자료 분석과 연관된다. 이론은 사회 현상에 대한 논리적 기대를 다루며, 자료 수집은 논리적 실체를 증명하기 위해 자료를 수집하는 것이고 자료분석은 자료를 분석해 그 결과가 논리적 기대(이론)와 일치하는가를 검증하는 것이다. 그 결과 일치하면 기존의 이론을 더 견고히 하는 것이며, 일치하지 않는다면 이론이 틀릴 수도 있다는 것을 제기하고 새로운 이론의 추구의 계기가 된다. 사회과학자는 이러한 과학적 탐구를 할 때 가능한 한 객관적인 방법으로 사회 현상을 관찰하고 해석해야 하는데 이를 위해 귀납적 방법(inductive method)과 연역적 방법(deductive method)을 흔히 사용한다. 귀납적 방법은 특정 현상의 관찰에서 출발해 일반적 유형(이론 또는 원리)을 발견하는 것이고, 연역적 방법은 일반 원리(이론)로부터 출발해 관찰을 통해 그 이론의 타당성을 검증하는 것이다. 즉, 귀납적 과정은 현상을 관찰해 일반적 법칙을 발견해서 가설을 세우고 이를 검증하는 것인 반면, 연역적 과정은 일반 원리로부터 가설을 도출하고 관찰·분석해 이를 검증하는 것이다. 사회과학 연구에서 두 방법이 모두 사용되며 양자는 상호 보완적이다.

3) 패러다임

패러다임(paradigm)이란 개념은 쿤(Thomas S. Kuhn)의 저서 『과학혁명의 구조(*The Structure of Scientific Revolution*)』에서 제시된 개념으로 "어떤 한 시대 사람들의 견해나 사고를 근본적으로 규정하고 있는 테두리로서 인식의 체계, 또는 사물에 대한 이론적인 틀이나 체계"를 의미한다(위키피디아백과사전, 2015).

그림 1-1 패러다임의 이동

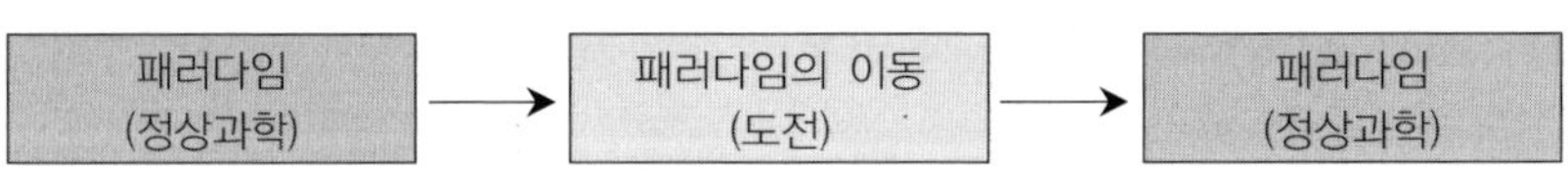

위의 그림에서 정상과학(normal science)이라고 여겨지는 이론과 틀, 연구 방법 등(패러다임)이 새로운 발견에 의해 의심되고 도전을 받게 되며, 그 결과 새로운 이론과 틀, 연구 방법이 정상과학이라는 패러다임으로 자리 잡게 된다. 이러한 과

정을 패러다임의 이동(paradigm shift)이라 한다. 대표적이고 가장 널리 활용되는 예가 천동설에서 지동설로의 전환이다. 프톨레마이오스(Klaudios Ptolemaios)의 지구가 중심이고 태양이 돈다는 천동설이 하나의 진리(패러다임)로 여겨지다가 16세기 초 코페르니쿠스(Nicolaus Copernicus)에 의해 도전을 받기 시작한다. 그 당시 코페르니쿠스의 지동설은 받아들여지지 않았지만 17세기에 케플러(Johannes Kepler)와 갈릴레이(Galileo Galilei)에 의해 지동설은 지지를 받았고, 후에 새로운 패러다임의 지위를 가지게 되어 오늘날까지 사람들에게 받아들여지고 있다. 이렇듯 패러다임의 이동은 모든 과학 연구의 기본적인 철학적 구조가 될 수 있다. 우리가 연구를 하는 과정도 패러다임의 이동과 맥락을 같이한다. 이러한 맥락에서 사회과학에서 진실이라고 믿어온 이론이나 원리가 계속 검증되어 이론으로서의 지위를 굳건히 하게 되기도 하고, 어떤 이론은 시대나 사회환경의 변화에 따라 그 타당성이 무너져 이론으로서의 지위를 잃게 되기도 한다. 결국 이러한 과정은 어떤 연구주제이든 그 의문에 대한 진리를 찾아가는 과정이다.

제 2 절 사회과학 연구 방법 개관

다음 [그림 1-2]와 같이 사회과학 연구 방법은 조사 방법과 통계 방법으로 구분할 수 있는데, 상대적으로 조사 방법은 데이터 수집 방법에 초점을 두고 그 내용은 연구분석을 위한 개념의 조작화, 변수의 측정, 연구 대상의 표집 방법, 자료 수집 방법, 연구설계로 구성되며, 통계 방법은 수집된 자료를 처리하는 데이터 분석 방법에 초점을 두는 것으로 이는 기술통계와 추리통계로 구성된다.

1 조사 대상(모집단과 표본)

조사 대상의 선정은 어떤 사람들을 대상으로 조사해 연구를 할 것인가를 결정하거나 어떤 분석 단위를 대상으로 연구를 할 것인가를 결정하는 것이다. 실질적인

그림 1-2 사회과학 연구 방법

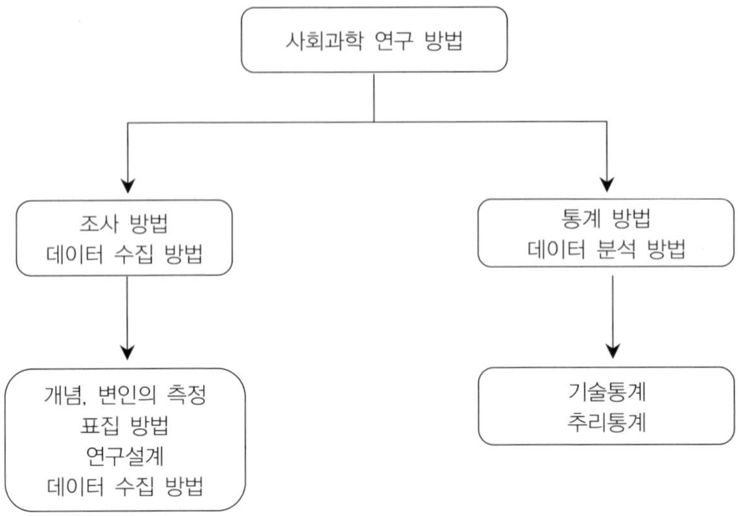

연구의 진행을 위해서는 조사 대상에의 접근성과 자료의 획득 가능성이 매우 중요하다.

1) 모집단

모집단(population)은 연구자가 연구를 할 때 관심을 가지는 대상 전체를 의미한다. 예를 들어 A시 시민들의 시장에 대한 신뢰도를 조사한다면 A시의 시민 전체가 모집단이 된다.

2) 전수조사

연구자가 전체 대상(모집단)을 대상으로 조사하는 것을 전수조사(complete enumeration)라 한다. A시 시민들의 시장에 대한 신뢰도 조사의 경우 A시의 시민 전체를 대상으로 조사한다면 전수조사이다.

3) 표본조사

대부분의 조사는 제한된 예산, 제한된 시간, 제한된 인력 등 제약 조건 하에 수

행하게 되므로 표본을 대상으로 조사하는 것을 표본조사(sampling survey)라 한다. A시 시민들의 시장에 대한 신뢰도 조사의 경우 예산, 시간, 인력의 제한으로 시민 중 대표성을 가지는 1,000명을 대상으로 조사를 한다면 이는 표본조사이다.

2 조사 방법

데이터를 수집하는 과학적 방법을 의미하며, ① 과학적 연구 절차와 변인의 종류와 측정 방법, ② 표본을 선정하는 표집 방법(확률 표집 방법과 비확률 표집 방법), ③ 연구설계(서베이[survey]와 실험[experiment] 연구) 등 데이터 수집 및 입력 방법을 포함한다.

3 통계 방법

사회과학 연구는 연구자가 관심을 가지고 있는 전체 대상, 즉 모집단(population)

그림 1-3 통계 방법의 분류

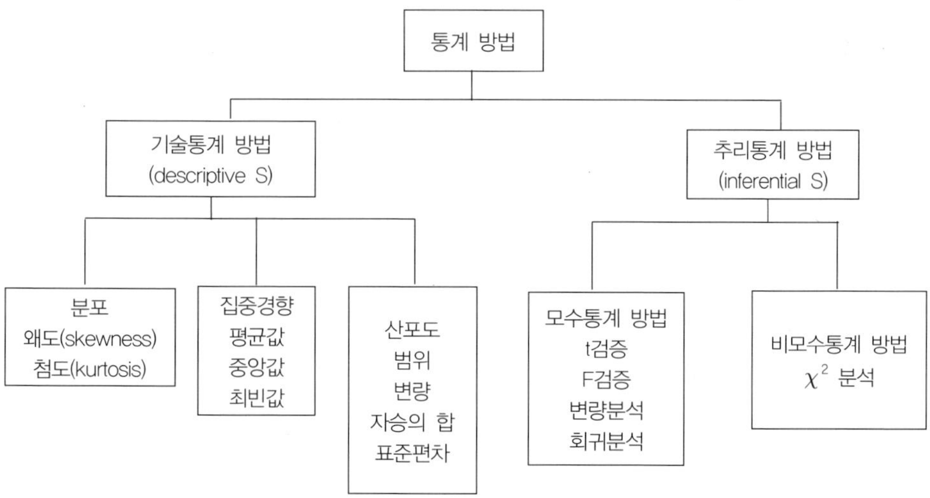

을 대상으로 이뤄지지는 않는다. 모든 연구는 제한된 예산과 시간 속에서 수행되기 때문에 모집단을 대상으로 연구하는 것은 불가능한 경우가 많다. 따라서 연구자는 모집단을 가장 잘 대표하는 표본을 선정해 이를 대상으로 연구한다. 그러므로 표본은 모집단의 부분집합이다.

통계 방법이란 데이터를 분석하는 방법을 의미하며, 기술통계 방법(descriptive statistics)과 추리통계 방법(inferential statistics)으로 구분되고, 추리통계 방법은 다시 모수통계 방법(parametric statistics)과 비모수통계 방법(non-parametric statistics)으로 구분된다.

1) 기술통계 방법

표본의 주요 특성이나 속성을 파악하는 통계 방법으로 자료의 정리와 단순화를 목적으로 하는 통계 방법이다. 변인의 분포(distribution)와 집중경향(central tendency), 산포도(dispersion)를 분석하는 것을 내용으로 한다.

(1) 변인의 분포

자료의 분포가 정상분포에 비해 왼쪽으로 기울었는지 오른편으로 기울었는지 파악하는 왜도(skewness, 비대칭도)와 자료의 분포가 정상 분포에 비해 뾰족한지 완만한지를 파악하는 첨도(kurtosis, 뾰족도)를 분석하는 것을 말한다.

(2) 집중경향

집중경향(central tendency)이란 분포의 특성을 평균값(mean), 중앙값(median), 최빈값(mode)을 통해 분석하는 것을 말한다.

(3) 산포도(분포)

범위(range), 사분위수, 변량(variance), 자승의 합(sum of square, 분산), 표준편차(standard deviation) 등을 통해 각 자료값들이 평균값으로부터 얼마나 퍼져 있는지를 분석하는 것을 의미한다.

2) 추리통계 방법

모집단과 표본을 구분해 표본의 연구 결과를 모집단에 일반화할 수 있는지를 판단하는 통계 방법으로 연구자가 표본의 연구 결과를 통해 모집단의 결과를 유추하는 통계 방법이다. 추리통계 방법은 모수통계 방법과 비모수통계 방법으로 구분할 수 있는데 모수통계 방법을 사용할지 비모수통계 방법을 사용할지는 측정 수준(level of measurement)과 선형성(linearity), 변량의 동질성(homogeneity of variance) 등 몇 가지 전제 조건의 충족 여부에 따라 결정된다.

(1) 모수통계 방법

모집단의 특성에 관한 정보(분포의 형태와 모수에 대한 사전정보)가 충분하고, 변수의 척도가 등간척도 이상으로 측정된 경우 적용될 수 있는 통계분석 방법으로 정규분포일 때는 모수통계를 사용한다. Z검증, t검증, F검증(변량분석), 상관관계분석, 회귀분석 등이 해당된다.

[예] 상관관계 분석 방법을 정확하게 사용하기 위해서는 모든 변인이 반드시 등간척도(또는 비율척도)로 측정되어야 한다. 이러한 전제 조건들이 충족되었을 때 사용할 수 있는 통계 방법이 모수통계 방법이다. 모수통계 방법에는 t검증과 변량분석(ANOVA), 회귀분석 등이 있다.

(2) 비모수통계 방법

모집단 분포의 형태나 모수에 대한 정보가 부족해, 모집단의 특성에 대한 가설을 세우기 어렵거나 자료의 척도가 명목척도나 서열척도인 경우 적용되는 통계기법으로 전제 조건들을 충족하기 어려운 상황에 적용한다. 편포일 때는 비모수통계를 사용한다.

[예] 대표적인 방법은 χ^2(chi-square)분석이다.

4 분석기법의 분류

통계분석 기법은 다음의 분류 기준에 따라 세분화될 수 있다.

① 분석상 고려되는 변수의 수에 따라 단일변량분석과 다변량분석으로 구분된다.

② 변수들 상호간의 관계에 따라 종속 관계에 관한 기법과, 상호 관계에 관한 기법으로 구분된다.

③ 변수들의 척도의 종류에 따라 모수통계분석과 비모수통계분석으로 구분된다.

④ 표본을 추출하는 집단 수에 따라 표본이 2개 이상인 경우에는 표본 간의 독립성 유지 여부에 따라 분석기법이 달라진다.

데이터를 분석하는 통계 프로그램

데이터를 분석하는 데 주로 사용되는 프로그램으로는 SPSS(Statistical Package for the Social Sciences)/PC, SAS(Statistical Analysis System), Stata(Statistics와 Data), BMDP, MINITAB, Crystall Ball 등이 있다. 이 책에서는 SPSS/PC를 이용한 분석 방법을 설명하는 데 시행하는 두 가지 방법으로는 SPSS/PC Syntax Editor를 사용해 연구자가 프로그램을 만들어 실행하는 방법과 메뉴판을 이용하는 방법이 있다.

제 3 절 사회과학 연구 절차

1 사회과학 연구 과정

사회과학 연구 절차는 연구자들에 따라 다소 다르게 표현되기도 하나 일반적으로 연구 문제의 설정부터 결론 및 논의까지의 일련의 과정으로 설명될 수 있다. [그림 1-4]는 연구 과정을 도식한 것이다.

그림 1-4 사회과학 연구 과정

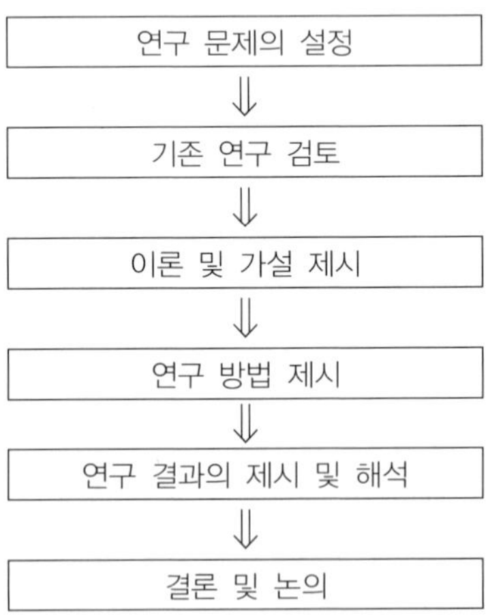

1) 연구자는 연구하고 싶은 연구 문제를 설정한다.
2) 연구자는 기존(선행) 연구를 검토한다.
3) 연구자는 기존 연구들의 문제점을 보완 또는 개선할 수 있는 이론을 찾거나 때로는 새로운 이론을 만들어 이를 기존 이론의 대안으로서 제시한다. 이론의 타당성을 구체적으로 검증할 수 있는 연구가설(대립가설, alternative hypothesis)을 만들어 제시한다.
4) 가설을 검증할 수 있는 수단인 과학적인 연구 방법을 제시한다.
5) 연구 방법을 이용해 데이터를 분석한 후 연구 결과를 제시한다.
6) 결론과 논의에서는 연구 결과를 요약하고, 가설 검증을 통해 이론이 적절했는지를 판단하고, 연구가 지닌 의의를 논의한다.

1) 연구 문제의 설정

연구의 성공과 실패는 어떤 문제를 설정하느냐에 달려 있다. 연구 문제 설정 과정에서 고려해야 할 사항은 아래와 같다.

① 너무 광범위한 연구 문제를 잡아서는 안 된다. 너무 광범위한 연구 문제를 설정할 경우 조사의 실현 가능성이 낮아지고 검증하기가 어려워지므로 연구 문제는 될 수 있는 한 구체적이어야 한다.
② 현실적으로 조사 가능한지를 검토한다. 아무리 좋은 연구 문제를 설정했더라도 조사가 가능하지 못한 연구 주제는 의미가 없다.
③ 연구할 만한 가치가 있는지 검토한다. 설정된 연구 문제는 사회적으로 그 필요성이 있고, 연구 결과가 사회에 도움이 되는 가치 있는 것이어야 한다.
④ 연구할 비용과 시간을 고려한다. 연구 문제를 수행하는 데 그 비용과 연구 시간이 현실적으로 고려되어야 한다.
⑤ 윤리적인 문제를 고려한다. 특히 조사 방법에서 자료 수집이 개개인을 통한 설문지나 면접에 주로 의존하므로 윤리적인 문제가 고려되어야 한다.

2) 기존 연구 검토

연구자가 제기한 연구 문제와 직·간접적으로 관련된 연구들을 비판적으로 검토하는 단계이다. 연구자가 채택한 연구 문제와 관련된 많은 선행 연구(문헌)가 있을 수 있다. 좀 더 타당성 있는 연구가 되기 위해서는 기존 연구에서의 이론적 논의, 연구 방법, 연구 결과에 대한 고찰이 필요하다. 이론적 검토에서는 개념의 정의와 개념과 개념 간의 논리적 관계를 중심으로 가설을 뒷받침할 수 있는 인과 관계에 대한 탐색이 중점이 되어야 하며, 방법적인 측면의 검토에서는 인과 관계를 바탕으로 한 개념과 개념 간의 진술인 명제의 적합성과 분석 방법의 타당성을 중심으로 검토되어야 한다.

3) 이론 및 가설 제시

기존 문헌 검토에서 제기한 문제점을 해결하기 위한 대안으로 기존의 이론을 부분적으로 보완했거나 개선시킨 이론이나 새로운 이론을 제안하는 단계이다.

이론에서는 개념들이 등장하고, 이들 개념 간의 상호 관계가 제시된다.

좋은 이론은 사용된 개념이 명확하게 정의되고, 개념들 간의 상호 관계가 논리적으로 연결된 것으로 현상을 잘 설명하는 이론을 말한다.

나쁜 이론은 사용된 개념이 명확하게 정의되어 있지 못하거나, 개념들 간의 관계가 체계적으로 연결되어 있지 못해 현상을 잘 설명할 수 없는 이론을 말한다.

가설(hypothesis)은 변인들 간의 관계에 대한 검증 가능한 연구자의 주장으로, 추상적 개념을 현실 세계에서 구체적으로 검증할 수 있도록 조작적 정의(operational definition)를 통해 수량화시켜야 하는데 수량화된 개념을 변인이라 하며, 변인들 간의 상호 관계(인과 관계)에 대한 연구자의 주장을 가설이라 한다. 가설을 설정할 때 고려해야 할 사항은 다음과 같다.

① 가설은 이론과 모순되어서는 안 된다(일치성).

② 가설에서는 변인들 간의 논리적인 일관성이 있어야 한다(일관성).

③ 가설은 간결하게 서술되어야 한다(간결성).

④ 현실적으로 조사와 분석이 가능해야 한다(현실성).

4) 연구 방법 제시

이론과 가설을 제시한 다음에는 이를 경험적으로 검증할 수 있는 연구 방법을 제시하는 단계이다.

연구 방법은 가설을 검증할 수 있는 도구를 의미하며 과학적인 방법이 되기 위해서는 데이터 수집이 객관적으로 이뤄져야 하고, 개념 정의 및 측정이 명확하게 이뤄져야 하며, 가설을 검증할 때 사용 방법이 타당해야 한다.

연구 방법을 제시할 때 고려 사항은 다음과 같다.

① 객관적으로 데이터를 수집할 수 있는 방법을 선택해야 한다.

② 가설에서 제시한 변인들을 제대로 정의하고 측정해야 한다.

③ 변인들 간의 상호 관계를 분석하는 적절한 방법을 선택해야 한다.

5) 연구 결과의 제시 및 해석

연구 결과의 제시 및 해석 부분에서는 연구 가설의 분석 결과를 제시한다. 앞의 과정에서 적절한 분석 방법의 결과를 주로 표로 제시하고 그 결과를 기술한다. 결과를 제시할 때 적용된 분석 방법에 따라 그 기술 내용이 달라지지만 주로 변인들 간의 관계 또는 영향력의 크기와 그 통계적 유의성 등이 기술되어야 하며, 가설의 검증에 대한 결론을 제시한다. 분석 결과는 외적 타당성과 내적 타당성을 기준으로 해석해야 한다.

외적 타당성은 모집단과 장소, 시간에 구애받지 않고 연구 결과를 일반화시킬 수 있느냐의 문제로 외적 타당도가 결여된 연구는 다른 상황에 적용될 수 없는 한계를 가진다.

내적 타당성은 연구자가 의도했던 대로 측정과 조사가 이뤄졌는가의 문제로 내적 타당도를 높이기 위해서는 연구가 진행되는 동안 항상 오류를 줄이려고 최선을 다해야 한다.

6) 결론 및 논의

결론은 주로 연구 요약, 연구의 한계, 미래 연구의 방향으로 구성된다.

결과의 요약 부분은 연구자가 왜 이러한 연구를 했고, 어떠한 연구 과정을 거쳐 연구했으며, 연구 결과는 무엇인지 그리고 그 함의가 무엇인지를 밝힌다.

연구의 한계는 연구의 한계를 서술하는 부분으로서 연구를 수행하는 과정에서 나타난 이론적·방법론적 문제를 기술한다.

미래 연구의 방향은 미래의 연구 방향을 제시하는 부분으로 다른 연구자를 위해 앞으로 어떠한 연구가 어떻게 이뤄졌으면 좋겠다고 연구자의 바람을 서술한다.

2 사회조사 과정

표 1-1 사회조사 과정

순서	주제	내용
1	주제/연구 가설의 설정	무엇을 조사할 것인가? 조사의 주제 또는 가설을 설정
2	자료(정보) 수집	조사에 대한 이론적 기초가 되는 자료(정보) 수집·검토
3	조사설계/ 조사 계획 작성 조사 준비 단계	조사의 목적 또는 목표와 연관된 가설 구체화 조사 내용, 조사 방법, 예산, 조사원 투입, 이론적 배경, 조사분석의 방법 설정 모집단 설정과 표본추출 준비 단계
4	설문지 작성/자문	조사 목적과 목표 또는 가설에 적합한 설문 초안 작성, 전문가의 자문과 자체회의를 통한 초안 완성
5	표본 추출 사전조사/설문 보완	조사 대상집단의 일부를 무작위로 선정하고 예비조사를 시행해 설문 수정
6	본조사 진행	설문조사 실시, 조사원과 설문지 관리 철저
7	코딩/입력	설문지마다 고유의 ID를 부여하고 수집된 자료를 분석할 수 있도록 입력
8	통계 처리	조사계획서에 있는 목적 또는 목표, 가설에 근거한 조사설계에 부합하는 적절한 방법을 통한 통계 처리
9	보고서 작성	자료조사와 통계 처리된 결과를 토대로 보고서 작성
10	총괄평가	전체 과정에 대한 평가, 조사 대상의 문제점과 해결 방안 정리, 문서화
11	발표	정책으로 적용

1) 조사설계

조사설계란 연구 주제에 대한 결과를 도출하기 위한 조사연구의 계획이다. 분석 단위와 연구 범위를 정하고 조사자의 특성과 환경, 측정 도구, 조사 방법(면접, 우편, 전화, 인터넷)과 분석 방법 등을 결정하는 것이다. 조사 과정에서의 오류와 실수 등에 의해 항상 오차는 존재할 수 있기 때문에 이를 사전에 방지한다는 측면에서 조사설계는 중요한 의미를 가진다.

(1) 조사 목적과 목표의 설정

① 조사 목적은 조사가 필요한 배경과 조사의 필요성에 대해 개괄적이고 지향

적으로 서술하는 것이다.

② 조사 목표는 조사를 통해 알고자 하는 사항, 즉 조사 목적을 좀 더 구체적으로 표현(상위 목표와 하위 목표)하는 것이다.

③ 가설은 인과 관계에 기초해 검증할 예비적 이론을 정립하고 명제로 진술하는 것이다.

(2) 조사 개요

① 조사 대상 선정과 표본 추출 단계에서 표집오차를 최소화하기 위해 모집단의 특성을 고려하고 무작위 표본 추출을 통해 적정 수 이상의 표본 수를 확보하는 것이 중요하다.

② 조사 방법은 비표집오차를 최대한 줄일 수 있어야 한다. 조사계획, 조사 과정, 통계·분석 과정을 철저히 관리해 오차를 최소화하고 조사원 교육과 설문 내용의 구성을 철저히 해야 한다.

③ 조사책임자, 통계 방법, 조사 일정을 약술한다.

표집오차(sampling error)와 비표집오차(non-sampling error)

표집오차는 표본을 추출해 조사하기 때문에 발생하는 오차로 무작위성(randomness)과 동질성(homogeneity)이 그 원인인 반면, 비표집오차는 표본을 추출하는 것과 관계없는 오차로 그 원인은 무응답오차(non-response error), 응답오차(response error), 처리오차(processing error)이다. 편의 제거, 적절한 표본추출 방법의 선택, 적절한 표본의 크기 확보를 통해 표집오차를 줄일 수 있으며, 응답자의 조사에 대한 관심 유발, 조사원의 철저한 교육과 적절하고 신중한 통계 처리를 통해 비표집오차를 줄일 수 있다.

(3) 조사 내용

① 조사 내용을 제시할 때는 구체적이고 단순하게 제시하고 설문의 흐름은 파악하기 쉬워야 한다.

② 가급적 표나 흐름도를 포함해 이해를 돕는 것이 좋다.

(4) 조사 일정

① 조사 일정에 사전조사를 포함해 조사의 신뢰성을 높인다.

② 조사 일정 중 실제 설문지를 만드는 기간, 조사를 실시하는 기간은 여유 있

게, 현실적으로 가능한 최적의 기간을 선정하는 것이 바람직하다.

(5) 예산

표 1-2 예산의 내용(예)

	항목	내역	예산	비고
1	문헌 조사비/자료 구입비			필수비용
2	설문 · 조사 자문비			
3	설문 인쇄비			필수비용
4	조사 대상자 선물비			
5	조사원 교육비			
6	조사원 활동비			필수비용
7	코딩 · 입력비			
8	통계처리비			
9	보고서 제작비(원고료)			
10	보고서 인쇄비			필수비용
11	평가 · 자문회의비			
12	세미나 비용 별도			

2) 설문지 작성과 관리

설문지 작성과 관리에 대해서는 제3장 제3절(p.52 참조)에 자세하게 서술되어 있다.

3) 표본 추출

오늘날 대부분의 조사는 전수조사가 아니라 표본조사이기 때문에 타당한 표본을 추출하는 것은 매우 중요한 일이다. 이러한 측면에서 대표성과 표본의 크기는 표본추출의 중요한 기준이다.

(1) 대표성: 표본은 모집단의 부분집합이기 때문에 전체 모집단을 충분히 대표할 수 있어야 한다. 즉, 모집단의 특성(성비, 연령, 출신지 등)이 잘 반영되도록 추출되어야 한다.

(2) 표본의 적절성(adequacy of sample): 표본의 크기도 모집단을 대표할 만큼 적정해야 한다.

표 1-3 적정 표본의 크기

모집단의 크기	적정 표본의 크기							
	95% 신뢰도 수준에서의 허용 표집오차				99% 신뢰도 수준에서의 허용 표집오차			
	±1%	±2%	±3%	±5%	±1%	±2%	±3%	±5%
1,000	–	–	473	244	–	–	–	360
3,000	–	1,206	690	291	–	–	1,021	470
5,000	–	1,437	760	303	–	2,053	1,182	502
10,000	4,465	1,678	823	313	–	2,584	1,341	527
20,000	5,749	1,832	858	318	8,213	2,967	1,437	542
50,000	6,946	1,939	881	321	10,898	3,257	1,502	551
100,000	7,465	1,977	888	321	12,231	3,367	1,525	554
500,000 이상	7,939	2,009	895	322	13,557	3,460	1,544	557

4) 통계분석

(1) 분석 준비

① 입력된 자료를 설문지와 대조해 재확인한다.

② 자료를 입력하는 것은 분석 프로그램(SPSS)을 활용한다.

③ 변수(variable view) 설정, label, missing value 등을 지정한다.

④ 빈도분석, 교차분석 후 결과와 설문지를 확인해 입력 오류를 찾아 수정한다.

⑤ 저장

(2) 기초분석

① 빈도, 백분율, 평균과 표준편차 → 전체적인 결과의 흐름을 파악할 수 있다.

② 연령대(10세 단위), 학력(각 영역의 비율 고려) 등 인구통계학적 변수를 고려한다.

(3) 독립변수가 종속변수에 미치는 영향을 분석

회귀분석을 사용하며, 경로분석, 요인분석, 다차원분석 등을 상황에 맞게 사용한다.

(4) 1순위, 2순위 등 우선순위가 주어진 복수 응답의 분석의 경우

1순위, 2순위가 주어진 경우 1순위 빈도 수를 2배로 만들어(가중치 부여로 빈도 수의 200%에 해당하는 값) 2순위의 빈도와 더하면 전체 종합 순위가 된다.

다양한 통계분석 방법을 개관해 정리하면 <표 1-4>와 같다.

표 1-4 통계분석 방법의 종류

분석 방법	척도	설명
빈도분석	모든 척도	모든 변수의 첫 번째 분석에 사용되는 가장 기초적인 분석
기술통계분석 (descriptive)	등간, 비율척도	연령, 키, 월평균 급여, 5점 리커트(Likert) 척도 등과 같이 등간, 비율척도로 구성된 변수의 최솟값, 최댓값, 평균, 표준편차
교차분석 (crosstabs)	주로 명목, 서열척도 척도 무관	2개 이상, 최고 4개까지의 변수와 변수 간의 분포와 비율을 보고자 할 때 사용, 독립변수와 종속변수의 관계가 있을 수도 있으며, 분포가 너무 넓으면 코딩 변경을 통해 범주를 재조정한 다음 사용 교차분석 시 χ^2검증의 조건이 안 되는 경우(추리통계가 아닌 경우, 총 응답자가 30명 미만이거나, 셀 내 최소 기대빈도가 5 미만인 경우가 20%보다 크거나 같은 경우)에는 다시 코딩 변경할 구역을 설정하거나 다른 통계 방법을 고려
t검증 (t-test)	독립: 두 개 범주로 된 척도 종속: 등간 이상 서열인 경우 비모수통계 사용	독립변수가 2개의 값을 가지면서 성별, 고학력과 저학력 등 종속변수가 등간척도, 비율척도인 경우 사용 Independent Samples t-test는 독립변수는 성별, 직업 유무 등 2개의 범주를 가지고 있으며, 종속변수는 등간척도 이상으로 되어 있어 종속변수의 평균 차이가 있는지 없는지를 검증하는 소표본 통계 방법 Paired Samples t-test는 동일한 대상의 두 개의 서로 다른 측정치의 평균 비교를 할 때 사용. 장애인과 함께하는 프로그램에 참여하기 이전에 장애인에 대한 인식과 참여 후의 장애인에 대한 인식이 과연 변화가 있었는가를 분석할 때 사용
평균비교 (means)	독립: 명목, 서열 종속: 등간, 비율	종속변수는 반드시 등간 이상의 평균을 구할 수 있는 변수일 경우에 사용한다. 옵션을 선택하면 분산분석도 사용할 수 있다.
카이자승 (χ^2)	명목, 서열척도 조건 맞으면 척도 무관	독립변수, 종속변수 모두 명목, 서열척도인 경우 주로 사용하지만, 조건만 맞으면 척도에 상관없이 사용 가능. 독립변수 내 각 범주별로 종속변수에서의 분포가 같은지 다른지를 검증할 때 사용
상관관계	독립: 서열 이상 종속: 서열 이상	독립, 종속변수 모두 서열척도 이상이어야 함. 단, 상관 관계는 인과 관계가 없는 경우에도 분석 가능. 등간척도 이상의 변수로 구성될 경우 피어슨(Pearson), 서열척도가 하나라도 포함되면 스피어맨(Spearman), 켄달(Kendall's) tau-b 선택. 회귀분석 결과에 대한 예측
분산분석 (ANOVA) 일반선형모델 (GLM)	독립: 두 개 이상 범주로 된 척도 종속: 등간 이상 서열인 경우 비모수통계 사용	독립변수의 범주가 두 개 이상으로 되어 있으며, 종속변수는 평균을 구할 수 있는 등간척도 이상으로 되어 있는 경우 평균의 차이가 있는지를 분석하기 위해 사용. 독립변수가 두 개 이상일 경우 GLM 사용
회귀분석	독립: 등간 이상 종속: 등간 이상	독립변수, 종속변수 모두 등간척도 이상으로 되어 있어야 하며, 독립변수가 종속변수의 변화에 얼마나 영향을 미치는가? 유의미성, 방향, 영향의 크기 등을 파악

제 2 장 이론, 가설, 변인 및 측정

제 1 절 이론과 가설

과학적 연구 방법의 목적은 가설 검증을 통해 이론의 타당성을 밝히는 것이다.

1 이론

특정 현상을 설명하기 위해 개념(concept)을 제시하고, 이 개념 간의 상호 관계를 논리적(체계적)으로 서술한 일련의 진술문을 이론(theory)이라 한다. 사회과학에서 이론이란 사회 현상을 설명하려는 명제이다. 행정학에서 니스카넨(William A. Niskanen)의 예산극대화 법칙을 예로 들어보자. 그 명제는 "관료들은 자신들의 명예와 권력이 자신이 속한 부서가 확보하는 예산의 크기와 비례하기 때문에 자신들이 속한 부서의 예산을 극대화하려고 한다"는 것이다. 이는 관료조직 내에서 그들이 인지하는 권력과 명예와 그들이 속한 조직의 예산의 크기와의 관계에 대한 진술이다. 이 이론은 경제학적으로도 설명이 가능하며 관료들의 인식조사를 통해 검증이 가능하다. 그러나 한편으로는 모든 관료조직의 관료들이 이 이론에 적용되지는 않을 수도 있을 것이다. 그들의 권력이나 명예의 크기가 그들이 확보하는 예산의 크기와 비례하지 않는다고 생각하는 관료들과 관료조직도 있을 수 있다. 이렇듯 사회 현상을 설명하는 이론은 예외적인 경우가 있을 수 있으며, 이 예외적인 경우의 수가 증가해 다수의 경우가 된다면 그 이론은 더 이상 이론으로서의 지위를 잃게 된다. 자연과학의 이론에 비해 상대적으로 사회과학의 이론은 그 견고함이 약하다고 볼 수 있다. 물론 자연과학의 이론이 완벽히 진실이지 않은 경우도 있다.

2 개념

위에서 설명한 이론을 구성하는 것이 개념(concept)이다. 개념은 특정 현상을 설명하기 위해 만든 추상성이 강한 실체로 추상적인 생각이나 현상을 설명하는 단어나 문구로 표현된다. 이러한 개념은 사람들이 일반적으로 받아들이고 동의를 할 수 있어야 한다. 예를 들어 시험 성적과 자율학습 시간으로부터 개념을 도출해 보자. 학업 성적은 학업성취도라고 할 수 있으며 자율학습 시간은 학업환경으로 개념화할 수 있을 것이다. 반대로 학업성취도라는 개념을 조작화한 것이 시험 성적이고 학업환경을 조작화한 것이 자율학습 시간이라고 할 수 있다. 이렇게 개념을 측정할 수 있게 수량화하는 것이 개념의 조작화이다. 다른 예로 직무 스트레스와 직무만족도라는 개념을 측정할 수 있도록 조작화한다면 스트레스 정도는 ①~⑤까지 측정해 측정할 수 있을 것이고, 직무만족도도 ①~⑤까지 5점 척도로 측정할 수 있다.

이러한 개념과 개념의 조작화는 왜 필요한가? 그 이유는 인과 관계를 검증해 밝혀내기 위해서이다. 위에서 제시한 학업환경과 학업성취도 사이의 인과 관계를 밝혀내기 위해 학업환경은 학업성취도에 영향을 미친다는 이론을 바탕으로 그 관계를 검증하기 위해 가설을 세우고 학업환경이라는 개념을 자율학습 시간으로 조작화하고 학업성취도라는 개념을 시험 성적으로 조작화해서 실제 자료를 활용해 검증한다. 직무 스트레스는 직무만족도에 영향을 미친다는 이론을 바탕으로 가설을 세우고 직무 스트레스를 조작화하고 직무만족도를 조작화해 그 자료를 활용해 검증을 한다. 이렇듯 개념은 이론을 구성하는 매우 중요한 요소이다.

3 가설

가설(hypothesis)이란 이론을 바탕으로 유추된 진술이다. 즉, 개념을 조작화한 변수와 변수의 관계에 대한 진술이다. 가설은 두 개의 변수 간의 관계를 검증 가능하도록 서술한 문장이다. 가설은 여러 형태로 서술될 수 있는데 'A와 B는 관계가 있다.', 'A와 B는 관계가 없다.', 'A가 증가함에 따라 B도 증가한다.', 'A가 증가함에 따라 B는 감소한다.' 등 여러 형태로 변수와 변수의 관계가 서술될 수 있다. 구체적인 예를 들어보면, 지방정부의 재정력이 사회복지 지출에 미치는 영향력을 연구한다고 생각해 보자. 지방정부의 재정력이라는 개념을 조작화(수량화)한 변수가 재정자립도, 재정자주도가 될 수 있을 것이며, 사회복지 지출예산이 사회복지 지출의 변수가 될 수 있다. 그리고 그 관계에 대한 진술은 '지방정부의 재정자주도가 높을수록 사회복지 지출은 증가할 것이다.'가 될 수 있다. 이때 진술이 바로 가설이다. 즉, 개념이 조작화(수량화)된 변수와 변수의 관계에 대한 진술이 바로 가설이다. 연구 주제를 선정하고 경험적으로 검증할 때 반드시 중심 설명변수와 종속변수 간의 관계에 대한 가설이 있어야 한다.

제 2 절 변인과 척도

1 변인

개념은 추상성이 강하기 때문에 이 추상적인 개념을 가지고 경험적으로 연구할 수 없다. 따라서 연구자들은 개념을 변인(variable)으로 만들어야 하고, 이러한 과정을 개념의 조작화(수량화)라고 한다.

변인은 과학적 연구에서 측정을 위해 개념을 수량화한 것으로 변인은 속성을 가진다. 여기서 속성은 어떤 특정 변인을 구성하는 특징이라 할 수 있다.

[예] 남성과 여성은 속성이고, 이 속성들로 구성되는 성별은 변인이다.
중학교 졸업, 고등학교 졸업, 대학교 졸업, 대학원 졸업은 속성이고, 이 속성들로 구성되는 학력은 변인이다.
매우 불만족, 불만족, 보통, 만족, 매우 만족은 속성이고 이 속성들로 구성되는 만족도는 변인이다.

표 2-1 개념과 변인 간의 관계

개념		변인
수량화 정도	수량화 →	변인으로 갈수록 높아짐.
만족도	수량화 →	매우 만족한다(5점). 만족한다(4점). 보통이다(3점). 만족하지 않는다(2점). 전혀 만족하지 않는다(1점).

과학적 연구는 개념을 수량화시킨 변인들 간의 상호 관계를 연구하는 것으로 연구자는 변인들 간의 상호 관계에 인과 관계(cause and effect)를 설정해 연구한다.

이러한 변인들은 독립변인, 종속변인, 통제변인으로 구분할 수 있다.

독립변인(independent variable)은 연구자가 원인(cause)으로 여기는 변인으로 결과를 설명하는 변인이다. 즉, 결과변인(종속변인)에 영향을 주는 변인을 독립변인이라고 한다.

종속변인(dependent variable)은 연구자가 결과(effect)로 여기는 변인으로 독립변인의 설명의 대상이 되는 변인이다. 즉, 영향을 주는 변인인 독립변인의 영향을 받는 결과변인이 종속변인이다.

통제변인(control variable)은 독립변인 외에 종속변인에 영향을 주는 제3의 변인이다. 즉, 중심 독립변인 이외에 종속변인에 영향을 미치는 다른 변인들이 있을 수 있다. 이 경우 이러한 변인들을 통제변인이라 한다.

종속변인의 구분은 연구 목적에 따라 달라질 수 있다.

[예] "지방정부의 재정력이 사회복지 지출에 미치는 영향"이라는 연구 주제를 검증하기 위해 아래와 같은 모델을 설정했다고 가정해 보자.

지방정부의 사회복지 지출= a + 지방정부의 재정력 + 인구밀도 + 단체장의 정치 이념 + e

이 경우 독립변인은 지방정부의 재정력이고 종속변인은 지방정부의 사회복지 지출, 통제변인은 인구밀도와 단체장의 정치 이념이다. 참고로 a는 상수항이고 e는 오차항이다.

추상적 개념을 현실 세계에서 관찰이 가능하도록 수량화하기 위해 개념을 다시 정의하게 되는데, 이를 조작적 정의(operational definition)라고 한다. 즉, 연구를 수행하기 위해 측정할 수 있는 변인으로 개념을 재정의하는 것을 말한다. 예를 들어 경제라는 개념을 경험적인 연구를 위해 수량화할 수 있는 지표를 찾는다면 1인당 국민총생산, 실업률 등의 지표를 활용하는 방법도 있을 것이며, 국민들에게 질문을 통해 측정할 수도 있을 것이다. 이렇듯 경험적 연구를 위해 측정할 수 있도록 하는 것을 조작적 정의라고 한다.

2 변인의 측정(측정 수준)

측정 수준(level of measurement)은 척도라고도 부르는데 네 개의 주요 측정 수준이 있고, 이들은 그 특성에 따라 특정 통계분석(statistical tests)만 적절하다. 개념이 가진 속성에 정해진 규칙에 따라 수치를 부여하는 것을 측정이라 하고, 일정한 규칙을 세워 질적인 자료를 양적인 자료로 전환한 것을 척도라고 한다.

1) 척도의 종류

(1) 명목척도(명명척도 : nominal scale : categorical data) : 분류

연구자가 어떤 현상에 대해 임의로 값을 부여하는 것으로 관찰 대상을 범주로 분류하기 위해 숫자를 사용한다.

① 대표적인 통계치로는 퍼센트, 최빈치, 비모수통계가 있다.

[예] 성별, 종교, 선수의 등번호, 직업, 지역, 국적

② 독단적, 이름만 존재(답변: only one and one code)한다.

[예] 투표 시 각 당을 수치로 명명한 것

Only to Identity Categories

[예] 만약 4개의 판매지역이 있다면, 이 지역은 순차적으로 1, 2, 3, 4로 명명된다.
성별은 남성 1, 여성 2로 코드화된다.

③ 명목척도의 수적인 명칭이 양적인 측면을 의미하는 것은 아니다.

④ 명목의 의미는 단순히 카테고리의 이름을 나타내는 것이다.

⑤ 1 또는 2라는 값을 부여했을 경우, 값에는 아무런 의미가 없고, 단지 구분하기 위해 값을 부여했을 뿐이다.

⑥ 현상을 분류할 때 분류 항목이 상호 배타적(mutually exclusive)이어야 한다. 즉, 어느 한 항목에 속한 사람이 다시 다른 어느 항목에는 속하지 말아야 한다(string[alphanumeric] or numeric).

(2) 서열척도(ordinal scale): 분류, 순위

① 관찰 대상의 속성에 따라 크기나 양의 많고 적음 등 순위(순서)를 결정하는 척도로 관찰 대상의 상대적인 순위만을 구별한다.

② 연구자가 어떤 현상을 순위에 따라 등급을 매겨 수량화하는 것을 말한다.

③ 명목척도와 달리 서열척도의 값은 수학적 의미를 지닌다.

④ 서열척도에서는 등급 사이의 차이가 얼마나 되는지는 알 수 없다. 다시 말해, 계속되는 두 척도(속성) 간의 거리의 등간성이 성립하지 않는다.

⑤ 대표적인 통계치로는 중위수, 비모수통계가 있다.

[예] 성적순, 기업의 매출액 순위, 차량의 크기 순위, 경제 수준(상, 중, 하)

⑥ 서열척도의 순서를 예로 들어보면 다음과 같다.

[예] 기쁨의 정도(의미상)

1	2	3	4	5
매우 불행				매우 행복

[예] 서열척도

귀하의 학교 성적은 어느 정도입니까?

① 상	② 중	③ 하

석차의 경우, 1등은 2등보다 성적이 높고, 2등은 3등보다 성적이 높다는 것을 의미하지 1등과 2등의 차이와 2등과 3등의 차이가 같음을 의미하지 않는다.

순서의 의미로 숫자를 사용한다. 순위(rank)는 크기(magnitude)를 표시하고, 순위 사이의 차이가 같음을 의미하는 것은 아니다.

(3) 등간척도(interval scale): 분류, 순위, 등간격

서열화된 척도이나 서열척도와는 달리 척도 간의 간격이 같은 등간성이 존재한다.

[예] IQ, 온도

① 리커트법(Likert's method): 수식어에 의해 격을 매김으로써 선택지에 순서 관계를 갖게 하는 방법이다.

[예] 리커트법: 이 방은 "따뜻한" 인상을

1	2	3	4
대단히 받는다	약간 받는다	별로 받지 않는다	전혀 받지 않는다

② 의미분별법(Semantic Differential Technique: SDT[1]): 서로 반대의 의미를 갖는 형용사 쌍을 사용해서 격 매김을 해 가는 방법이다.

1) 의미미분법이라고도 부르며, 1959년 미국 심리학자 오스굿(Charles E. Osgood)이 주장했다. 인간이 가지고 있는 측정하기 어려운 감성을 물리적·정량적으로 표현하는 개념의 한 방법이며, 의미를 미분해 수치로 분석하는 방법이다. 뜨겁다–차갑다, 화려하다–수수하다, 단순하다–복잡하다 등 상반되는 형용어를 양쪽에 배열하고 그 중간에 3점 또는 5점, 10점 등의 척도를 두어 제시된 샘플의 이미지에 대한 연상 의미의 값을 평점하는 것이다. 좋다–나쁘다(평가), 크다–작다(역량), 활발함–활발치 않음(활동성). 이 방법을 통해 리더의 리더십이 일반대중에게 어떤 의미로 받아들여지는가를 분석할 수 있으며, 색(color) 또는 디자인(design) 등 반드시 언어적인 것이 아니라도 인간이 감성적으로 느껴지는 정도를 정량적으로 분석할 수 있는 방법이다.

[예] SDT법: 이 방의 인상은

1	2	3	4
대단히	약간	약간	대단히
← 따뜻하다			차갑다 →

③ 설문조사를 할 때 가장 많이 사용되는 척도로, 측정 대상의 위치에 따라 수치를 부여할 때 이 숫자상의 차이를 산술적으로 다룰 수 있다.

④ 대표적인 통계치로는 산술평균, 분산, 모수통계치 등이 있다.

[예] 설문지의 5점 척도 또는 7점 척도

⑤ 사회과학에서 사용되는 대부분 통계학은 등간척도 자료를 설계하고 사용한다. 등간성의 거리(distance)는 숫자 사이의 거리 똑같음을 의미하며, 한 쌍의 응답 사이의 거리를 설명한다.

⑥ 연구자가 어떤 현상에 인접 점수 간의 간격을 같도록 만들어 수량화하는 것을 말한다.

[예] IQ 120과 121의 차이 1, 121과 122의 차이 1은 같다.

⑦ 등간척도는 절대 영점이 없다.

[예] 귀하는 중국이 우리나라의 친구라고 생각하십니까?

그렇지 않다				그렇다
1	2	3	4	5

(4) 비율척도(ratio scale): 분류, 순위, 등간격, 절댓값 0

① 등간척도의 속성을 가지고 있는 동시에 절대 영점을 가지고 있는 현상에 값을 부여하는 것을 말한다.

② 위의 세 가지 척도의 특수성에 비율 개념이 첨가된 척도이다.

③ 절대 영점(absolute zero)의 개념이 포함(거리: length)된다.

④ 대표적인 통계치: 기하평균, 조화평균, 모수통계치 등이 있다.

[예] 비율 값, 키, 몸무게

⑤ 비율 자료(ratio data): 한 스코어(score)가 다른 것의 두 배이다.
⑥ 통계학에서 잘 사용하지 않는다.
⑦ 부정적인 거리(negative length)는 없다.
[예] 몸무게와 키, 속도

⑧ 절대 영점이 있기 때문에 현상 간에 비례적 비교가 가능하다.
[예] 비율척도의 예

귀하는 하루 평균 TV를 어느 정도 보십니까? (　　　)시간

※ 변인의 측정 방법에 따라 통계 방법이 결정되기 때문에 변인을 수량화할 때에는 신중히 한다.

[예] 독립변인과 종속변인을 명목척도로 측정 → 통계 방법은 χ^2방법밖에 없다.
[예] 독립변인과 종속변인을 등간척도(또는 비율척도)로 측정 → 회귀분석 방법

※ 변수의 정의

scale: 등간(interval) 또는 비율(ratio) 척도의 수적인 자료

2) 측정의 타당도

연구자가 측정하고자 하는 것을 타당하게 측정했는가를 판단하는 것이다.

(1) 타당도

타당도(validity)란 개념의 정의와 조작적 정의가 일치하는지를 평가하는 것이다.

① 외관적 타당도(face validity)는 측정 방법이 언뜻 보기에 측정하고자 하는 것을 제대로 측정하는지 여부를 검사하는 것이다.
[예] 무게를 측정할 때, 저울 대신에 자로 측정했다면 이는 잘못된 것이다.

② 예측 타당도(predictive validity)는 미래에 나타날 결과를 얼마나 정확하게 예측할 수 있는지를 검증함으로써 알 수 있다.
[예] 선거에서 어느 후보가 승리할 것인가를 예측하기 위한 측정에서 얻은 수치를

실제 투표 결과와 비교해서 검증할 수 있다. 특정 측정 방법으로 실제 투표 결과를 정확하게 예측했다면 측정 방법의 예측 타당도가 높다고 할 수 있다.

③ 공인 타당도(concurrent validity)는 측정 방법이 현존하는 기준과 비교해 타당한지를 검증하는 것이다.

[예] 청소년의 폭력 성향에 관한 측정 방법을 통해 폭력적인 청소년과 비폭력적인 청소년을 구별할 수 있다면 측정 방법은 공인 타당도가 높다.

④ 구성 타당도(construct validity)는 측정 방법이 전체 이론 속에서 다른 개념들과 논리적으로, 경험적으로 제대로 연결되었는가를 검증함으로써 알 수 있다.

[예] 연구자가 폭력적인 텔레비전 드라마 시청량이 청소년의 폭력 성향에 영향을 미친다는 가설을 검증할 때 이 두 변인 간의 관계가 높게 나왔다면 측정 방법의 구성 타당도가 높다.

(2) 타당도의 유형

타당도의 유형은 주관적 판단에 근거하느냐, 기준에 근거하느냐, 이론에 근거하느냐에 따라 <표 2-2>와 같이 분류될 수 있다.

표 2-2 타당도의 유형

주관적 판단에 근거	기준에 근거	이론에 근거
외관적 타당도	예측 타당도 공인 타당도	구성 타당도

3) 측정의 신뢰도

(1) 변인의 신뢰도

① 한 가지 측정 방식을 가지고 시간차를 둔 상이한 시점에서 각각 사용해서 일관성 있는 측정 결과를 얻을 수 있는지를 판단하는 것이다.

[예] 사람 간의 관계

특정 사람의 행동이 어제도 오늘도 같다면 그 사람은 신뢰할 만하다고 말하지만, 어제와 오늘의 행동이 일관성이 없어 예측할 수 없다면 그 사람은 신뢰할 만하지 못하다고 말한다.

② 신뢰도(reliability)는 동일 대상에 대한 유사한 측정 방법들 사이에 일관성 있는 측정 결과를 얻을 수 있는지를 판단하는 것이다.

[예] 금반지의 무게를 측정할 경우, 한 금은방에서 쓰는 저울과 다른 금은방에서 쓰는 저울이 같은 결과를 보였다면 그 저울은 신뢰할 만한 것이다.

제 3 장 표집 방법, 서베이 방법, 설문지 작성법

제 1 절 표집 방법

많은 조사연구를 하는 데 시간적·금전적 이유 때문에 모집단을 대상으로 연구할 수가 없다. 그래서 주로 표본을 추출해 연구한다.

1 표집 방법

모집단에서 표본을 추출하는 방법으로 연구자가 연구 목적, 비용과 시간적 제약 등을 고려해서 방법을 선택해야 한다. 표집 방법(sampling method)은 확률 표집 방법(probability sampling method)과 비확률 표집 방법(non-probability sampling method)으로 분류할 수 있다.

1) 확률표집 방법

확률이론에 따라 표본을 선정하기 때문에 표집오차를 계산할 수 있고, 그 결과 표본의 결과로부터 상당히 정확하게 모집단의 결과를 유추할 수 있다.

2) 비확률 표집 방법

연구자가 자의적으로 표본을 선정하기 때문에 표집오차를 계산할 수 없고, 표본의 결과로부터 모집단의 결과를 정확하게 유추할 수가 없다.

2 확률 표집 방법

1) 무작위 표집 방법

무작위 표집 방법(random sampling method)은 확률 표집 방법의 가장 기본이 되는 방법으로, 크기가 N인 모집단으로부터 크기가 n인 표본을 무작위로 추출하는 방법이다.

(1) 장점

① 모집단에 대한 자세한 지식이 없어도 모집단을 가장 잘 대표하는 표본을 선정할 수 있다.

② 표본의 조사 결과를 모집단에 유추할 때 오류를 줄일 수 있다.

(2) 단점

① 모집단의 명단을 난수표로 만들어야 하기 때문에 모집단이 클 경우 난수표 만들기가 어렵다.

② 비용이 많이 든다.

③ 이러한 단점 때문에 많이 사용하지 않는다.

2) 체계적 표집 방법

체계적 표집 방법(systematic sampling method)은 모집단에서 k번째 사람을 표본으로 선정하는 방법으로, 전화번호부와 같은 명부를 이용해서 전화조사를 할 때 유용하게 사용하는 방법이다. 이 경우 전화번호부에 나온 사람을 모집단으로 삼아 출발점을 정하고 표집간격을 k번째로 정해 표본을 선정한다.

(1) 장점

① 체계적 표집의 장점으로는 무작위 표집 방법보다 표본 선정이 쉽고 비용이 적게 든다.

② 조사의 정확도가 높고 실제 현장에서 직접 사용이 가능하다.

(2) 단점

① 완벽한 명부를 구하기 어려운 경우가 있을 수 있다.

② 주기성의 문제가 발생해 특정 집단의 사람이 더 많이 표본으로 선정될 수 있다.

[예] 전화번호부에 등재된 사람을 표본으로 할 경우, 김씨가 한씨보다 더 많아 때로는 김씨가 불필요하게 더 많이 선정될 수 있다.

3) 유층별 표집 방법; 층화임의 표집 방법

유층별 표집 방법(stratified sampling method)은 연구자가 중요하다고 생각하는 특성이 모집단에서 차지하는 비율에 따라 표본을 그에 맞게 선정하는 방법이다.

[예] 연구자가 100명의 모집단에서 50명의 표본을 선정할 경우, 모집단의 남·여 성비가 60%대 40%라는 사실을 알고 있다면 이 비율을 표본 선정에 반영해 50명 중 60%인 30명을 남성으로, 50명의 40%인 20명을 여성으로 선정한다.

연령, 교육 등 다른 주요 특성의 비율에 따라 표본을 선정할 수 있으며, 유사한 특징을 가진 모집단으로부터 표본을 선정할 때 사용하는 방법으로 표집오차를 줄일 수 있다.

(1) 장점

유층별 표집의 장점은 연구자가 선택한 특성의 비율이 고려되기 때문에 대표성이 잘 확보되고 그 결과 표집오차를 줄일 수 있다는 것이다.

(2) 단점

표본 선정을 위해서 연구자가 선정한 주요 특성에 따른 모집단에 대한 정보를 알아야 한다는 것이다. 그러나 연구자가 원하는 정보가 없는 경우가 상당히 있는데 이때에는 유층별 표집 방법을 사용할 수 없다. 여러 가지 특성의 비율에 따라 표본을 선정할 경우 표본의 수가 많아야 하기 때문에 비용이 많이 든다.

4) 군집 표집 방법

연구자가 중요하다고 생각하는 특성에 대한 정보가 없을 경우 군집 표집 방법(cluster sampling method: 집락 표집 방법)을 사용하면 쉽게 표본을 선정할 수 있다. 모집단의 대상을 여러 개의 군집으로 묶고 군집(특정 집단)을 단위로 삼아 표본을 추출하는 방법이다.

[예] 서울에 살고 있는 사람들의 TV 시청 행태를 조사하고자 할 때, 서울을 구로 분할하고 그중에서 하나, 또는 몇 개를 무작위로 선택하여 표본을 선정하면 된다. 그러나 선정한 특정 집단이 독특한 성격을 가질 경우 조사 결과가 잘못될 수가 있기 때문에 가능한 한 집단을 작게 나눠 표본을 선정하는 것이 바람직하다.

(1) 장점

모집단의 부분집단만 표집하면 되기 때문에 시간과 비용을 줄일 수 있다.

(2) 단점

표본으로 선정한 집단이 모집단을 대표하지 못하는 경우가 발생할 수 있고, 그 결과 표집오차가 증가할 수 있다.

5) 다단계 표집 방법

군집 표집 방법을 수정한 것으로 다단계 표집 방법(multi-stage sampling method)에서는 먼저 가장 큰 집단을 나눠 표본으로 선정한 후, 다음으로 각 집단을 다시 하위집단으로 나눠 표본으로 재선정한 후, 마지막으로 하위집단에 속한 개별 가정을 표본으로 선정하게 된다.

[예] 우리나라 유권자의 투표 성향을 연구할 때 전국을 서울과 광역시, 도로 구분하고, 도를 다시 시와 군으로 나누고, 시는 통과 반으로 세분화하며, 군은 읍과 면으로 세분화하고, 최종적으로 반이나 면에 속한 사람을 표본으로 선정한다.

6) 확률 표집 방법의 적용

표집 방법은 연구 목적, 비용과 시간 등 여러 요인에 따라 선정하며, 반드시 한 가지 표집 방법만 사용할 필요는 없다.

최근 가장 많이 사용하는 방법은 유층별 표집 방법과 다단계 표집 방법을 합해 만든 다단계 유층별 표집 방법이다. 다단계 유층별 표집 방법은 모집단의 주요 특성별 비율에 따라 표본의 수를 정하고, 이 수에 맞춰 다단계로 표본을 선정하는 것이다.

3 비확률 표집 방법

1) 할당 표집 방법

할당 표집 방법(quota sampling method)은 유층별 표집 방법과 비슷한 방법으로 모집단의 주요 특성의 비율에 따라 표본의 수를 선정하는 것으로, 연구자가 임의대로 표본의 수를 정하는 방법이다.

[예] 연구자가 모집단 100명 중 표본 50명을 선정할 때 남·여의 수를 각각 25명씩 임의대로 선정하는 것이다.

2) 가용 표집 방법; 편의 표본추출

가용 표집 방법(available sampling method)은 자발적으로 조사에 응하는 사람들이나 쉽게 구할 수 있는 사람들을 표본으로 선정하는 방법이다.

[예] 강의 평가를 할 경우 수업을 수강하는 학생들을 표본으로 선정해 연구하는 것이다.

3) 의도적 표집 방법

의도적 표집 방법(purposive sampling method)은 연구자가 주관적 판단에 의해 연구하고 싶은 특정 대상만을 의도적으로 표집하는 방법이다.

[예] 연구자가 특정 상품을 구입한 소비자들의 소비 성향을 조사하고 싶을 때 연구자는 특정 상품을 구입한 사람들만을 의도적으로 선정하고, 특정 상품을 구입하지 않은 사람은 의도적으로 배제하는 것이다.

④ 표집오차와 표본의 크기

모집단의 결과와 표본의 결과와의 차이를 표집오차(sampling error)라고 한다.

[예] 신문의 여론조사의 경우, 특정 후보 지지도 40% ±3%에서 ±3%이라는 값이 표집오차이다.

표본의 크기는 연구 문제와 시간, 비용에 따라 결정되는데 일반적으로 표본이 크면 표집오차가 작아지는 경향이 있다. 표본의 수가 300명에서 500명 정도면 표집오차가 1% 정도밖에 나타나지 않기 때문에 만족할 만한 크기라고 할 수 있다.

제 2 절 서베이 방법

① 서베이의 종류와 장 · 단점

1) 기술직 서베이

특정 사건이나 이슈에 대해 사람들이 어떻게 생각하고 있는지를 알아보기 위한 조사이다.

[예] 정부의 부동산 정책에 대한 국민의 지지도 파악

2) 분석적 서베이

연구자가 특정 연구 문제나 가설을 실증적으로 검증하기 위해 실시하는 조사이다.

[예] 대통령 후보의 TV 토론이 대통령 후보에 대한 지지도 변화에 미치는 영향을 분석하기 위해 실시하는 조사

어떤 서베이 방법을 사용할 것인가는 연구 목적, 연구 문제와 가설, 연구자가

처한 상황에 따라 결정된다.

3) 서베이 방법의 장점

① 현실적인 상황에서 특정 문제에 대한 사람들의 반응을 자연스럽게 조사할 수 있다.

② 다양한 사람들로부터 많은 양의 정보를 비교적 쉽고 적은 비용으로 수집할 수 있으며, 연구에 필요한 많은 변인에 대한 정보를 쉽게 얻을 수 있다.

4) 서베이 방법의 단점

① 연구하고 싶은 변인들을 원하는 대로 조작할 수 없다. 서베이 방법은 현실적인 상황에서 조사가 이뤄지기 때문에 연구자가 원하는 변인들 간의 인과 관계를 정확하게 알 수 없다.

② 서베이는 주로 설문조사를 통해 이뤄지는데 이때 질문의 표현 방식이나 배열에 따라 응답자에 대한 정보가 왜곡될 수 있다.

2 예비조사와 사전조사, 본조사

서베이 방법은 설문지를 통해 이뤄지기 때문에 연구 문제나 가설에 적합한 설문지를 제대로 만들기 위해서는 설문지 초안을 만들기 위한 예비조사와 설문지를 완성하기 위해 실시하는 사전조사를 실시한다.

1) 예비조사

예비조사(pilot study; pre-test)란 연구자가 소수의 사람들을 대상으로 설문지 초안을 만들기 위해 실시하는 조사로, 설문지 작성의 전 단계에서 실시하는 조사이다.

2) 사전조사

예비조사를 통해 설문지 초안을 작성한다. 설문지 초안을 작성한 후 연구자는 소수의 사람들을 대상으로 사전조사(pre-test)를 실시한다. 사전조사에서는 응답자들의 반응을 분석해 설문 문항의 타당성과 신뢰성이 있는지, 질문에 사용하는 말이 적합한지, 문항 배열은 적절한지 등을 알아본다. 사전조사를 통해 본조사(main survey)에서 사용할 설문지를 확정한다.

3) 본조사

예비조사를 통해 설문지를 작성하고, 설문지 초안을 가지고 사전조사를 한 후, 설문지의 문항을 최종적으로 확정해 본격적인 조사, 즉 본조사를 실시한다. 본조사는 면접원이나 전화, 우편, 인터넷을 통해 수행한다.

3 서베이 방법의 종류

1) 직접 면접 방법

직접 면접(personal interview) 방법이란 면접자가 언어를 통해 응답자와 대면 면접이라는 방법으로 자료를 수집하는 것을 말하며, 면접원의 역할이 중요하다.

(1) 직접 면접 방법의 절차

① 표본을 선정한다.
② 설문지를 작성한다.
③ 면접원을 훈련시킨다.
④ 면접원을 통해 데이터를 수집한다.
⑤ 수집한 설문지를 검토해 필요한 경우 추가 설문조사를 한다.
⑥ 데이터를 정리해 코딩한 후 컴퓨터에 입력한다.

(2) 장점

① 설문지 회수율을 높일 수 있다.
② 비교적 정확한 정보를 얻을 수 있다.
③ 무응답의 비율을 줄일 수 있다.

(3) 단점

① 비용이 많이 든다.

② 면접원의 성별과 나이 등에 따라 응답 내용이 달라질 수 있다.

③ 주로 낮에 가정을 방문해 이뤄지는 경우가 많기 때문에 주부들을 대상으로 조사할 가능성이 높아 정확성에 문제가 있을 수 있다.

2) 전화 서베이 방법

전화 서베이(telephone survey) 방법의 절차와 장·단점을 살펴보면 다음과 같다.

(1) 전화 서베이 방법의 절차

① 표본을 선정한다: 전화번호부를 이용하기 때문에 표본 선정 방법으로 체계적 표집 방법을 활용한다.

② 설문지를 작성한다: 시각적인 내용을 담은 질문이나 많은 질문은 피해야 한다.

③ 면접원을 훈련시킨다: 면접원은 공손한 태도와 상냥한 말투를 사용해야 한다.

④ 면접원이 전화를 이용해 데이터를 수집한다.

⑤ 필요한 경우 추가 전화면접을 한다.

⑥ 데이터를 정리해 코딩한 후 컴퓨터에 입력한다.

(2) 장점

① 소수의 면접원이 전화를 이용해 데이터를 수집하므로 비용이 적게 든다.

② 비교적 정확한 조사를 할 수 있다.

③ 빠른 시간 내에 데이터를 수집할 수 있다.

(3) 단점

① 응답자가 성실히 대답하지 않을 경우가 발생할 수 있다.

② 많은 질문을 할 수 없다.

3) 우편 서베이 방법

우편 서베이(mail survey) 방법의 절차와 장·단점을 살펴보면 다음과 같다.

(1) 우편 서베이 방법의 절차

① 표본을 선정한다.

② 설문지를 작성한다.

③ 인사 편지를 작성하고 조사기관이 공공기관일 경우 협조 공문을 작성한다.

④ 우편을 이용해 반송 봉투를 첨부해 설문지와 기타 서류를 발송한다.

⑤ 회수율을 검토해 필요한 경우 독촉 편지를 보낸다.

⑥ 데이터를 정리해 코딩한 후 컴퓨터에 입력한다.

(2) 장점

① 면접법에 비해 시간과 비용을 절감할 수 있다.

② 광범위한 지역의 많은 대상을 조사할 수 있다.

③ 면접자의 주관적 개입을 배제할 수 있고 조사 대상자의 익명성이 보장된다.

④ 접근하기 어려운 조사자를 조사할 수 있다.

⑤ 조사 대상자가 시간적 제약을 받지 않는다.

(3) 단점

① 질문지의 회수율이 낮을 수 있다.

② 응답자가 성실히 대답하지 않을 경우가 발생할 수 있다.

③ 누락된 응답이 다수 있을 수 있다.

④ 질문지 내용 외의 2차적인 질문을 할 수 없다.

4) 인터넷 서베이 방법

컴퓨터와 정보기술의 발달로 컴퓨터를 이용한 인터넷 서베이(internet survey) 방법이 최근에 그 사용 빈도가 증가하고 있다. 인터넷 서베이 방법은 인터넷 사용자를 대상으로 이메일이나 홈페이지 또는 전문조사 데이터베이스를 활용해 서베이하는 방법이다.

(1) 장점

① 온라인을 통해 조사하므로 시간적·공간적 제약이 없다.

② 조사를 신속하게 할 수 있다.

③ 조사원의 교육이 필요없기 때문에 비용과 시간이 절약된다.

④ 응답자의 자료가 바로 입력되어 데이터 형태로 정리된 파일을 다운받을 수 있기 때문에 시간과 노력이 절감되고 분석에도 용이하다.

(2) 단점

① 인터넷에 가입하거나 활용하는 사람들만을 조사 대상자로 하기 때문에 대표성이 부족할 수 있다. 그러나 이 단점은 조사 대상자가 특정직에 한정될 경우 그들만이 활용하는 홈페이지나 네트워크를 활용할 수 있어 오히려 장점이 될 수도 있다.

② 응답자가 성실히 대답하지 않을 경우가 발생할 수 있다.

③ 모든 서베이 방법이 그러하지만 특히 응답자의 성실성이 요구된다.

제 3 절 설문지 작성법

1 설문지의 구성 요소

1) 인사와 감사의 말

설문지 첫 장에 쓰며, 조사의 주체, 조사의 목적과 중요성, 응답자의 응답 내용의 비밀 보장, 성실한 답변을 부탁하는 말을 짧고 분명하게 쓴다.

2) 지시와 설명문

질문을 하기 전에 질문에 답변하는 방법을 써야 한다. 질문에 대답하는 데 필요한 지시 또는 설명은 명확하고 눈에 잘 띄도록 써야 한다.

[예] 지시 및 설명문의 예

아래 문항은 텔레비전에 대한 귀하의 생각을 알아보기 위한 것입니다. 귀하가 동의하는 정도에 따라 1점에서 5점까지의 점수 중 하나에 ✓를 표시해 주십시오.

텔레비전은 일상생활에 필요한 정보를 전달해 준다.

매우 그렇지 않다	그렇지 않다	보통이다	그렇다	매우 그렇다
①	②	③	④	⑤

3) 질문

연구 목적, 또는 가설을 검증하기 위해 필요한 질문을 담는다.

(1) 개방형 질문

개방형 질문(open-ended question)이란 응답자가 자신의 의견을 자유롭게 대답할 수 있도록 만든 질문을 말한다.

[예] 개방형 질문의 예

귀하가 좋아하는 텔레비전 프로그램을 세 가지만 써 주십시오.

①

②

③

※ 설문지를 만들기 위한 예비조사나 사전조사에 많이 사용한다.

(2) 폐쇄형 질문

폐쇄형 질문(close-ended question)이란 연구자가 제시한 응답 내용 중 하나 또는 몇 개를 응답자가 선택하도록 만든 질문을 말한다.

[예] 폐쇄형 질문의 예

귀하가 좋아하는 텔레비전 프로그램은 무엇인지 두 가지만 골라 주십시오.

① 뉴스 (　　)　② 쇼 (　　)　③ 드라마 (　　)

④ 다큐멘터리(　　)　⑤ 코미디 (　　)　⑥ 만화 (　　)

② 설문지의 구성 방법

설문지는 연구의 목적[1]에 맞게 만드는 것이 중요하다. 응답자들에게 신뢰성 있는 설문지를 수집하기 위해서는 설문지의 배열과 설문지의 길이, 질문의 순서 등을 고려해야 한다.

1) 설문지의 배열

설문지 한 장에 들어가는 질문의 수를 적절하게 배정하고, 각 질문은 적당한 간격을 두어 보기 좋게 배열한다.

2) 설문지의 길이

설문지의 길이는 연구의 목적에 따라 다를 수 있지만 너무 많은 문항과 긴 응답 시간은 응답의 신뢰성을 떨어뜨릴 수 있게 때문에 피하는 것이 좋다. 설문지 응답 시간의 경우 정확한 최적의 시간은 없지만 직접 면접 방법의 경우 20~40분 사이가 적절하고, 전화 서베이의 경우 10분 정도가 적절하며, 우편 서베이의 경우 15분 정도가 적절하다.

3) 질문의 순서

상대적으로 쉬운 질문으로 시작해 뒤로 가면 갈수록 복잡한 질문, 또는 곤란한 질문을 배열하고, 특히 수입이나 연령 등 인구사회학적 특성이나 개인적인 질문은 설문지 맨 뒤에 배열하는 것이 좋다.

4) 질문 작성 시 유의 사항

① 질문에 사용하는 용어는 단순하고 알기 쉬운 말을 사용해 다수의 응답자가 같은 의미로 이해할 수 있게끔 해야 한다. 그러기 위해서는 모호한 용어, 전문적인 용어, 은어, 사투리 같은 용어는 피하고 누구나 이해할 수 있는 쉬운 용어를 사용해야 한다.

---

1) 일반적인 문항 수: 20개~30개 또는 10~15분.

[예] 당신의 가족은 핵가족입니까? 핵가족의 의미를 이해해야만 답할 수 있다.
당신의 연령은 몇 살입니까? 만나이인지 한국에서 쓰는 나이인지 혼동될 수 있다.
당신은 지방자치법 145조에 찬성하십니까? 반대하십니까?

② 부정의 부정문을 피하고 이해하기 쉽고 의미가 확실하게 전달되는 문장으로 표현해야 한다. 복문장은 유도 질문이 되기 쉽고 또 그러한 인상을 갖게 하므로 가능하면 피하는 것이 바람직하다.

[예] 시장을 지속적으로 활성화시키기 위해서 소비를 늘리고 투자를 늘리지 않으면 안 된다는 의견에 당신은 찬성하십니까?, 반대하십니까?

③ 하나의 질문에 두 개의 답변을 요구하는 질문을 해서는 안 된다.

[예] 당신은 여자 친구가 술을 마시거나 담배를 피우는 것에 대해 찬성하십니까?, 반대하십니까?

④ 응답자의 답변에 영향을 줄 수 있는 편견이 개입된 단어의 사용을 피한다.

[예] 가정에서 전통적인 여성의 역할에 비춰볼 때……찬성하십니까?, 반대하십니까?
정부 고위관료는 KTX 특실을 무료로 이용하고 있습니다. 이에 찬성하십니까?, 반대하십니까?

⑤ ④와 같은 맥락에서 유도 질문을 해서는 안 된다.

[예] 우리나라 지방정부의 경우 집행기관인 단체장과 입법기관인 지방의회가 분리되어 있습니다. 그 결과 집행기관과 의결기관이 같은 당일 때 정책의 의결과 집행이 용이해 신속하게 주민의 요구에 대응할 수 있습니다. 집행기관과 의결기관이 같은 당색을 띠는 것에 찬성하십니까?, 반대하십니까?

⑥ 꼭 필요한 경우가 아니면 응답자가 당황해 하는 질문을 해서는 안 된다.

3 대표적인 척도

1) 리커트 척도

리커트 척도(Likert scale)란 리커트(Rensis Likert)가 개발한 총화평정법(summated rating)에 의한 척도로, 사회과학에 많이 사용되는 폐쇄형 질문에 주로 사용되는 척도이다.

5점 중에서 한 점수를 선택하게끔 한다.

[예] 우리나라에서 IPTV(Internet Protocol Television)를 실시하는 것이 바람직하다.

매우 반대	반대	보통	찬성	매우 찬성
①	②	③	④	⑤

2) 의미분별 척도

의미분별 척도(semantic differential scale)란 1957년 오스굿과 수시(C. E. Osgood & G. Suci), 탄넨바움(C. E. Osgood, G. Suci, & P. Tannenbaum)에 의해 개발된 것으로 어떤 항목에 대해 개인이 느끼는 의미를 측정하는 척도이다.

연구자는 측정 대상에 개념을 제시하고 그에 대한 양극화된 태도를 7점으로 측정한다.

[예] 의미분별 척도의 예

〈동아일보〉

믿을 만하다	①	②	③	④	⑤	⑥	⑦	믿을 만하지 못하다
가치 있다	①	②	③	④	⑤	⑥	⑦	가치 없다
공정하다	①	②	③	④	⑤	⑥	⑦	불공정하다

제 4 장 SPSS를 활용하는 방법

제 1 절 데이터를 정의하는 방법

1 데이터를 정의하는 명령문

명령문	내용	비고
DATA LIST	– 데이터가 보관되어 있는 장소 – 각 변인의 이름 – 각 변인이 차지하고 있는 줄과 칸	반드시 필요
MISSING VALUE	– 무응답에 부여한 수치 – [예] ED 두 칸(99), SEX 한 칸(9)	필요에 따라 선택
VARIABLE LABELS	– 각 변인 이름에 대한 보충 설명	필요에 따라 선택
VALUE LABELS	– 각 변인값에 대한 보충 설명	필요에 따라 선택
BEGIN DATA	– 데이터 시작	데이터가 프로그램 안에 있으면 필요
END DATA	– 데이터 끝	데이터가 프로그램 안에 있으면 필요

2 변수 보기

1) 변수 정의

변수 정의(define variable)에서는 변수에 대한 정보를 설정하게 되는데, 변수명과 변수값에 대한 정의를 한다. 변수 정의를 위해 '데이터 편집기 창'의 '변수 보기' 창을 선택한다.

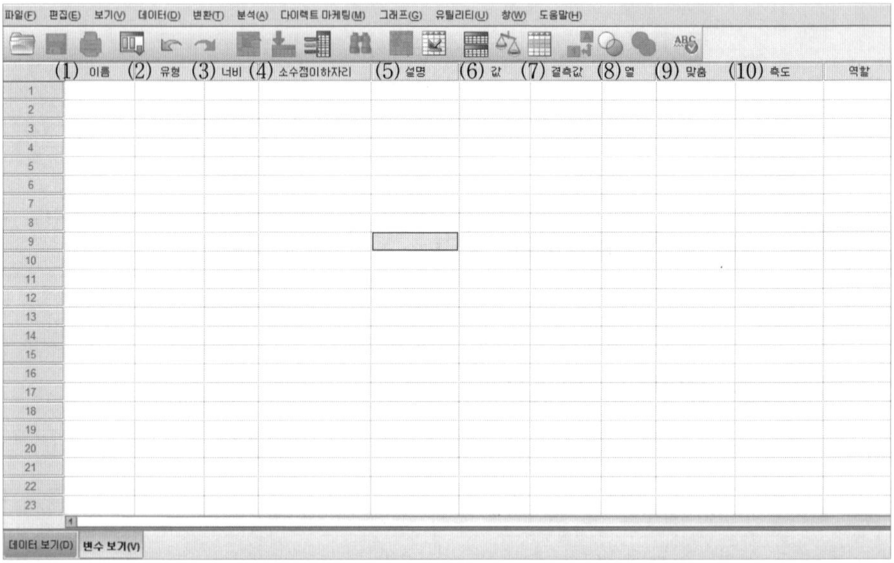

(1) 이름

변수 이름(name)을 지정한다.

'이름'에서 변수명을 입력하면 띄어쓰기가 되지 않는다. 변수명에 띄어쓰기를 하고자 할 때에는 '설명'에 변수명을 기입하면 된다. '설명'에 변수명을 기입한 후, 실제 분석을 실시하면 '결과 창'에 띄어쓰기가 되어 있는 변수명이 기재된다.

(2) 유형

변수의 유형(type), 즉 숫자, 문자열(주관식), 날짜 등을 지정한다.

(3) 너비

자릿수를 지정한다. 예를 들어 설문에 응한 응답자의 최대 나이가 80세라면 나이 변수의 너비(width)는 2 이상이어야 한다. 대부분의 숫자형 변수는 기본값인 8을 그대로 사용하는 경우가 많다.

(4) 소수점 이하 자리

변수가 가지는 데이터값의 소수점 자릿수(decimals)를 설정해 준다.

(5) 변수의 설명

변인에 대한 자세한 설명(label)과 내용을 입력한다.

(6) 값

변수값 지정을 위해서는 '값(values)'의 오른쪽 부분(변수값을 지정하고자 하는 각 변수의 오른쪽 부분)에 마우스를 두고 왼쪽 버튼을 누르면 '변수값 설명' 대화창이 뜬다. 변수값과 설명을 기입한 후, '추가' 버튼을 누르면 변수값에 대한 설명이 저장된다. 나머지 변수값도 같은 방법으로 설정한다.

① 기준값: 변인의 값 입력

② 기준값 설명: 값의 내용(의미) 입력

(7) 결측값

① 응답자가 설문 문항에 대답하지 않은 경우 그 결측값(missing)을 지정한다.

② 이산형 결측값

[예] 변인값에 사용하지 않은 값 사용
변인값이 0~8까지의 변인인 경우: 9
변인값이 10~98까지의 변인인 경우: 99

(8) 열

열(columns)의 자릿수를 지정한다.

(9) 맞춤

셀 내에서 자료의 위치를 지정(align)한다.

(10) 척도

척도(measure), 순서, 명목 중 변수의 측정 수준을 지정한다.

제 2 절 데이터를 변환하는 방법

1 코딩 변경

코딩 변경(recode)은 이미 코딩 입력된 자료를 변경하고자 하는 경우에 사용하는데, '같은 변수로 코딩 변경'과 '다른 변수로 코딩 변경'의 두 가지가 있다. '같은 변수로 코딩 변경'은 동일한 변수 내에서 값을 변환시키는 것을 말하며, '다른 변수로 코딩 변경'은 기존의 변수를 두고, 추가로 새로운 변수를 만들어 변환시키는 것을 말한다.

2 변수 계산

기존의 변인값을 활용해 새로운 변인을 생성하는 방법이다. 예를 들어 국어, 영어, 수학의 성적 자료가 있다면 변수 계산을 통해 세 과목의 합계나 평균 변수를 만들 수 있다.

3 코딩 변경 방법

1) 같은 변수로 코딩 변경

동일한 변수 내에서 값이 변환되는 경우를 말한다. 즉, 기존의 변수값이 새로운 변수값으로 대체된다. 같은 변수로 코딩 변경은 주로 역채점 문항의 교정을 위해 사용된다.

* 역채점 문항이란 변수값이 다수의 문항과는 정반대의 의미를 갖는 문항을 뜻한다. 예를 들어, 스트레스 측정에 관해 코딩이 되어 있다면 측정 문항의 점수가 낮을수록 스트레스를 덜 받고, 점수가 높을수록 더 많은 스트레스를 받고 있음을 뜻한다. 그런데, 만일 특정 문항이 부정문으로 구성되어 있으면('나는 직장에서 스트레스를 받지 않는다') 변수값의 의미가 달라진다. 이는 점수가 낮을수록 더 많은 스트레스를 받고, 점수가 높을수록 더 적은 스트레스를 받는다는 것을 뜻한다.

변환(T)
▶ 같은 변수로 코딩 변경(S)

〈변환 실행〉

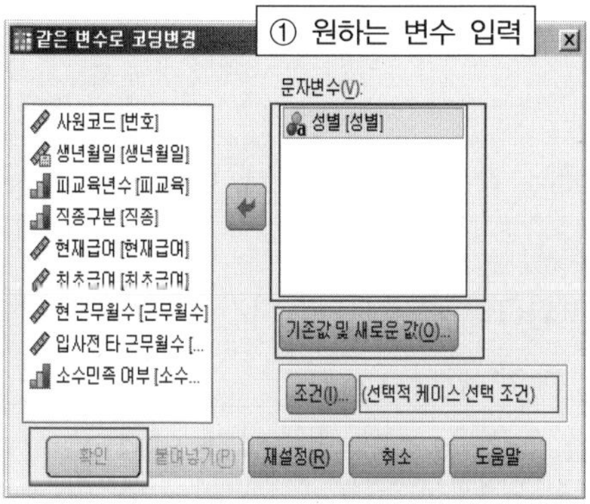

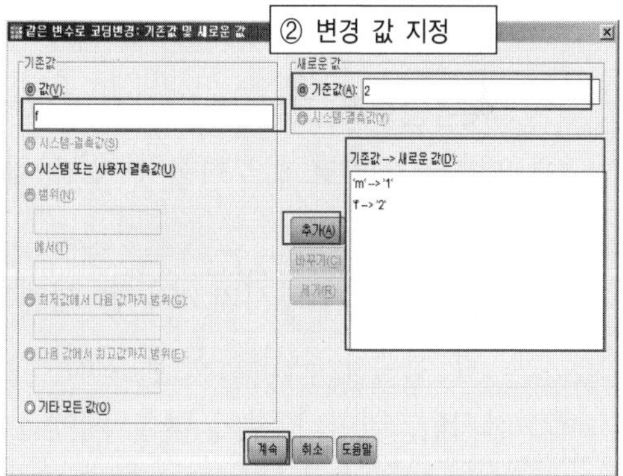

2) 다른 변수로 코딩 변경

기존의 변수를 두고, 추가로 새로운 변수를 만들어 변환시키는 방법을 말한다. 즉, 기존의 변수값은 그대로 남아 있고 새로운 변수가 하나 더 만들어진다. 다른 변수로 코딩 변경은 기존의 변수가 가지고 있는 정보가 손실되어서는 안 되는 경우에 사용된다.

예를 들어, '연령'이라는 변수를 가지고 20대 이하, 30대, 40대, 50대, 60대 이상 등과 같이 '연령대'로 코딩 변경할 경우 기존의 연령이라는 변수는 평균을 구하거나 집단 간 평균을 비교하기 위해 필요하기 때문에 연령이라는 변수는 그대로 두고 새로이 변수를 만들어 코딩 변경을 하는 것이다.

변환(T)
▶ 다른 변수로 코딩 변경(R)

〈변환 실행〉

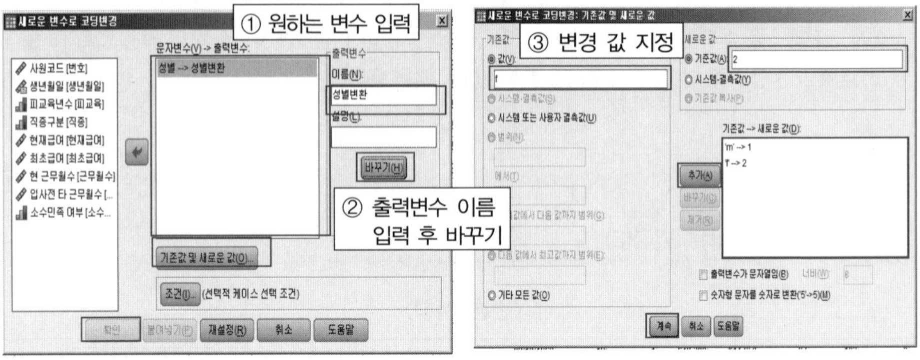

(1) 다른 변수로 코딩 변경을 통한 범주화

① 원하는 범위로 범주화를 하고자 할 때에는 직접 입력을 통해 범주화가 가능하다.

- 날짜를 범주화시키고자 할 때에는 [변환(T) → 날짜 및 시간 마법사 → 작업 선택] 순서를 통해 날짜 변환을 해야 한다.

② 하지만, 데이터 값이 많을 때에는 직접 입력을 통한 범주화가 어렵다.

변환(T)
▶ 다른 변수로 코딩 변경(R)

〈변환 실행〉

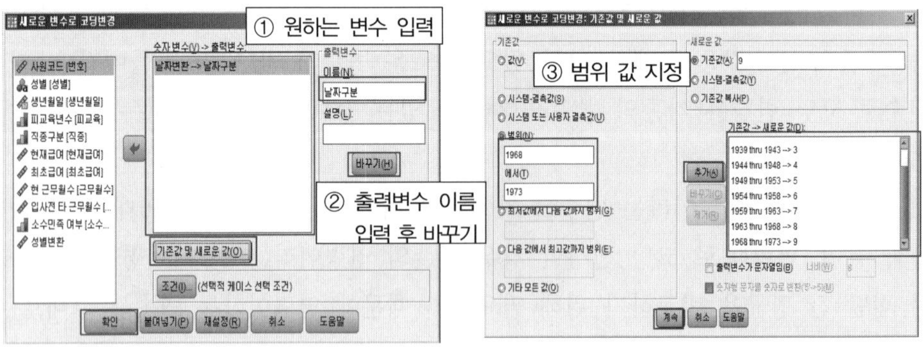

※ 5년으로 구분한다고 가정

(2) 비주얼 빈 만들기

① 비주얼 빈 만들기를 사용하면 직접 변환값을 입력하지 않고도 쉽게 범주화가 가능하다.

② 비주얼 빈 만들기는 아래의 <비주얼 빈 만들기 순서>에 따라 진행된다.

- 날짜를 범주화시키고자 할 때에는 [변환(T) → 날짜 및 시간마법사 → 작업 선택] 순서를 통해 날짜 변환을 해야 한다.

③ 절단점 만들기를 할 때 절단점 값은 이전 구간 위에서 시작해 지정한 수에서 끝나는 구간을 정의한다.

- 절단점의 처음 값은 '포함(< =)' , '제외(<)로 지정되어서 원하는 범주 너비의 끝 값을 입력해 주어야 한다.

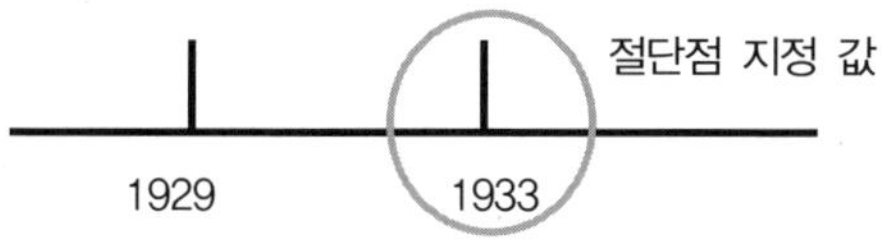

변환(T)
▶ 비주얼 빈 만들기(B)

〈변환 실행〉

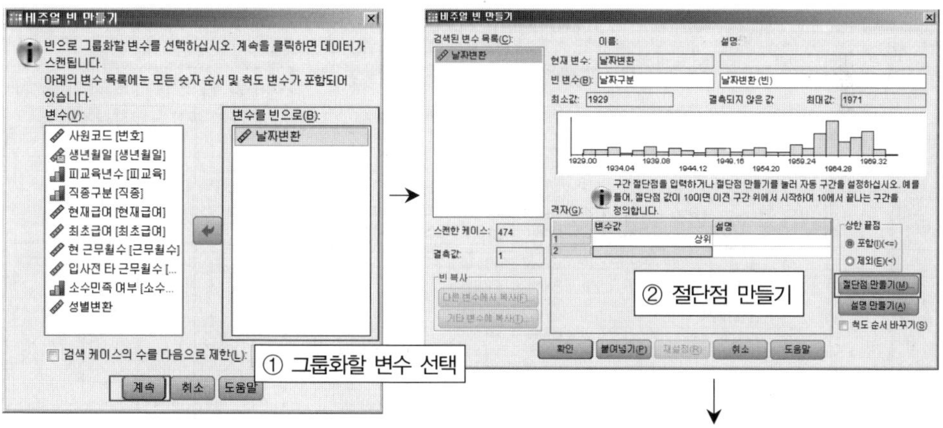

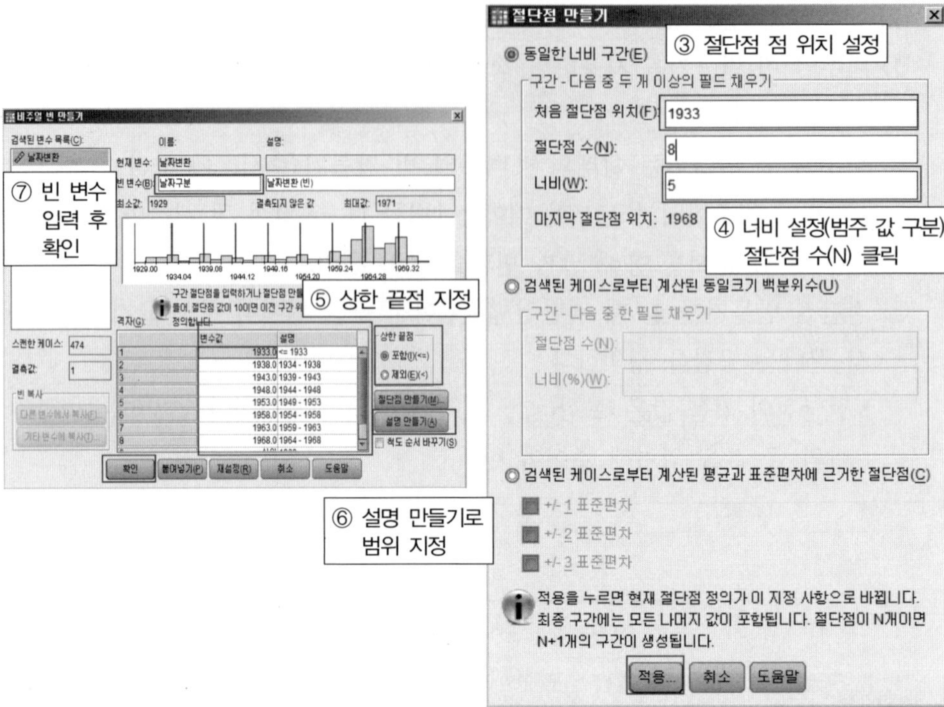

※ 5년으로 구분한다고 가정

〈변환 실행〉

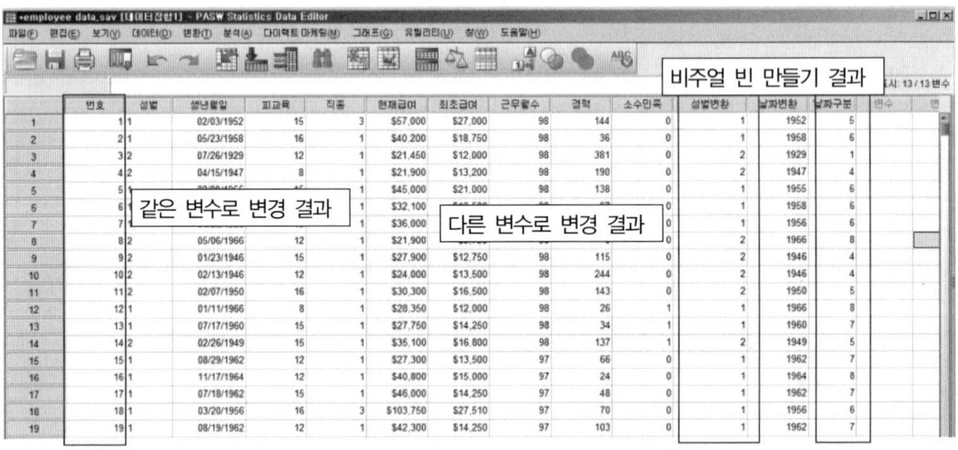

제 3 절 데이터를 선택하는 방법

① 파일 분할

연구자가 조사 대상 전체에 대한 분석 결과를 특정 집단에 따라 구분해서 분석할 때 사용하는 방법이다. 예를 들어 학생들의 TOEIC 점수와 학점과의 상관 관계를 측정하는 경우 전체 학생을 대상으로 하는 것이 아니라 남학생과 여학생으로 나눠 분석할 경우에 사용된다. 이 경우 데이터→파일 분할을 클릭해 집단별 비교를 선택한 후 성별을 분할집단 변수 영역으로 이동시킨다.

② 케이스 선택

조사 대상 중 특정 대상만을 분석하고자 할 때 사용하는 방법이다. 필요한 사료만을 추출하는 방법으로 예를 들어 자료 중 연령이 20세 이상인 조사 대상만을 선택해 분석 대상으로 선택하는 것이다. 이 경우 데이터→케이스 선택을 클릭해 연령 변수를 지정한 후 조건을 만족하는 케이스를 설정하면 된다.

3 통계 방법의 조건과 사용 방법

분석 방법	척도	설명
빈도분석	모든 척도	모든 변수의 첫 번째 분석에 사용되는 가장 기초적인 분석
기술통계분석 (descriptive)	등간, 비율척도	연령, 키, 월평균 급여, 5점 리커트(Likert) 척도 등과 같이 등간, 비율척도로 구성된 변수의 최솟값, 최댓값, 평균, 표준편차
교차분석 (crosstabs)	주로 명목, 서열척도 척도 무관	2개 이상, 최고 4개까지의 변수와 변수 간의 분포와 비율을 보고자 할 때 사용. 독립변수와 종속변수의 관계가 있을 수도 있으며, 분포가 너무 넓으면 코딩 변경을 통해 범주를 재조정한 다음 사용 교차분석 시 χ^2검증의 조건이 안 되는 경우(추리통계가 아닌 경우, 총 응답자가 30명 미만이거나, 셀 내 최소 기대빈도가 5 미만인 경우가 20%보다 크거나 같은 경우)에는 다시 코딩 변경할 구역을 설정하거나 다른 통계 방법 고려
t검증 (t-test)	독립: 두 개 범주로 된 척도 종속: 등간 이상 서열인 경우 비모수통계 사용	독립변수가 2개의 값을 가지면서 (성별, 고학력과 저학력 등) 종속변수가 등간척도, 비율척도인 경우 사용 Independent Samples t-test는 독립변수는 성별, 직업 유무 등 2개의 범주를 가지고 있으며, 종속변수는 등간척도 이상으로 되어 있어 종속변수의 평균 차이가 있는지 없는지를 검증하는 소표본 통계 방법 Paired Samples t-test는 동일한 대상의 두 개의 서로 다른 측정치의 평균 비교를 할 때 사용. 장애인과 함께하는 프로그램에 참여하기 이전에 장애인에 대한 인식과 참여 후의 장애인에 대한 인식이 과연 변화가 있었는가를 분석할 때 사용
평균비교 (means)	독립: 명목, 서열 종속: 등간, 비율	종속변수는 반드시 등간 이상의 평균을 구할 수 있는 변수일 경우에 사용한다. 옵션을 선택하면 분산분석도 사용할 수 있다.
카이자승 (χ^2)	명목, 서열척도 조건 맞으면 척도 무관	독립변수, 종속변수 모두 명목, 서열척도인 경우 주로 사용하지만, 조건만 맞으면 척도에 상관없이 사용 가능. 독립변수 내 각 범주별로 종속변수에서의 분포가 같은지 다른지를 검증할 때 사용
상관관계	독립: 서열 이상 종속: 서열 이상	독립, 종속변수 모두 서열척도 이상이어야 함. 단, 상관 관계는 인과 관계가 없는 경우에도 분석 가능. 등간척도 이상의 변수로 구성될 경우 피어슨(Pearson), 서열척도가 하나라도 포함되면 스피어맨(Spearman), 켄달(Kendall's) tau-b 선택. 회귀분석 결과에 대한 예측
분산분석 (ANOVA) 일반선형모델 (GLM)	독립: 두 개 이상 범주로 된 척도 종속: 등간 이상 서열인 경우 비모수통계 사용	독립변수의 범주가 두 개 이상으로 되어 있으며, 종속변수는 평균을 구할 수 있는 등간척도 이상으로 되어 있는 경우 평균의 차이가 있는지를 분석하기 위해 사용. 독립변수가 두 개 이상일 경우 GLM 사용
회귀분석	독립: 등간 이상 종속: 등간 이상	독립변수, 종속변수 모두 등간척도 이상으로 되어 있어야 하며, 독립변수가 종속변수의 변화에 얼마나 영향을 미치는가? 유의미성, 방향, 영향의 크기 등을 파악

4 사회조사 진행 점검표

단계	내용	담당
1. 조사계획	• 조사계획 → 조사 목표, 목적, 조사 내용, 예산, 일정 확정 • 조사 목적에 맞는 자료, 기존 연구 자료, 각종 정보 등 수집(조사계획 이전에도 시작할 수 있다) • 설문지 초안 구성과 자체회의 → 조사 목적, 목표에 맞게 구성 • 조사 대상자 선정 → 무작위 추출? 임의 추출? • 자문단 구성 → 은사, 관련 전문가, 주변 자원 최대한 활용 • 사은품 선정 →필요없는 경우 제외	담당자를 명확하게 선정해야 함. – 책임 의식 – 팀 워크
2. 조사 준비	• 설문 초안 완성 • 구청, 유관기관 등 주변 지원 체계에 조사 협조 요청 공문 발송(필요한 경우) • 조사원 모집 공고(제1차 공문 발송) → 자원봉사자, 학생, 실습생, 실무자 • 조사원 모집과 교육 → 일정에 맞는 인력 수급 중요, 교육 내용은 기관 소개, 조사의 중요성과 조사원의 역할, 조사 내용, 설문조사 실습 • 홍보물 준비 → 조사 목적, 기관 안내 등 매우 중요	
3. 사전조사와 설문 보완	• 사전조사 실시 → 조사 대상의 5~10% 내외, 대상이 많을수록 적은 비율로 선정, 실무자가 설문을 직접 조사해서 문제를 확인 • 사전조사 분석 → 기초통계와 조사 과정, 조사 내용의 문제 분석 • 자문단 활용 → 설문 최종 보완 등 자문 • 설문 최종 완성 → 최종 코딩과 입력까지 실무자가 해야 한다.	
4. 본조사	• 본조사 실시 → 조사 대상 또는 주변 지원 체계에 미리 연락 • 조사원 교육, 수급, 관리가 매우 중요 • 설문지 관리 → ID 부여, 코딩 입력 준비 관리	
5. 통계분석	• 코딩 입력 → 단순 작업이나 사전 이해가 필요하므로 어린 학생은 안 된다. • 입력 에러 체크와 기초분석 → 코딩 입력이 잘 되어야 쉽게 할 수 있다. • 통계분석 → 조사 목적과 목표, 설문 내용(척도)에 맞는 분석 실시	
6. 보고서 작성	• 보고서 초안 작성 • 자문단 회의 → 보고서의 분석 내용 검토와 제언 • 보고서 완성, 인쇄 • 보고서 발송, 세미나 등 후속 작업 활용 → 가능한 경우 • 총괄평가	

5 변수 측정의 수준

자료(data)				
질적 자료(qualitative)			양적 자료(quantitative)	
↓			↓	
명목척도 (nominal scale) 분류의 기능	서열척도 (ordinal scale) 분류 · 순위 부여		등간척도 (interval scale) 분류 · 순위, 각 순위 간의 등간성	비율척도 (ratio scale) 분류 · 순위, 각 순위 간의 등간성, 절댓값 0의 존재

6 척도에 따른 통계 방법

종속변인 \ 독립변인	명목변수	서열변수	등간/비율변수
명목변수	교차분석 독립성 검증	교차분석 독립성 검증	로짓, 프로빗 분석
서열변수	교차분석, 범주형 분산분석 등 비모수통계분석	교차분석, 범주형 분산분석 등 비모수통계분석, 서열 상관관계	더미 정준 상관분석, 로짓, 프로빗 분석, 서열 상관관계
등간/비율변수	t검증, 분산분석, 다차원 분산분석	t검증, 분산분석, 다차원 분산분석	피어슨 상관관계, 회귀분석, 다차원 분산분석
종속변수 없음			요인분석, 군집분석

7 질적 데이터와 양적 데이터

정성(질적) 데이터		정량(양적) 데이터	
명목척도	식별할 목적으로 할당된 숫자(설문 1) [예] 성별, 혈액형	등간척도	순서로서의 의미(설문 3) 숫자 간의 차이에 등간격성 온도는 등간척도
서열척도	숫자에 순서로서 의미 등간격이 비보증(설문 2)	비율척도	길이, 무게, 시간은 비율척도

(설문 1) 혈액형을 답하시오.

① A　　　② B　　　③ AB　　　④ O

(설문 2) 이 상품에 대한 만족도를 답하시오.

① 불만 ② 약간 불만 ③ 어느 쪽이라고 할 수 없다 ④ 약간 만족 ⑤ 만족

(설문 3) 귀하의 연령을 답하시오. (　　)세

1) 질적 데이터의 정리 방법

① 명목척도의 데이터는 카테고리마다의 도수(빈도)의 집계와 비율의 계산이 데이터 처리의 기본이 된다.
② 도수의 집계 결과는 막대그래프를 사용해 시각화한다.
③ 비율은 원그래프, 띠그래프, 막대그래프 등을 사용해 시각화한다.

2) 양적 데이터의 정리 방법

① 간격척도의 데이터는 구간을 나눠서 각 구간마다 도수의 집계와 평균, 중앙값, 표준편차 등의 통계량 계산이 데이터 처리의 기본이 된다.
② 결과는 히스토그램 또는 막대그래프로 시각화한다.

제 4 절 데이터의 입력

1 단일 회답의 입력

[설문 예제] 단일 회답과 단어를 기입하는 자유 회답의 설문 예

(질문 1) 성별을 답해 주시오　(　　)

(질문 2) 혈액형은　(　　)형

(질문 3) 가장 좋아하는 색은 (　　)색
(질문 4) 귀하의 연령은 (　　)세
(질문 5) 이 상품을 처음으로 알게 된 계기는 다음 중 어느 것입니까?

① TV 광고　② 라디오 광고　③ 신문 광고　④ 온라인광고
⑤ 아는 사람의 소개　⑥ 기타(　　)

(질문 6) 이 상품에 대한 만족도를 답해 주시오.

① 대단히 불만　② 불만　③ 약간 불만　④ 약간 만족
⑤ 만족　⑥ 대단히 만족

① 사전에 몇 가지의 답이 출현할 것인가 알 수 있는 (질문 1)과 (질문 2) 경우에는, 입력하기 전에 코드화해 놓고 거기에서 정한 숫자를 입력하는 편이 입력 작업에 더 효율적이다.

(설문 1) 남 → ①, 여 → ②
(설문 2) A → ①, B → ②, AB → ③, → ④

② (질문 3)과 같이 사전에 몇 가지의 답이 출현할지 알 수 없는 경우에는 답 그 자체를 입력하는 편이 좋다.
※ [변환]; [자동 코딩 변경]을 통해 척도 변경
③ (질문 4)는 수량이 얻어지는 자유 회답 형식, 답의 수치를 그대로 입력하면 된다. 구간을 나눠놓고 코드화하는 방법도 있는데, 데이터를 처리할 때를 생각하면 코드화는 입력 후에 필요한 시점에서 실시하면 된다.
④ (질문 5)와 같은 선택 회답 형식의 설문은 선택된 숫자를 그대로 입력하면 된다.
"기타"의 경우에는 최초에는 내용을 무시하고 숫자 6만을 입력해 놓는다.
⑤ (질문 6)은 선택 회답 형식이므로 선택된 숫자를 그대로 입력한다.
⑥ 무회답에 대해서 모든 설문에 답을 기입하지 않은 사람은 논외로 하고, 어떤 일부의 설문에만 답을 기입하지 않은 사람이 나오는 경우가 있다. 그 이유는 기입하는 것을 잊어버림, 회답 불능, 회답 거부 등이 있을수 있는데, 새로

"무회답"이라고 하는 선택지를 추가하고, 그것에 적당한 번호를 할당해서 입력한다. 통계적인 방법을 이용한 분석을 실시할 때에는 제외한다.

2 복수 회답의 입력

[설문 예제]

(질문 1) 제품 X를 구입한 이유로서 적당한 것에 ✓표를 하시오.(복수 선택 가능)

① 가격이 싸다 ② 품질이 좋다 ③ 디자인이 좋다 ④ 아는 사람의 권유

(질문 2) 제품 X를 두는 장소로 적당하다고 생각하는 공간으로 적합한 것에 2개까지 ✓표

① 사무실 ② 가정의 서재 ③ 연구실 ④ 학교의 교실

(Sol) 적합한 것 2개를 선택하는 질문에 대해서는 입력란의 변인으로 선택 1, 선택 2를 만들어 입력한다.

회답자	공간 1	공간 2
A	4	1
B	2	6

3 순위 회답의 입력

[설문 예제]

(질문 1) 다음의 여섯 가지 음료수 중에서 어느 순서로 좋아하는지, 가장 좋은 쪽부터 순서대로 1위에서 6위까지 순위를 매겨 주시오.

① 커피 ② 홍차 ③ 우유 ④ 녹차
⑤ 탄산음료 ⑥ 과즙음료

(질문 2) PC를 구입할 때 특히 중요시하는 항목을 다음의 6개 중에서 3개를 골라 1위에서 3위까지 순위를 매겨 주시오.

① 가격　　　　② 기능(그래픽, 통신 등)　③ 디자인　　　　④ 계산 속도
⑤ 메이커　　　⑥ 서비스

(Sol) 모든 선택지에 순위를 매기는 완전 순위 회답의 설문인 경우, 설문 회답 결과를 입력할 때에는, 행을 회답자로 하고 열을 선택지로 하는 데이터표 형식으로 입력한다.

회답자	커피	홍차	우유	녹차	탄산음료	과즙음료
A	4	1	6	5	2	3
B	2	6	5	4	1	3

※ 행을 회답자로 하고 열을 순위로 하는 데이터표의 형식에 선택지의 번호를 데이터로서 입력하는 방법도 생각할 수 있다.

회답자	1위	2위	3위	4위	5위	6위
A	2	5	6	1	4	3
B	5	1	6	4	3	2

제 5 장 SPSS를 이용한 기초 통계분석

제 1 절 기술통계

표본의 특성을 기술하는 기술통계(descriptive statistics)는 통계분석의 기초이다. 수집된 자료가 어떠한 특성을 가지고 있는지 분석하고자 할 때 사용하는 분석 방법이며, 가장 기초적인 분석 방법은 빈도분석이다.

기술통계 분석은 자료의 특성을 파악하기 위한 목적으로 사용된다. 기술통계 분석을 통해 집중경향과 분산 등의 통계치를 얻을 수 있다. 집중경향은 점수들이 어떤 값을 중심으로 분포되어 있는지를 나타내며, 분산은 점수들이 평균으로부터 얼마나 퍼져 있는지를 나타낸다.

기술통계 분석은 등간척도나 비율척도와 같은 연속 변인의 데이터를 분석할 때 사용되는 반면, 빈도분석은 명목척도나 서열척도와 같은 불연속 변인의 데이터를 분석할 때 사용된다.

기술통계는 변인의 기본적 특성을 보여주는 자료의 분포(distribution), 분산(dispersion), 집중경향(central tendency) 등을 나타낸다.

1 도수분포표

도수분포표(table of frequency distribution)는 상대적 빈도, 백분율, 유효백분율(valid percent), 누적빈도 및 누적백분율(cumulative percent)로 구성되며, 도수분포를 하나의 표로 나타내는 것으로 자료의 분포 상태를 나타낼 수 있다.

표 5-1 도수분포표

기본 개념	개념 설명	의의
계급 (class)	자료의 값을 몇 개의 등급으로 분산한 구간	비슷한 유형 및 계층을 구분해 자료 정리를 쉽게 한다.
빈도 (frequency)	각 계급에 속하는 케이스의 수	계급 간의 케이스의 수(빈도)를 비교 가능하게 한다.
백분율 (percent)	전체 케이스 중에서 각 계급의 도수(빈도)가 차지하는 비율	계급 간의 도수가 차지하는 비율을 비교 가능하게 한다.
유효백분율 (valid percent)	전체 자료에서 미수집 케이스를 제외한 합계에서 각 계급의 도수(빈도)가 차지하는 비율	미수집된 자료를 제외한 실제 도수를 포함한 비율을 비교 가능하게 한다.
누적백분율 (cumulative percent)	각 계급에 속한 백분율과 상위 계급에 속한 모든 백분율을 포함한 백분율	특정 값, 특정 계급 이하 혹은 이상이 차지하는 비율 계산을 가능하게 한다.

표 5-2 빈도분석의 기본 개념

구분	개념	구성
백분위수 값 (percentile values)	특정 백분율 이하 혹은 이상의 값에 대한 의미	사분위수(quartiles) 절단점(optimal cutoff point) 백분위수(percentile)
산포도(분산도) (dispersion)	자료가 평균을 중심으로 흩어져 있는 상태를 나타낸다. 분산도가 클수록 자료들이 평균에서 멀리 흩어져 있으며, 작을수록 평균 주위에 모여 있다는 것을 의미한다.	표준편차(standard deviation) 분산(variance) 범위(range) 최솟값(minimum) 최댓값(maximum) 평균의 표준오차(s.e. mean)

집중경향 (central tendency)	자료들이 특정 수치에 얼마나 집중되어 있는가를 파악 가능하게 하는 통계수치이다.	평균(mean) 중앙치(median) 최빈치(mode) 합계(sum)
분포 (distribution)	자료가 분포되어 있는 정도를 의미한다.	왜도(skewness) 첨도(kurtosis)

2 집중경향

연구를 수행할 때 특별한 목적을 갖는 경우를 제외하고 대부분의 경우 집중경향(central tendency)으로서 평균값만을 산출하고, 이를 연구 결과에 제시한다. 이처럼 대표적인 집중경향으로서 평균값을 사용하는 이유는 평균이 세 가지 측정치 가운데 가장 안정적이기 때문이다. 이때 안정적이라는 말의 의미는 예측의 정확성을 의미한다. 모집단으로부터 일정 수의 표본을 제출한 후, 표본을 통해 모집단의 평균을 추정하고자 할 때, 평균을 통한 추정의 오차가 중앙치나 최빈치를 통한 추정보다 너 작기 때문에 집중경향으로서 평균값을 사용한다.

1) 평균값

평균값(mean)은 자료의 값을 더해 자료의 수로 나눈 값이며, 식으로는 $[(a_1 + a_2 \cdots\cdots + a_n)/n]$이다.

2) 중앙값

중앙값(median)은 자료를 크기순으로 나열할 때 가운데 놓이는 값이며, 자료의 수를 N이라 할 때 N이 홀수이면 $(n+1)/2$번째 자료값이 중앙값이 되며, 자료의 수가 짝수이면 $n/2$와 $n/2+1$번째 자료값의 평균을 중앙값으로 한다.

3) 최빈값

최빈값(mode)은 자료의 분포에서 빈도가 가장 많은 관찰치를 의미하며, 질적 자료와 양적 자료 모두에 적용된다.

3 분포

분포(distribution)란 변인의 전체 모양을 살펴보는 것으로 변인의 분포가 정상분포곡선(normal distribution curve)으로부터 얼마나 벗어났는지 보여준다. 분포의 특징은 분포의 퍼짐 또는 집중의 정도를 말하는 분산도와 분포의 기울기, 즉 편향의 정도를 나타내는 왜도와 그 분포가 얼마나 뾰족한가를 나타내는 첨도 등에 의해 표현된다.

1) 왜도

왜도(skewness)란 비대칭 정도를 나타내는 지표이다. 왜도가 0이면 분포의 형태가 좌우 대칭인 정규분포를 뜻하며, 음수이면 왼쪽 긴 꼬리를 갖는 분포, 양수이면 오른쪽 긴 꼬리를 갖는 분포이다. (+)값은 변인의 분포가 정상분포보다 왼쪽으로 치우친 경우이며, (−)값은 변인의 분포가 정상분포보다 오른쪽으로 치우친 경우이다.

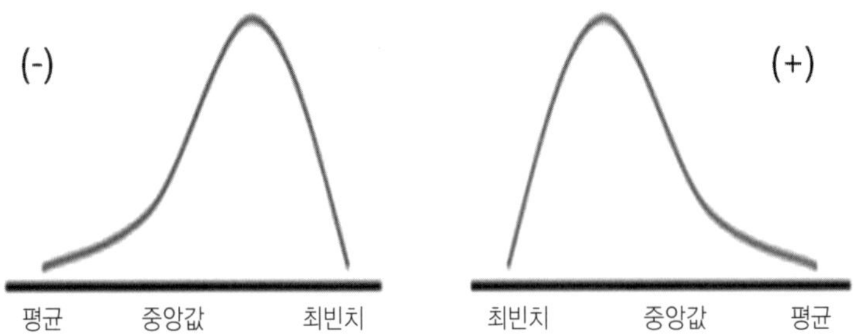

2) 첨도

첨도(kurtosis)란 변인의 분포가 정상분포곡선으로부터 위쪽, 아래쪽으로 치우친 정도를 뜻한다. 분산도가 크면 집단이 이질적이고 분포의 높이가 낮아지며, 분산도가 작으면 집단이 동질적이고 분포의 높이가 높아진다. 정규분포의 첨도는 0이며, 첨도가 0보다 크면 정규분포보다 더 뾰족한 모양을 갖는데 이를 급첨(急尖, leptokurtic)이라 하고, 첨도가 0보다 작으면 분포의 높이가 정규분포보다 낮아지는

데 이를 저첨(低尖, platykurtic)이라 한다. (+)는 변인의 분포가 정상분포보다 위쪽으로 치우친 경우로 사례의 상당수가 평균값 근처에 몰려 있어 뾰족한 모양이다. (−)는 변인의 분포가 정상분포보다 아래쪽으로 치우친 경우로 사례의 상당수가 평균값을 중심으로 양쪽에 넓게 퍼져 있는 모양이다.

※ 분포의 뾰족한 정도를 정규분포와 비교해 나타내는 것임.

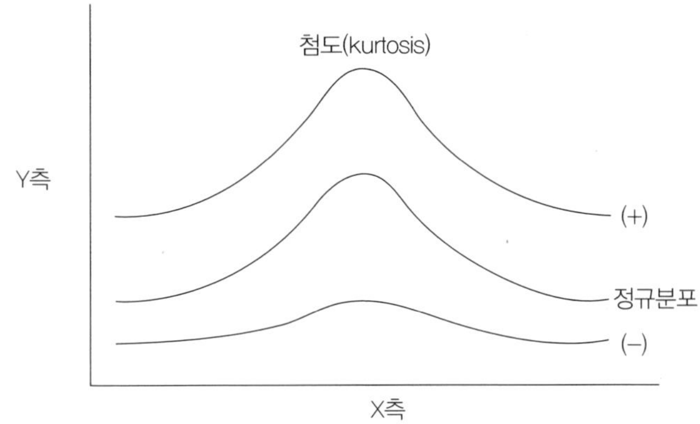

4 빈도와 백분율

빈도(frequency)에서 유효 퍼센트란 무응답자를 제외한 전체 사례를 말하며, 백분율(percent)이란 무응답자를 포함한 전체 사례이다.

5 분산도

서로 다른 두 집단의 평균값이 같다고 해서 분포의 모양까지 같은 것은 아니다. 즉, 평균을 중심으로 개별 값들이 모여 있을 수도 있고, 넓게 퍼져 있을 수도 있다. 이처럼 개별 값들이 평균을 중심으로 어떻게 분포되어 있는가를 나타내는 것이 분산도(산포도, dispersion)이다.

표본의 특성을 정확하게 기술로는 범위(range)와 변량(variance), 표준편차(standard deviation)가 있다.

1) 범위

범위는 최댓값에서 최솟값을 뺀 값을 의미한다. 예를 들어, 2, 6, 8, 11, 17로 구성된 집합의 경우 최댓값은 17이고 최솟값은 2이다. 따라서 범위는 최댓값 17에서 최솟값 2를 뺀 값인 15가 된다는 것을 알 수 있다.

2) 변량

변인의 개별 점수(원점수)가 평균값으로부터 퍼져 있는 정도로 변인의 동질성을 측정하는 데 사용한다. 변량의 값이 적으면 작을수록 그 집단은 동질적 집단이고, 변량의 값이 크면 클수록 그 집단은 이질적 집단이라고 말할 수 있다.

① 각각의 차이 점수(원점수 − 평균)를 자승하고, 자승한 각 점수를 더한다.
→ 자승의 합

② 자승의 합의 평균값은 자승의 합을 사례 수로 나눠 구한다.
자승의 합의 평균값이 변량 또는 평균 자승의 합(mean square)

※ 원칙적으로 자승의 합을 자유도(degree of freedom)로 나눠야 함. 자유도는 사례 수에서 1을 뺀 값이다. 자유도로 나누는 것이 표본 자료로부터 모집단 변량을 좀 더 정확하게 추정할 수 있다.

③ 변량을 제곱근한 값: 표준편차

3) 표준편차

표준편차는 그 값이 작을수록 개별 값들이 평균 가까이에 분포되어 있음을 의미하며, 표준편차의 값이 커질수록 개별 값들이 평균으로부터 멀리 떨어져 분포되어 있음을 나타낸다.

6 표준오차

표준오차(standard error)란 여러 표본의 평균값들의 표준편차를 뜻한다.

① 표준오차(*SE*)를 구하기 위해 변인은 반드시 등간척도, 비율척도로 구성되어

야 한다.

② 표본의 표준편차(SD)를 사례 수의 제곱근($\sqrt{\ }$)한 값으로 나눠 구한다.

$$SE = SD/\sqrt{n} = \sigma/\sqrt{n}$$

③ 변인이 퍼센트(%)로 측정되었을 경우, 표준오차를 구하는 공식에 나타난 소문자 n은 사례 수이고, p는 표본에서 구한 퍼센트(%) 결과이다.

④ 표준오차: 100%에서 실제 조사한 퍼센트(%)를 뺀 값에 실제 조사한 퍼센트(%)를 곱하고, 이를 사례 수로 나눈 값을 제곱근($\sqrt{\ }$)해서 구한다.

⑤ 변인이 퍼센트(%)로 측정되었을 경우 표준오차 구하는 공식

$$SE(P) = \sqrt{P\frac{(100-P)}{n}}$$

표준오차 계산 방법

각 표본의 원점수/평균값/표준편차				표본들의 각 평균값 /평균의 평균값/표준오차	
	A	B	C		
1	1	2	5	A	3
2	2	5	4	B	4
3	3	5	6	C	5
4	4	4	5		
5	5	4	5		
평균값	3	4	5	평균값	4
표준편차	1.414	1.095	0.632	표준편차(표준오차)	0.816

A: 변량(variance): $(1-3)^2+(2-3)^2+(3-3)^2+(4-3)^2+(5-3)^2=10,\ 10\div5=2$

표준편차(standard deviation: SD): $\sqrt{2}=1.414$

B: 변량(variance): $(2-4)^2+(5-4)^2+(5-4)^2=6,\ 6\div5=1.2$

표준편차(SD) = $\sqrt{1.2}=1.095$

C: 변량(variance): $(4-5)^2+(6-5)^2=2,\ 2\div5=0.4$

표준편차(SD) = $\sqrt{0.4}=0.632$

표준오차

① 변량(variance): $(3-4)^2+(4-4)^2+(5-4)^2 = 2,\ 2\div3=0.667$

② 표준오차(standard error): $\sqrt{0.667} = 0.816$

※ SPSS 빈도분석 절차(Frequency Analysis Procedure)

1. 〈분석〉 〈기술통계량〉 〈빈도분석〉
2. 변수 선택
3. [통계량]: 〈집중경향〉 〈산포도〉 〈분포〉
   - 자료의 분포, 분산, 백분율, 집중경향
4. [도표]: 〈히스토그램〉
   - 상대적 빈도, 백분율, 유효백분율, 누적빈도 및 누적백분율
5. [형식]: 〈출력 순서〉 〈다중변수〉
6. 분석 결과

제 2 절 빈도분석 사례

1 분석할 변수 선정

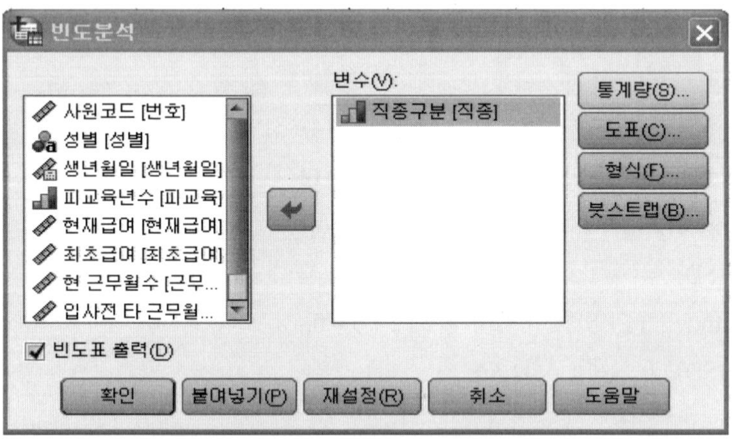

① employee data(employee.sav)를 사용해 분석을 실시했다.

② 변수(variable)들 중에서 직종을 선택해 빈도분석을 했다.

2 빈도분석: 통계량

빈도분석을 이용한 기초적인 자료 분석을 수행해 백분위수값(percentile values), 산포도(dispersion), 집중경향(central tendency), 분포도(distribution)와 같은 통계치를 도출할 수 있다.

1) 백분위수

(1) 사분위수
매 25%에 해당하는 백분위수이다.

(2) N 분위수
전체를 N으로 나눈 퍼센트에 해당하는 백분위수이다.

(3) 백분위수
원하는 백분율을 지정해 해당하는 백분위수를 출력할 수 있다.

2) 산포도

(1) 표준편차
평균 주위의 산포에 대한 측도, 분산의 세곱근 값과 같다.

(2) 분산
평균 주위의 산포의 측도, 케이스 수보다 하나 작은 수로 나눈 평균으로부터 편차 제곱합과 같다.

(3) 범위
최댓값과 최솟값의 차이를 나타낸다.

(4) 최솟값
가장 작은 변수의 수치이다.

(5) 최댓값

가장 큰 변수의 수치이다.

(6) 평균의 표준오차

평균값이 동일한 분포에서 계산된 것보다 얼마나 다른지 나타내는 측도이다.

3) 집중경향

(1) 평균

산술평균, 수치 전체를 더한 값을 N으로 나눈 값이다.

(2) 중위수

50%에 해당하는 백분위수이다.

(3) 최빈값

빈도가 가장 높은 수치이다.

(4) 합계

수치 전체를 더한 값이다.

(5) 값들이 집단 중심점

데이터가 집단화되었다는 가정과 데이터 값들이 원래 집단의 중심점이라는 가정 하에 백분위수 값 통계량과 중위수를 계산한다.

4) 분포도

(1) 왜도

왜도(skewness)란 비대칭 정도이다.(0에 가까울수록 정규분포, +값은 오른쪽 꼬리분포, −값은 왼쪽 꼬리분포)

(2) 첨도

첨도(kurtosis)란 분포도의 뾰족한 정도이다.(+값은 정규분포보다 좁게 밀집된 분포)

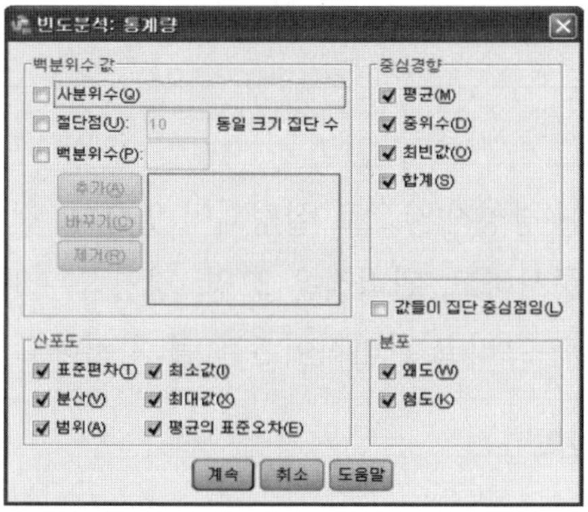

3 빈도분석: 도표

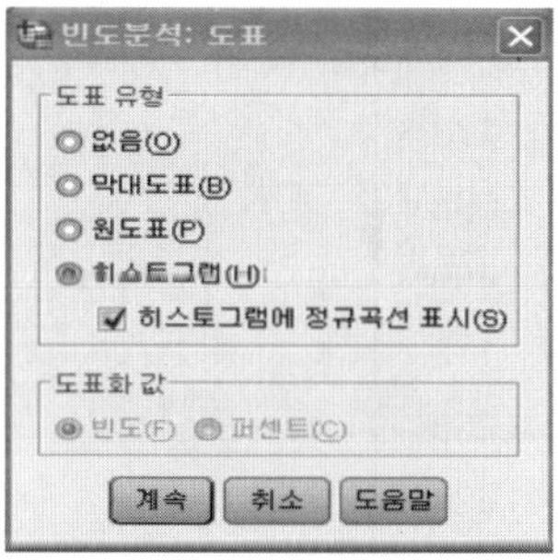

※ 도표(그래프)를 통해 직종의 전체적인 분포를 한눈에 파악할 수 있다.

4 빈도분석: 형식

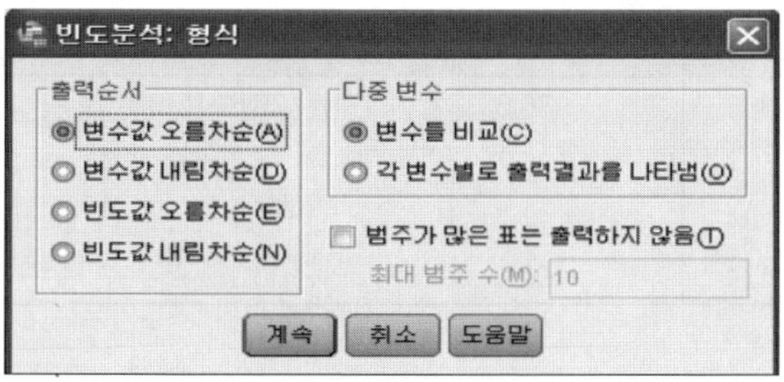

제 3 절 분석 결과

직종 변수의 값은 사무직(1), 관리직(2), 경영직(3)으로 설정되어 있으며, 전체 대상 집단 474명 중에서 사무직에 363명이 종사하고, 관리직은 27명, 경영직은 84명으로 사무직이 전체의 76.6%, 경영직이 17.7%, 그리고 관리직이 5.7%를 차지하고 있다.

통계량

직종 구분

N	유효	474
	결측	0
평균		1.41
평균의 표준오차		.036
중위수		1.00
최빈값		1
표준편차		.773
분산		.598
왜도		1.456
왜도의 표준오차		.112
첨도		.268
첨도의 표준오차		.224
범위		2
최솟값		1
최댓값		3
합계		669

직종 구분

		빈도	퍼센트	유효 퍼센트	누적 퍼센트
유효	사무직	363	76.6	76.6	76.6
	관리직	27	5.7	5.7	82.3
	경영직	84	17.7	17.7	100.0
	합계	474	100.0	100.0	

위 표에 나타난 분포를 그림으로 표현하면 아래의 히스토그램과 같은데, 분포가 좌측인 사무직에 치우친 것을 알 수 있다.

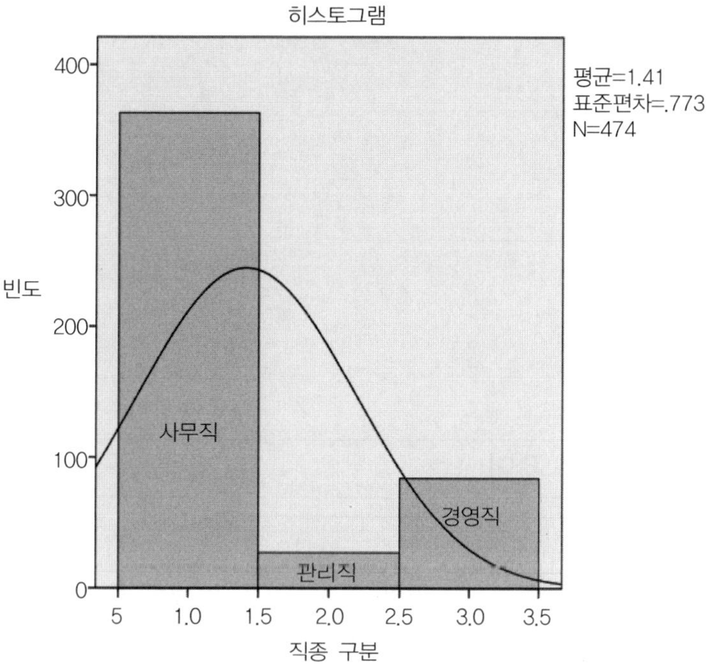

전체 집단은 474명이고, 직종 구분은 사무직(1), 관리직(2), 경영직(3)으로 했으며, 직종에 따른 평균값은 1.41, 표준편차 0.773이다.

제 6 장 추리통계

제 1 절 추리통계 용어

추리통계(inferential statistics)란 얻어진 하나의 표집(標集)을 통해 전집(全集)의 모수치(母數值)를 측정하는 통계적 방법으로서, 이를 표집통계 또는 귀납적 통계 방법이라 부른다. 이에 관련된 용어들을 살펴보면 다음과 같다.

1 정상분포곡선

그래프에 측정치의 도수를 그린 형상이 평균치를 중앙으로 하여 좌우에 균등하게 분포해서 종 모양의 곡선을 나타내는 것을 정상분포곡선(normal distribution curve)이라고 하며, 그 특징은 다음과 같다.

① X축은 변인의 점수이고, Y축은 빈도이다.

② 종 모양으로 나타나며 봉우리는 하나만 존재한다.

③ 종 모양은 좌우 대칭으로 좌우가 같은 모양이다.

④ 정상분포의 경우 평균값, 중앙값, 최빈값이 동일하다.

⑤ 평균값을 중심으로 ±1표준편차 안에는 전체 사례 수의 약 68%가 속해 있고, ±2표준편차 안에는 전체 사례 수의 약 95%가 속해 있으며, ±3표준편차 안에는 전체 사례 수의 약 99%가 속해 있다.

2 표준점수

표준점수(Z-score)는 원점수에서 평균값을 뺀 점수를 표준편차로 나눠 구하고, 그 결과는 평균(0)으로부터 몇(표준점수) 표준편차만큼 떨어져 있는가를 보여준다.

$$\text{표준점수} = \frac{X-\overline{X}}{SD} = [(\text{원점수}) - (\text{평균값})]/(\text{표준편차})$$

실제값들의 평균값은 표준점수 0이 되고, 각각의 실제값이 표준점수는 평균값 0으로부터 떨어진 값만큼의 표준편차이다.

3 표준 정상분포곡선

표준 정상분포곡선(unit normal distribution curve)의 특성은 다음과 같다.

① 분포와 측정 단위가 다른 변인들 간의 관계를 분석하거나 비교하기 위해 원점수를 표준점수로 변환해 사용함으로써 비교의 객관성을 높일 수 있다.

② 표준 정상분포곡선은 평균값 0을 가지며, 표준점수들의 표준편차는 1이다.

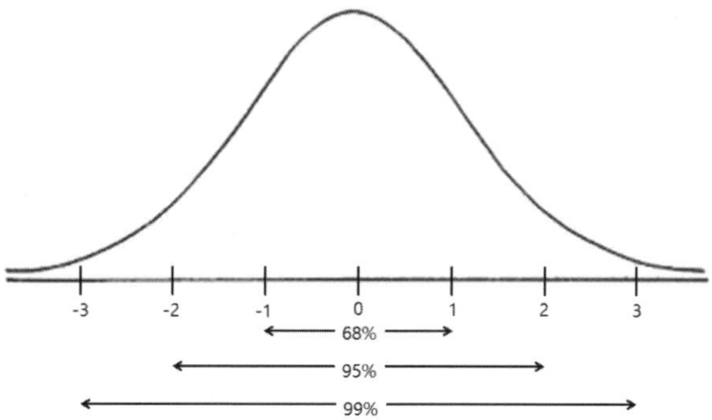

③ 정상분포곡선은 원점수를 이용한 분포곡선이며, 표준 정상분포곡선은 원점수를 표준점수로 바꿔 만든 분포곡선이다.

제 2 절 가설

가설(hypothesis) 검증은 모집단에 대한 어떤 가설을 설정하고, 이 가설의 타당성 여부를 표본을 분석함으로써 검증하는 것이다.

1) 가설의 종류

가설의 종류에는 대립가설(연구가설, H_1)과 귀무가설(영가설, H_0)이 있다.

① 대립가설(Alternative H): 연구자가 검증하고 싶어하는 주장이다.

② 귀무가설(Null H): 연구가설의 반대 명제이다.

③ 일반적인 유형

대립가설	귀무가설
무엇과 무엇과의 관계가 있다.	무엇과 무엇과는 관계가 없다.
무엇이 무엇에게 영향을 미친다.	무엇이 무엇에게 영향을 미치지 않는다.
무엇을 하면 무엇이 나타날 것이다.	무엇을 해도 무엇이 나타나지 않을 것이다.

2) 가설 검증 방법

① 연구가설의 반대 명제인 영가설을 검증하고, 이를 통해 연구가설을 간접적으로 증명하는 절차를 거친다.

② 과학적 목적은 시간과 공간을 초월해서 법칙을 발견하는 것이다.

③ 과학적 연구 결과는 잠정적 진실로 항상 진실의 여부를 검증받는다.

3) 유의도 수준

통계적 가설 검증에서 가설을 기각하기 위해서는 표본 결과가 얼마나 드물게 나타나는 일이어야 하는가를 명시하는 확률이다. 유의도 수준을 결정하는 것은 연구자의 이론적 · 경험적 배경에 의존하지만 사회과학에서 많은 경우에 확률 $p=0.01$ 또는 0.05로 설정한다.

① 유의도 수준 $p<0.05$: 100개의 연구를 했는데 95개(95%)는 제대로 된 결론을 내리고, 5개(5%)는 연구자가 실수해서 잘못된 결론을 내리는 것을 의미한다.

② 유의도 수준 $p<0.01$: 0.05보다 기준이 더 엄격해서 100개의 연구를 할 경우, 99개(99%)는 제대로 된 결론을 내리고, 1개(1%)는 연구자가 잘못된 결론을 내리는 것을 의미한다.

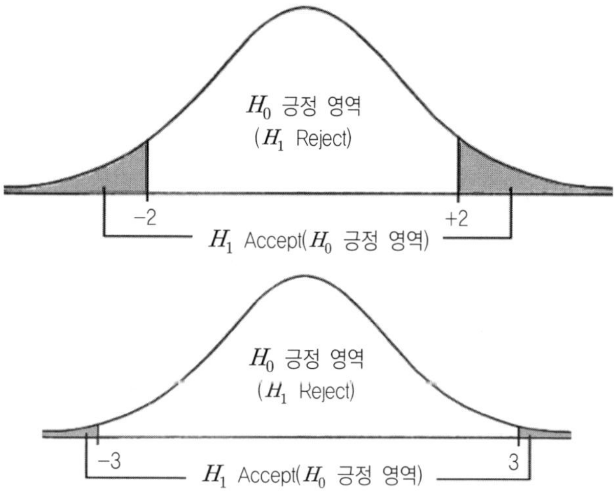

제 3 절 제1종, 제2종 오류

1 제1종 오류

제1종 오류(Type I error)란 영가설(귀무가설)이 진실임에도 불구하고, 영가설을 진실로 판단하지 않고 허위로 판단하는 경우의 오류이다.

[예] 연구가설이 진실인 경우, 연구가자 연구가설을 진실로 판단하면 제대로 연구한 것이다. 연구가설이 진실임에도 불구하고, 연구자가 연구가설을 허위라고

잘못 판단해 결론을 내리면 연구자는 제1종 오류를 범하게 된다.

연구자는 새로운 사실을 발견한 것으로 착각해 결과를 발표해 사람을 오도하거나, 진실을 발견한 것이라 믿기 때문에 그 연구를 다시 하지 않을지 모른다.

2 제2종 오류

제2종 오류(Type II error)란 영가설이 허위임에도 불구하고, 영가설을 허위로 판단하지 않고 진실로 판단하는 경우의 오류이다.

[예] 연구가설이 허위일 때, 연구자가 연구가설을 허위로 판단하면 제대로 연구를 한 것으로 문제가 없다. 그러나 연구가설이 허위임에도 불구하고, 연구자가 연구가설을 진실이라고 잘못 판단해 결론을 내리면 연구자는 제2종 오류를 범하게 된다.

연구자는 새로운 사실을 발견하지 못했다고 착각했기 때문에 발표를 하지 않을 것이고, 진실을 발견하지 못했다고 믿기 때문에 그 연구를 다시 할 것이다. 따라서 제1종 오류가 제2종 오류보다 심각한 문제이다.

연구자 판단 / 사실세계	H_0을 진실로 판단함.	H_0을 허위로 판단함.
H_0이 진실인 경우	제대로 된 연구	제1종 오류(α)
H_0이 허위인 경우	제2종 오류(β)	제대로 된 연구

3 유의도 수준의 의미

① $p<0.05$

100개의 연구 중 5개가 제1종 오류를 범할 수 있다

즉, 100개의 연구 중 95개(95%)는 제대로 된 결론을 내리고, 나머지 5개(5%)는 잘못된 결론을 내리는 것을 의미한다. 100개의 연구를 할 경우 그중 제1종 오류를

5개(5%) 미만으로 범하면 표본의 연구 결과를 모집단의 연구 결과로 받아들일 수 있다. 5개(5%)의 잘못된 결론이란 제1종 오류, 허위를 진실로 판단하는 오류의 가능성이 5% 존재한다는 것을 의미한다.

② $p < 0.01$

100개의 연구 중 1개가 제1종 오류를 범할 수 있다.

③ 제1종 오류와 제2종 오류는 반비례의 관계가 존재한다.

④ 제1종 오류와 제2종 오류 양자를 적정 수준에서 줄일 수 있는 기준으로 유의도 수준 0.05와 0.01을 권장한다.

Type I error: $H_1(\mathrm{F}) \rightarrow H_1(\mathrm{T})$

$H_0(\mathrm{T}) \rightarrow H_0(\mathrm{F})$

Type II error: $H_1(\mathrm{T}) \rightarrow H_1(\mathrm{F})$

$H_0(\mathrm{F}) \rightarrow H_0(\mathrm{T})$

제 4 절 추리통계 방법 신징 기준

1 변인의 종류

변인의 역할에 따라 원인(독립변인)과 결과(종속변인)로 구분할 수 있다.

① 독립변인: 명목척도, 또는 등간척도와 비율척도(서열척도)

② 종속변인: 명목척도, 또는 등간척도와 비율척도(서열척도)

		독립변인	
		명목척도	등간척도/비율척도 (서열척도도 가능)
종속 변인	명목척도	① 문항 간 교차비교분석(χ^2) (비모수통계 방법)	④ 판별분석(모수통계 방법)
	등간척도/비율척도 (서열척도도 가능)	② t검증 ANOVA 가변인 회귀분석(모수통계 방법)	③ 회귀분석 경로분석 LISREL(모수통계 방법)

② 변인의 측정

① 독립변인이 명목척도로 측정되어 있고, 종속변인도 명목척도로 측정되어 있다면, 연구자는 문항 간 교차비교분석(χ^2 analysis)을 사용해 연구가설을 검증하면 된다. 문항 간 교차비교분석은 대표적인 비모수통계 방법이다.

② 독립변인이 명목척도로 측정되어 있고, 종속변인은 등간척도와 비율척도(서열척도)로 측정되어 있다면, 연구자는 t검증(t-test)이나 ANOVA(analysis of variance), 가변인 회귀분석(dummy variable regression analysis)을 사용해 연구가설을 검증하면 된다. t검증과 ANOVA, 가변인 회귀분석은 모수통계 방법이다.

③ 독립변인이 등간척도와 비율척도(서열척도)로 측정되어 있고, 종속변인도 등간척도와 비율척도(서열척도)로 측정되어 있다면, 연구자는 회귀분석이나 경로분석(path analysis), LISREL(linear structural equation model)을 사용해 연구가설을 검증하면 된다. 회귀분석과 경로분석, LISREL은 모수통계 방법이다.

④ 독립변인이 등간척도와 비율척도(서열척도)로 측정되어 있고, 종속변인은 명목척도로 측정되어 있다면, 연구자는 판별분석을 사용해 연구가설을 검증하면 된다. 판별분석은 모수통계 방법이다.

③ 모수통계 방법과 비모수통계 방법 선정 기준

1) 모수통계 방법 선정 기준

① 분포의 정상성(normality)으로 변인이 정상적으로 분포되어 있어야 한다. 표준 정상분포곡선일 경우 평균값을 중심으로 ±1표준편차 사이에 사례 수의 약 68%가 속하고, ±2표준편차 사이에 사례 수의 약 95%가 속하고, ±3표준편차 사이에 사례 수의 약 99%가 각각 속해 있기 때문에 모집단의 점수를

예측할 수 있다. 변인이 정상적으로 분포되어 있을 경우에는 모수통계 방법, 아닌 경우에는 비모수통계 방법을 사용한다.

② 기준은 변량의 동질성(homogeneity of variance)으로 각 집단의 오차변량이 비슷해야 한다. 변량은 집단의 동질성을 측정하는 수치로서 변량이 다르면 다른 집단이기 때문에 비교하는 것이 어렵다. 집단의 변량이 비슷한 경우에는 모수통계 방법을 사용한다.

③ 기준은 변인의 측정 방법으로 변인이 등간척도(or 비율척도)로 측정되어야 한다. 변인이 명목척도로 측정되었을 경우에는 변량을 계산할 수 없기 때문에 비모수통계 방법을 사용한다.

비모수통계 방법의 대표적인 것은 χ^2방법으로, 명목척도로 측정된 두 변인 간의 관계를 분석한다.

2) 모수통계 방법

① 독립변인과 종속변인이 명목척도와 서열척도, 등간척도, 비율척도 중 어떤 척도로 측정되었는가에 따라 통계 방법이 결정된다.

② 독립변인이 한 개인가 또는 여러 개인가, 종속변인이 한 개인가 또는 여러 개인가에 따라 사용하는 통계 방법이 결정된다.

대표적인 모수통계 방법으로는 t검증 방법, 일원변량분석 방법(one-way ANOVA), 회귀분석 방법(regression analysis), 경로분석 방법(path analysis) 등이 있다.

제 7 장 문항 간 교차비교분석

제 1 절 정의와 연구 절차

명목척도로 측정한 (독립)변인과 명목척도로 측정한 (종속)변인 간의 관계를 분석하는 대표적인 비모수통계 방법이다.

문항 간 교차비교분석(chi-square analysis) 방법은 명목척도로 측정한 변인들 간의 관계를 분석할 때 사용하는 방법이며, 조건은 아래의 표와 같다.

	수	측정
독립변인	한 개	명목척도(서열척도, 등간척도도 가능)
	수	측정
종속변인	한 개	명목척도(서열척도, 등간척도도 가능)

문항 간 교차비교분석 방법의 연구 절차는 다음과 같다.

1) 연구가설의 설정

독립변인과 종속변인의 관계를 기초로 가설을 설정한다.

2) 교차분석(SPSS)

① 분석 메뉴에서 기술통계량의 교차분석을 선택한다.
② 행과 열에 분석할 변수를 이동시킨다.
③ 통계량을 클릭해 카이제곱, 람다, 감마를 선택한다.
④ 셀을 클릭해 관측빈도, 퍼센트(열), 정수가 아닌 가중값(셀수 반올림)을 선택한다.
⑤ 확인을 클릭한다.

3) χ^2분석 및 유의도 검증

(1) χ^2분석표

변인 간에 독립변인과 종속변인의 구별이 있을 때 독립변인은 가로(열)로 종속변인은 세로(행)로 표시된다. 각 셀(cell) 안에는 셀의 조건에 해당하는 사람의 빈도와 빈도의 백분율이 계산되고 백분율은 독립변인에서 종속변인 방향으로 계산된다.

(2) χ^2수치 계산 공식

$\chi^2 = \Sigma\frac{(O-E)^2}{E}$ O: 실제 관측빈도, E: 기대빈도

$E = \frac{(C\times R)}{N}$ C: χ^2 분석표의 각 열에 속한 사람의 숫자

R: 각 행에 속한 사람의 숫자

N: 사례 수

(3) χ^2(chi-square)값

실제 관측빈도와 기대빈도의 차이가 크면 클수록 커지고 일반적으로 χ^2값이 크면 클수록 통계적으로 유의미하다. 표본의 연구 결과에서 나온 변인들 간의 관계는 모집단에서도 같은 결과로 나온다. 따라서 연구 결과를 받아들이면 된다.

(4) 자유도(degree of freedom: *df*)

독자적 정보를 가지고 있는 사례가 얼마인지를 보여주는 값이다. 자유도$=N-1$

4) 상관관계분석

(1) 연구가설의 부정

χ^2분석은 자유도와 χ^2값을 해석함으로써 끝이 난다. "연구가설에서 제시한 명목변인들 간의 관계가 없는 것으로 나타났다"라는 결론을 내리면 된다.

연구가설이 검증되었다면, 변인들 간의 인접성 정도를 보여주는 상관관계분석이 필요하다.

명목척도로 측정된 변인들 간의 상관 관계를 측정하는 계수는 Phi, Cramer's V, Contingency Coefficient(분할계수), PRE(Proportional Reduction in Error)가 있다.

(2) 람다(Lambda, λ)

한 변인과 다른 변인 간의 관계의 정도를 보여준다(0~1).

표 7-1 명목척도로 측정된 변인들의 상관관계 계수

람다 계수	설명
0~0.1 미만	변인 간의 관계가 거의 없다.
0.1~0.3 미만	변인들의 관계가 어느 정도 있다.
0.3~0.5	변인들의 관계가 상당히 깊다.
0.5~0.8	변인들의 관계가 매우 깊다.
0.8~1.0	변인들의 관계가 거의 일치한다.

(3) 감마(Gamma, ɣ)

서열척도로 측정된 변인들의 상관관계 계수이다.

제 2 절 χ^2 분석 논문작성법

χ^2분석 논문작성법은 다음과 같은 순서로 진행된다.

① χ^2분석에 적합한 연구가설을 설정한다.

② 유의도 수준을 정한다. $p<0.05$(95%), 또는 $p<0.01$(99%) 중 하나를 선택한다.

③ 표본을 선정해 데이터를 수집한 후 컴퓨터에 입력한다.

④ <기술통계량> <교차분석> <통계량: 카이제곱: 람다> <셀: 빈도; 관측빈도, 퍼센트> 실행 결과에서 χ^2, 자유도(df), λ(람다계수), $p<0.05$ 표기

⑤ 남 · 여 총 25명을 대상으로 TV와 신문의 선호도를 파악하고자 한다.

TV 시청량, 신문 구독[1]을 예로 들면 다음과 같다.

① [기술통계량] [교차분석]: 행(선호 매체), 열(성별), <정확한 검증>: 점근적 검증

② [통계량]: <카이제곱> <명목 데이터: 람다>

③ [셀]: <빈도: 관측빈도, 기대빈도> <퍼센트: 열>

④ [형식]: <오름차순>

⑤ [수평누적 막대도표 출력]

⑥ [확인]

케이스 처리 요약

	케이스					
	유효		결측		전체	
	N	퍼센트	N	퍼센트	N	퍼센트
선호 매체*성별	25	100.0	0	0	25	100

선호 매체 * 성별 교차표

구분			성별		전체
			남성	여성	
선호 매체	텔레비전	빈도	10	2	12
		기대빈도	5.8	6.2	12.0
		성별 중 %	83.3%	15.4%	48.0%
	신문	빈도	2	11	13
		기대빈도	6.2	6.8	13.0
		성별 중 %	16.7%	84.6%	52.0%
전체		빈도	12	13	25
		기대빈도	12.0	13.0	25.0
		성별 중 %	100.0%	100.0%	100.0%

1) 행(종속변수), 열(독립변수).

총 25명 중에서 선호 매체가 TV인 경우 전체의 48%이며, 남성이 10명(83.3%)이고 여성이 2명(15.4%)이며, 신문 선호도 분포는 13명(52%)이며, 남성이 2명(16.7%)이고 여성은 13명(52%)이다. 전체적인 분포 구도를 살펴보면, 남성과 여성의 선호 매체 취향이 상반됨을 알 수 있다.

교차분석에서 셀당 기대빈도가 5 이상이 되어야 바람직한 것이다. 그러나 이 사례의 경우 0(zero)로 0%이다. 또한 최소 기대빈도는 5.76이다.

카이제곱 검증

	값	자유도 (df)	점근 유의확률 (양측검증)	정확환 유의확률 (양측검증)	정확환 유의확률 (단측검증)
Pearson 카이제곱	11.543[a]	1	.001		
연속수정[b]	8.981	1	.003		
우도비	12.641	1	.000		
Fisher의 정확한 검증				.001	.001
선형 대 선형 결합	11.081	1	.001		
유효 케이스 수	25				

a. 0셀(0%)은 5보다 작은 기대 빈도를 가지는 셀이다. 최소 기대빈도는 5.76이다.
b. 2x2 표에 대해서만 계산됨.

방향성 측도

구분			값	점근 표준오차[a]	근사 T값[b]	근사 유의확률
명목척도 대 명목척도	람다	대칭적	.667	.164	2.754	.006
		선호 매체 종속	.667	.167	2.604	.009
		성별 종속	.667	.167	2.604	.009
	Goodman과 Kruskal 타우	선호 매체 종속	.462	.200		.001[c]
		성별 종속	.462	.200		.001[c]

a. 영가설을 가정하지 않음.
b. 영가설을 가정하는 점근 표준오차 사용.
c. 카이제곱 근사법을 기준으로.

(1) 가설

① 귀무가설(H_0): 성별과 선호 매체와는 관련성이 없다.

② 대립가설(H_1): 성별과 선호 매체와는 관련성이 있다.

(2) 카이제곱 검증

① 독립성 검증을 위한 카이제곱 검증 결과, 카이제곱 값이 11.543이고, 자유도 1, 유의 수준은 0.001로서 귀무가설을 기각하고 대립가설을 채택한다. 그 결과 성별과 선호 매체와는 밀접한 관련성이 있다고 할 수 있다.

② 성별에 따라 선호 매체 선택에 차이가 얼마나 있는지를 측정하기 위해 결합도 측정 방법인 위의 표의 값을 사용한다. 그 결과 람다 값이 0.667로 결합도가 높다고 할 수 있다.

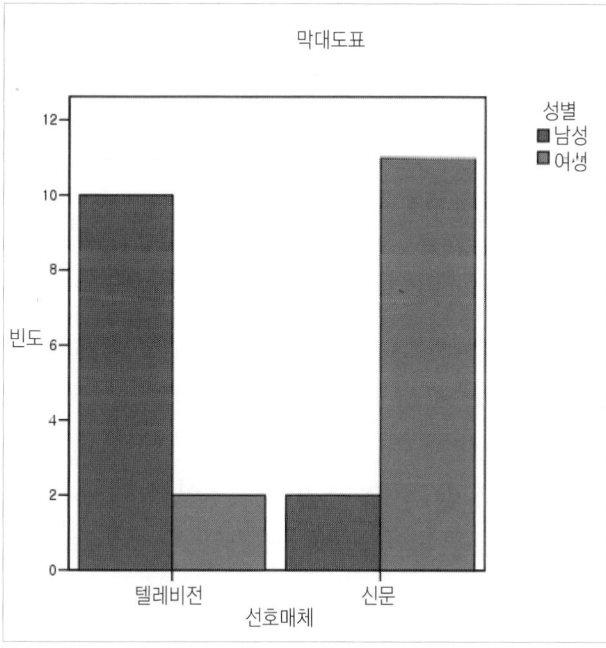

③ 남 · 녀 총 25명을 대상으로 TV와 신문의 선호도에 대한 조사 결과, 위의 그래프에 나타난 것과 같이 남성은 TV, 여성은 신문에 선호도가 높음을 알 수 있다.

제 3 절 교차통계분석

1 사용 목적

교차통계분석(crosstabs analysis)은 두 변수 간의 상호 관련성을 분석하기 위해 사용되는 방법이다. 두 변수 간의 독립성과 연관성을 통계학적으로 확인하기 위한 통계기법이며, 검증통계량(chi-square)분석[2]이라고도 한다. 즉, 두 변수 간의 관계를 검증하는 것으로서 상관관계분석을 명목자료(nominal data)나 서열자료(ordinal data)에 적용한 것이라 할 수 있다. 교차분석을 사용할 수 있는 자료의 수준은 명목 혹은 서열척도이다.

2 교차분석표

교차분석표(cross tabulation)는 두 개의 변수를 결합해 도수분포 현황을 분석하는 것이며, 이를 표로 나타낸 것이다.

[예] 성별에 따른 차이, 성별 간의 직무만족도, 선거에서 유세 전과 후에 지지하는 정당 또는 후보자에 관한 관심의 비율이 어떻게 변하는가? 또한 통계학의 개념 중 가설(귀무가설, 대립가설)의 의미를 통해 변수 간의 연관성을 확인하는 데 사용되는 방법이다.

① 귀무가설(H_0): 두 변수 간에는 상호 연관성이 없다(독립성).

② 대립가설(H_1): 두 변수 간에는 상호 연관성이 있다(연관성).

③ 가설 검증 통계치

2) 상황표(contingency table): 표본의 빈도분포 상태 작성, 두 변수 간의 독립성과 연관성을 통계적으로 확인
독립성 검증(test of independence): 상황표에 사용된 두 요인의 기대도수와 관측도수의 관련성이 있는지 또는 독립성인지를 검증하는 분석
카이제곱(chi-square): 기대빈도와 실제빈도 간의 차이에 의해 계산, 선형 대 선형 결합과 관련된 카이제곱값 계산

χ^2값과 자유도(df) 두 변수가 서로 독립이라는 의미는 서로 아무런 상관이 없다는 것이다.

[예] 통계학을 좋아하느냐, 좋아하지 않느냐 하는 것과 이성 친구가 "있는가" 또는 "없는가" 하는 것은 아무런 관계가 없다. 부모 중 어느 한 사람이 안경을 착용한 것과 자녀 중에서 안경을 착용한 것과는 관계가 있을 가능성이 있다. 통계학의 선호도와 이성 친구의 유무와는 '서로 독립적'이지만 본인의 안경 착용 여부와 부모의 안경 착용 여부와는 '서로 종속적'이라고 표현할 수 있다.

제 4 절 분석 기술통계량, 교차분석

1 분석, 기술통계량 교차분석

Employee data를 예로 들어 분석(analysis), 기술통계량(descriptive statistics), 교차분석(crosstabs)에 대해 살펴보면 다음과 같다.

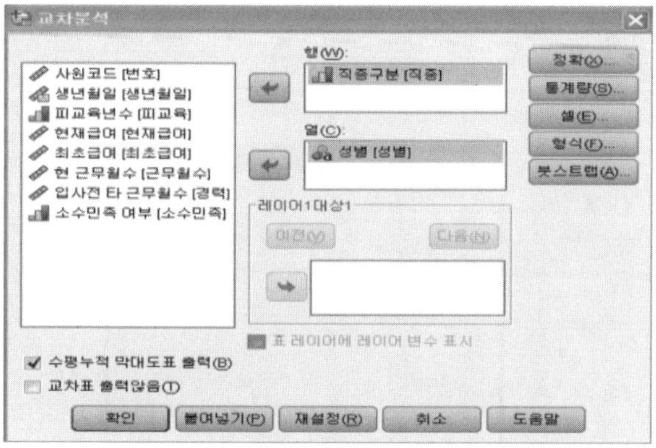

첫째, 변수목록으로부터 교차분석표 왼쪽에 위치할 변수를 지정해 행(rows)으로, 교차분석표 오른쪽에 위치할 변수를 지정해 열(columns)로 옮긴다.

만일, 통제변수(layer)를 지정하면, 각 layer값에 대한 교차분석표가 만들어진다.

[예] 소수민족 여부(minority classification)를 통제변수(layer)로 지정하면, 소수민인 경우와 아닌 경우에 대한 교차표가 만들어진다.

※ 수평누적 막대도표 출력(display clustered bar charts),[3] 교차표 출력하지 않음(suppress tables).

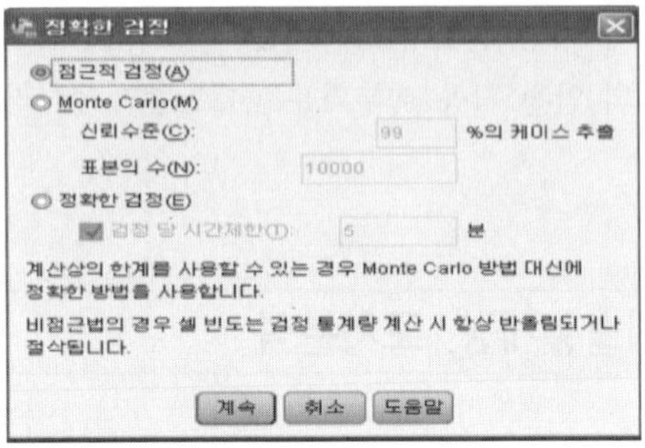

– 점근적 검증(asymptotic only): 점근 유의성 확률의 값을 의미한다.

– 몬테카를로(Monte Carlo)로 유의성 확률값을 의미한다.

신뢰 수준(confidence level)

표본의 수(number of samples)

둘째, 변수 간의 결합도를 측정하는 통계량으로 측정하려는 자료의 수준에 따라 위에 있는 방법을 선택한다.

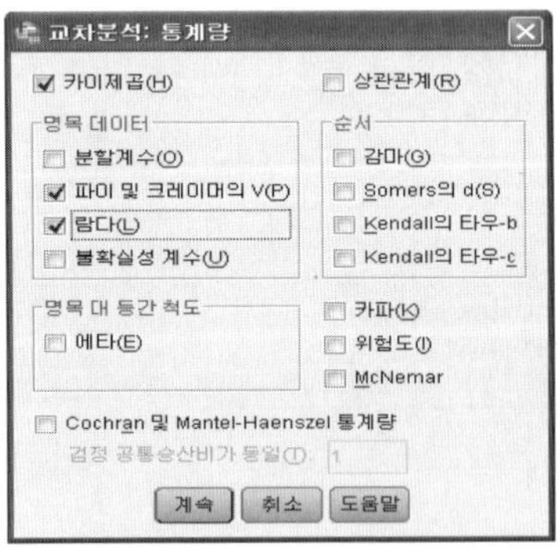

3) 행에 지정된 변수값에 대해 수평누적 막대도표가 출력된다. 각 군집 내의 막대를 정의하는 변수는 열에 지정된 변수이다.

셋째, 두 변수 간에 시간적 우선순위나 결합도가 존재하는 경우, 즉 두 변수 간의 관계가 의존적인 경우를 비대칭적(asymmetric) 관계라 하고, 시간적 우선순위나 인과 관계의 방향이 존재하지 않을 경우, 즉 두 변수 간의 관계가 독립적인 경우를 대칭적(symmetric) 관계라 한다.

넷째, 자료의 수준을 명목 수준(nominal level), 서열 수준(ordinal level), 명목 대 등간 수준(interval level)으로 분류되어 있다.

셀의 대화상자

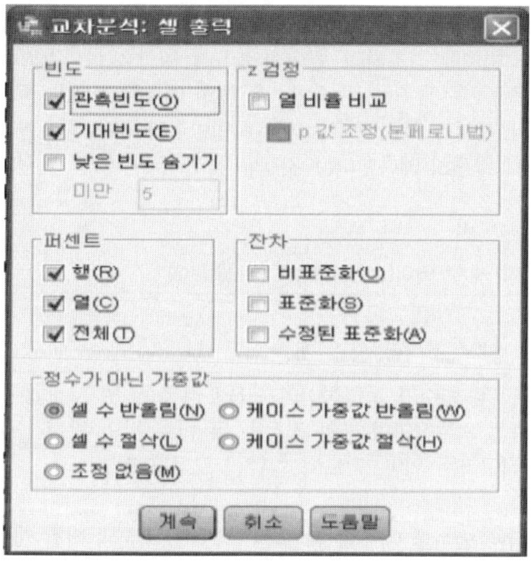

– 빈도, 퍼센트, 잔차 중 분석하고자 하는 통계량을 선택한다.

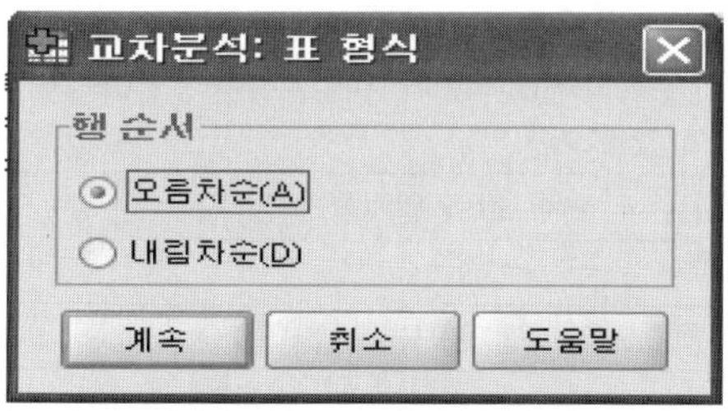

– 오름차순(Ascending): 오름차순 정렬
– 내림차순(Descending): 내림차순 정렬

표 7-1 통계량 용어 설명

항목 및 세부 항목	내용
카이제곱	선형 및 선형 결합과 관련된 χ^2값 계산
상관관계	상관계수
명목 데이터 분할계수	연계성의 강도 의미 우발성계수(contingency coefficient): 관련성 정도 비교 척도로 이용
파이 및 크래머 V값 (Phi and Cramer's V)	두 변수 간의 완전한 관계가 존재해도 1.0의 값을 가질 수 없는 유관 계수의 약점을 보완하기 위한 것이며, 대칭적 척도를 위한 항목. 0.0~0.25(약한 관계), 0.26~0.5(보통), 0.51~0.75(약간 강한), 0.76~1.0(강한)
람다(Lambda)	두 변인 간 관계 측정, 최빈치에 기초하며, 방향성 척도를 위한 항목. 결합도 범위(0~1). 영(zero): 독립변수에 의해 종속변수를 전혀 예측할 수 없는 것 의미하며 두 변수 간의 관계가 독립적, 1(one): 독립변수에 의해 종속변수가 어느 범주에 속하는지 완전히 예측한다는 것 의미하며 두 변수 간의 관계가 완전 종속적
불확실성 계수	대칭 및 비대칭 불확실성 계수 의미(uncertainty coefficient)
명목 대 등간척도 에타(Eta)	nominal by interval 두 변수의 관련성을 계산하는 것으로 상관 계수와 유사
순서 데이터	결합도가 영(zero)일 경우 두 변수가 독립적이며, −1인 경우 두 변수 간의 관계가 반대 방향으로 완전 의존적이며, 1인 경우는 두 변수 간의 관계가 같은 방향으로 완전 의존적이라는 의미. 강도와 방향성 모두 포함.
감마(Gamma)	무작위로 예측했을 때 다른 변수를 예측할 때 줄일 수 있는 오류의 비를 계산하는 것으로 대칭적 척도를 위한 항목이며 0일 경우 독립적, +일 경우 보완적, −일 경우 대체적이라는 의미
Somers'd	종속변수만 일치하고 독립변수는 일치하지 않는 경우를 포함해 비율을 계산하며 방향성 척도를 위한 항목이며 확장된 Gamma값
Kendall's Tau-b and c	등위 상관 계수로서 변수들의 관계가 일치적인가, 비일치적인가의 여부에 따라 산출되며 1~ −1의 사이의 값을 가짐.
Kappa	같은 변수값의 범위를 포함하는 두 변수 간의 일치성 측정 도구
위험도(Risk)	상대적 위험률
McNemar[4]	이산형 변수에 대한 비모수 검증으로 카이제곱 분포를 사용

4) 대응표본 검증(test of marginal homogeneity)은 맥너머(Quinn Michael McNemar)에 의해 학계에 처음 발표된 것으로 맥너머 검증이라고 한다. 대응표본 검증은 행과 열의 크기가 같은 경우에 사용할 수 있으며, 같은 내용을 반복해서 측정한 경우나 같은 내용을 한 쌍의 응답자에게 질문한

빈도(counts) 관측빈도 (observed counts) 기대빈도(expected counts)	각 셀에 표시될 실제 케이스의 수 각 셀에 표시될 기대 케이스의 수
퍼센트 열(column) 행(row) 전체(total)	열 퍼센트: 각 셀의 케이스가 열 변수 전체 케이스의 점유율 행 퍼센트: 각 셀의 케이스가 행 변수 전체 케이스의 점유율 각 셀의 케이스 수가 전체 케이스 수에 대한 비율
잔차 표준화하지 않음 (unstandardized) 표준화(standardized) 수정된 표준화 (adjust Standardized)	기대빈도와 관측빈도 사이의 차이이며, 양의 잔차는 행변수 또는 열변수가 독립일 때보다 셀이 더 많은 케이스가 있다는 것을 나타냄. 표준오차의 추정값으로 나준 잔차이며, 피어슨(Pearson) 잔차라고도 하며, 평균이 영(zero)이고 표준편차가 1이 됨. 표준오차의 추정값으로 나눈 셀에 대한 잔차로서 평균의 위나 아래에 있는 표준편차 단위로 표시.

② 분석 결과

케이스 저리 요약

	케이스					
	유효		결측		전체	
	N	퍼센트	N	퍼센트	N	퍼센트
직종 구분*성별	474	100.0%	0	0	474	100%

① 교차표 작성 결과, 사무직은 363명(76.6%), 관리직은 27명(5.7%), 경영직은 84명(17.7%)으로 사무직이 가장 높은 비중을 차지하고 있다. 직종을 성별에 따라 살펴보면, 사무직은 전체 363명 중에서 남성이 157명(43.3%), 여성이 206명(56.7%)으로 나타났고, 관리직은 27명 중에서 남성이 27명(100%)으로 나타났다. 경영직의

경우에 사용할 수 있다.

경우, 84명 중 남성이 74명(88.1%), 여성이 10명(11.9%)로 관리직과 경영직 모두 남성이 편중되어 있음을 알 수 있다.

직종 구분*성별 교차표

구분			성별		전체
			남성	여성	
직종 구분	사무직	빈도	157	206	363
		기대빈도	197.6	165.4	363.0
		직종 구분 중 %	43.3%	56.7%	100.0%
		성별 중 %	60.9%	95.4%	76.6%
		전체 %	33.1%	43.5%	76.6%
	관리직	빈도	27	0	27
		기대빈도	14.7	12.3	27.0
		직종 구분 중 %	100.0%	.0%	100.0%
		성별 중 %	10.5%	.0%	5.7%
		전체 %	5.7%	.0%	5.7%
	경영직	빈도	74	10	84
		기대빈도	45.7	38.3	84.0
		직종 구분 중 %	88.1%	11.9%	100.0%
		성별 중 %	28.7%	4.6%	17.7%
		전체 %	15.6%	2.1%	17.7%
전체		빈도	258	216	474
		기대빈도	258.0	216.0	474.0
		직종 구분 중 %	54.4%	45.6%	100%
		성별 중 %	100%	100%	100%
		전체 %	54.4%	45.6%	100%

카이제곱 검증

	값	자유도(df)	점근 유의확률 (양측검증)
Pearson 카이제곱	79.277[a]	2	.000
우도비	95.463	2	.000
유효 케이스 수	474		

a. 0셀(0%)은(는) 5보다 작은 기대 빈도를 가지는 셀이다.
최소 기대빈도는 12.30이다.

② 일반적으로 독립성 검증(chi-square test)의 결과 셀당 기대빈도(expected count)가 5 이상이 되어야 바람직하다고 할 수 있다. 이 사례의 경우 0(zero, 0%)이며, 최소 기대빈도는 12.30이다.5)

③ 가설 검증

귀무가설(H_0): 직업의 종류와 성별은 관련성이 없다.

대립가설(H_1): 직업의 종류와 성별은 관련성이 있다.

④ 독립성 검증을 위해 독립성 검증(chi-square test)을 실시한 결과, 카이제곱 값은 79.277이며, 자유도는 2, 유의 수준은 0.0000으로 귀무가설을 기각하고 대립가설을 채택한다. 즉, 직업의 종류와 성별과는 밀접한 관련성이 있다고 할 수 있다.

3 결합도 측정

교차분석을 위해 선택된 변수인 직종과 성별 사이에 결합도로서 직종 구분에 따라 성별의 차이가 있다면, 얼마나 차이가 있는지 그 정도를 측정하기 위해 결합도 측정을 한다.

방향성 측도

			값	점근 표준오차[a]	근사 T값[b]	근사 유의확률
명목척도 대 명목척도	람다	대칭적	.150	.054	2.590	.010
		직종 구분 종속	.000	.000	.[c]	.[c]
		성별 종속	.227	.078	2.590	.010
	Goodman과 Kruskal 타우	직종 구분 종속	.123	.021		.000[d]
		성별 종속	.167	.024		.000[d]

a. 영가설을 가정하지 않음.
b. 영가설을 가정하는 점근 표준오차 사용.
c. 점근 표준오차가 0이므로 계산할 수 없다.
d. 카이제곱 근사법을 기준으로.

5) 자유도의 수 = (행의 수 −1) (열의 수 −1).

1) 방향성 측도

위의 표는 결합도 측정의 한 단계로서 방향성 측도(directional measures)를 파악하기 위해 람다를 지정해 얻은 결과이다. 이 분석에 사용한 두 변수(직종, 성별)는 명목 수준이므로 명목척도 중에서 람다를 선택해 얻은 결과는 0.150으로 두 변수의 결합도가 미약함을 의미한다. 즉, 성별에 따라 직종을 선택하는 성향은 다소 차이가 있으며, 직종에 따라 사무직은 여성, 관리직과 경영직은 남성에 편중되어 있는 것을 알 수 있다.

2) 대칭성 측도

대칭성 측도

		값	근사 유의확률
명목척도 대 명목척도	파이(phi)	.409	.000
	Cramer의 V	.409	.000
유효 케이스 수		474	

위의 대칭적 측도(symmetric measures) 결과, 파이(phi)와 크래머(Cramer) V값이 0.409로서 두 변수 간의 대칭성의 정도는 보통 수준임을 의미한다.

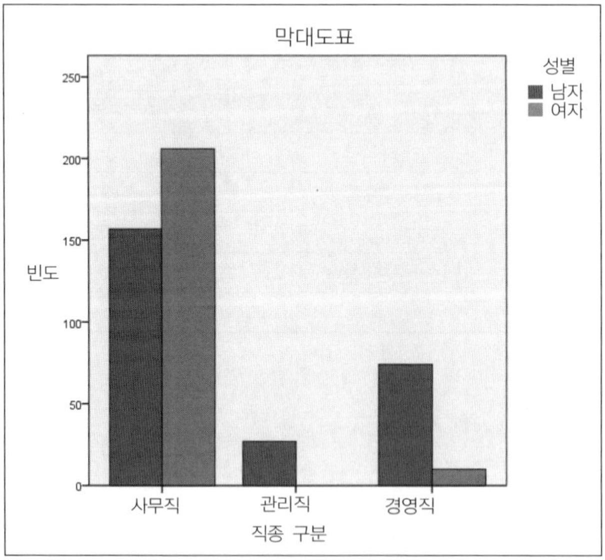

성별에 따라 직업을 선택하는 경향에 다소 차이가 있으며, 위의 그림에 나타난 것과 같이 여성에서 남성으로 갈수록 사무직에서 경영직으로, 그리고 관리직으로 선택하는 경향이 있다는 것을 알 수 있다.

제 8 장 t검증

제 1 절 개념

t검증은 한 개의 독립변인과 한 개의 종속변인 간의 관계를 분석하는 통계 방법이다. 독립변인은 명목척도로 측정된 변인으로 반드시 2개의 집단으로 구성되어야 한다. 예를 들어, 성별은 명목척도로 측정된 변인으로 두 개의 유목(남,녀)으로 구성되어 있어 t검증이 가능한 반면, 종교는 세 개의 유목(기독교, 천주교, 불교)으로 측정되었다면 비록 명목척도로 측정된 변인이라도 t검증 방법에서는 사용할 수 없다.

독립변인이 서열척도와 등간척도, 비율척도로 측정되어도 t검증을 할 수 없다. 그리고 종속변인은 등간척도(또는 비율척도)로 측정되어야 한다.

1 t검증 방법

두 개의 유목으로 측정된 한 개의 독립변인이 한 개의 종속변인에 미치는 영향력을 분석하는 방법이며, 두 집단 평균값의 차이를 검증하는 통계 방법이다.

2 t검증 방법의 조건

독립변인: 수(1개), 척도(명목척도, 반드시 유목이 2개)
종속변인: 수(1개), 척도(등간척도 또는 비율척도)

제 2 절 종류

연구자가 독립변인의 두 집단을 어떻게 선정하느냐에 따라 독립표본(independent sample), 대응표본(paired sample), 일표본(one-sample) t검증 방법 세 가지로 구분된다.

1) 독립표본 t검증 방법 A ⇔ B

음주운전과 교통사고 빈도의 관계성을 구하고자 한다면, 200명 중 100명에게 술을 마시게 하여 음주집단으로 분류한 후 교통사고 건수를 측정하고, 200명 중 100명에게 술을 마시지 않게 하여 비음주집단으로 분류한 후 교통사고 건수를 측정해야 한다.

→ 두 집단에 속한 사람들의 교통사고 평균값 비교 → t검증

A집단	B집단
종속변인 평균값	종속변인 평균값

2) 대응표본 t검증 방법

시점만 달리해 동일한 사람들을 표본으로 선정해 분석한다. 즉, 한 시점에 200명 모두에게 술을 마시게 한 후, 또 다른 한 시점에 200명 모두 술을 마시지 않게 한다. 그리고 교통사고 건수를 측정한다.

→ 두 시점에 동일한 사람들의 교통사고 평균값을 비교 → t검증

시점 1	시점 2
A 집단	A 집단
종속변인 평균값	종속변인 평균값

3) 일표본 t검증 방법

기존의 음주운전자 교통사고 빈도 조사 결과를 실험자가 직접 조사한 음주운전자 교통사고 빈도와 비교한다.

→ 기존 연구 결과와 실제 조사한 집단의 평균값을 비교 → t검증

A 집단	B 집단
종속변인 평균값 (기존 연구의 결과)	종속변인 평균값 (실제 연구의 결과)

제 3 절 독립표본 t검증

독립표본 t검증(independent sample t-test)을 한 집단에 속한 사람이 다른 집단에 속하지 않도록 표본을 선정한 후 두 집단 간의 평균값을 비교해 연구(대립)가설을 검증하는 방법이다.

1 연구 절차

① 독립표본 t검증 방법에 적합한 대립가설을 설정한다. 독립변인과 종속변인의 수와 측정 조건에 맞는 변인을 선정한다.
② SPSS를 실행해 분석에 필요한 결과를 얻는다.
③ 두 집단의 동질성을 검증한다.
④ t분석표를 만들고, 각 집단에 속한 사례 수와 평균값을 분석한 후 t값을 통해 유의성을 검증한다.

② 집단의 동질성 검증

① 동질성 여부의 검사가 필요하다.

② 독립표본 t검증 방법은 두 집단이 독립적으로 선정되어 있기 때문에 두 집단이 같은 모집단에서 추출되었는지를 검증해야 한다.

③ 두 집단 같은 모집단에서 추출했다면 문제없다.

④ 그러나, 다른 모집단에서 추출되었다면, t값을 계산할 수 없고 단지 추정값만 계산이 가능하다.

두 집단의 동질성 검증

대립가설	두 집단이 추출된 모집단이 다르다.
귀무가설	두 집단이 추출된 모집단이 같다.

③ 예제 1: 행복도 조사(미국)

[평균비교]: <독립표본 t검증>

[검증변수]: 행복한 정도(행복도)

[집단변수]: 성별(집단 정의); 지정값 사용(집단1: 1, 집단2: 2)

[옵션]: 신뢰구간 95%, 결측값: 분석별 결측값 제외

[확인]

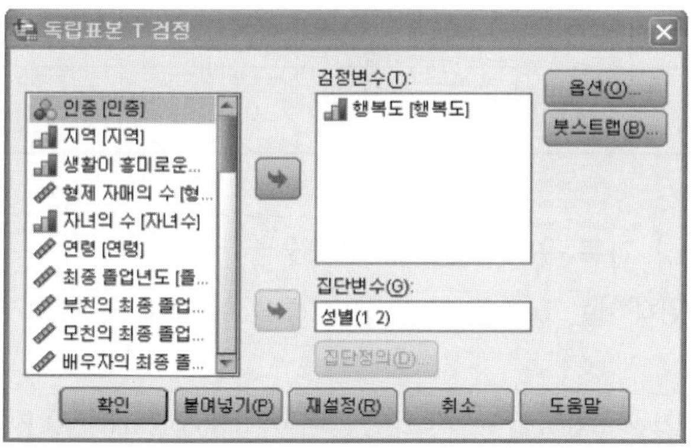

① 남성과 여성 두 집단 간의 행복도의 평균값을 비교해 대립가설을 검증한다.

② 종속변인으로 행복도를, 독립변인으로 성별을 선택한다.

집단 통계량

	Respondent's Sex	N	평균	표준편차	평균의 표준편차
행복한 정도	남자	633	1.76	.593	.024
	여자	871	1.83	.632	.021

독립표본 검증

	Levene의 등분산 검증		평균의 동일성에 대한 t검증						
	F	유의확률	t	자유도	유의확률(양쪽)	평균차	차이의 표준오차	차이의 95% 신뢰구간	
								하한	상한
행복한 정도 등분산이 가정됨.	.029	.865	-2.196	1502	.028	.071	.032	-.134	-.008
등분산이 가정되지 않음.			-2.219	1409.089	.027	.071	.032	-.133	-.008

③ Levene의 변량의 동질성 검증: $F=0.029$, $p=0.065$

④ 대립가설을 검증하기 위해서는 Levene의 변량 검증을 통해 두 집단의 변량을 비교한다.

⑤ Levene의 검증 결과, F값은 0.029이고, 유의도 수준이 0.865로 0.05보다 크기

때문에 귀무가설(H_0)을 받아들인다. 즉, 연구자는 두 집단의 모집단이 같다는 결론을 내린다.

t검증 결과는 다음과 같다.

① 두 집단의 모집단이 같은 경우에는 t값 계산에 문제가 없다. 따라서 '등분산이 가정됨'에 제시된 값을 해석하면 된다.

② 두 집단의 모집단이 다른 경우에는 단지 추정값만 계산할 수 있다. 즉, '등분산이 가정되지 않음'에 제시된 값을 해석한다.

③ 자유도(df): 남자 633－1＝ 632, 여성 871－1＝ 870

632 ＋870＝ 1,502

④ 남자 행복도 평균＝ 1.76, 여자 행복도 평균＝ 1.83

⑤ 유의도 검증 결과 0.028로 0.05보다 작기 때문에 대립가설을 받아들인다. 즉, 남성과 여성 간의 행복도에 차이가 있다는 결론을 내린다.

⑥ 만약, Levene의 변량 검증 결과 두 집단의 모집단이 다르다는 결과가 나오면, '등분산이 가정되지 않음'에 제시된 값을 해석한다. '등분산이 가정되지 않음'에 제시된 자유도 값을 보면 1,409.089가 나왔다. 자유도란 독자적 정보를 가지고 있는 사례 수이기 때문에 소수점이 나올 수 없지만, 두 집단이 다른 모집단에서 나온 경우에는 추정치를 계산할 수 있기 때문에 이때 계산한 자유도 역시 추정값에 불과하다.

4 예제 2: TV 시청량, 신문 구독

[분석] [평균비교]: <독립표본 T검증>

[검증변수] (TV 시청량)

[집단변수] (성별)

[옵션] (신뢰구간: 95%); (결측값: 분석별 결측값 제외)

[확인]

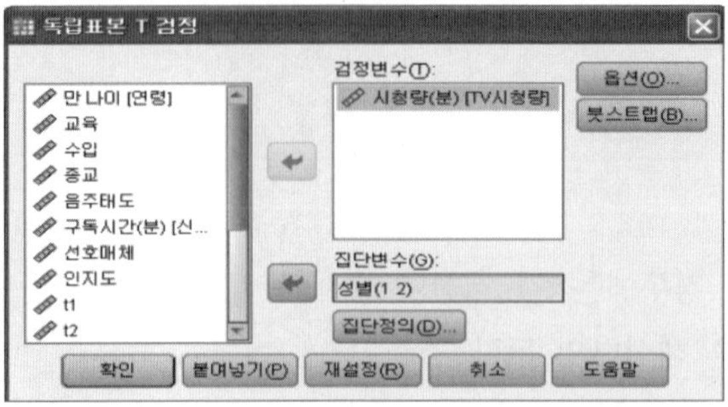

집단 통계량

	성별	N	평균	표준편차	평균의 표준편차
시청량(분)	남성	12	42.5833	13.76067	3.97236
	여성	13	51.4615	14.93662	4.14267

Levene의 변량 검사 결과 F값은 0.09이고, 유의도 수준이 0.924로 나와서 0.05보다 크기 때문에 귀무가설(H_0)을 받아들인다. 즉, 두 집단의 추출된 모집단이 같다는 결론을 내린다.

독립표본 검증

	Levene의 등분산 검증		평균의 동일성에 대한 t검증						
	F	유의확률	f	자유도 (df)	유의확률 (양쪽)	평균차	차이의 표준오차	차이의 95% 신뢰구간 하한	차이의 95% 신뢰구간 상한
시청량(분) 등분산이 가정됨.	.009	.924	-1.542	23	.137	-8.87821	5.75909	-20.79179	3.03538
등분산이 가정되지 않음.			-1.547	23.000	.136	-8.87821	5.73946	-20.75119	2.99478

t검증 결과는 다음과 같다.

① 두 집단의 모집단이 같은 경우에는 t값 계산에 문제가 없지만, 두 집단의 모집단이 다른 경우에는 단지 추정치만 계산할 수 있다. 두 집단의 모집단이

같은 경우에는 위의 표에서 '등분산이 가정됨(equal variances assumed)'에 제시된 값을 해석하면 되고, 두 집단이 추출된 모집단이 다른 경우 '등분산이 가정되지 않음(equal variances not assumed)'에 제시된 값을 해석하면 된다. 앞의 Levene의 변량 검증 결과에 따라 두 집단의 모집단이 같다는 결론을 내렸다. 따라서 아래 표에서 '등분산이 가정됨'에 제시된 값을 보면 t값이 −1.542이고, 자유도가 23이다. t값은 두 집단 평균값이 차이를 통계적으로 살펴본 값이고, 자유도란 독자적 정보를 가지고 있는 사례 수이다. 이 경우, 남성의 사례 수는 12이기 때문에 자유도는 사례 수에서 1을 뺀 값 11이고, 여성의 사례 수는 13이기 때문에 자유도는 12이다. 따라서 전체 자유도는 23이 된다.

독립표본 t검증 결과

	빈도	평균	표준편차(standard deviation)
남성	12	42.5833	13.7607
여성	13	51.4615	14.9466
	t	자유도(*df*)	sig(2-tailed)
등분산이 가정됨.	−1.542	23	.137
등분산이 가정되지 않음.	−1.547	23.000	.136

② 두 집단의 평균을 비교해 보면, 남성 집단의 경우 평균 TV 시청량은 42.58분으로 나타났고, 여성 집단의 경우는 51.46분으로 나타났는데, 유의성을 검증해 본 결과 유의도 수준은 0.137로 0.05보다 크기 때문에 귀무가설을 받아들인다. 즉, 남성과 여성 간의 TV 시청량에 차이가 없다는 결론을 내린다.

제 4 절 대응표본 t검증

대응표본 t검증(paired sample t-test)을 동일한 표본을 대상으로 시점만 달리해 실험 처치를 한 후 두 시점 간의 평균값의 차이를 검증하는 방법으로 두 시점 간 동일한 사람들을 대상으로 연구하기 때문에 두 집단이 같은 모집단에서 추출되었는지 여부를 검증할 필요가 없다. 즉, 연구자는 t연구가설만을 검증하면 된다.

1 연구 절차

① 대응표본 t검증 방법에 적합한 연구가설을 설정한다.
② SPSS에서 대응표본 t검증 방법을 실행해 분석에 필요한 결과 얻는다.
③ t분석표를 만들고, 평균값을 분석한 후, t값을 통해 유의도를 분석한다.

2 예제: employee data

[분석] [평균비교]: <대응표본 t검증>
[대응변수]: 현재 급여, 최초 급여
[옵션] (신뢰구간: 95%); (결측값: 분석별 결측값 제외)
[확인]

① 대응표본 t검증에서는 동일한 사람들을 대상으로 연구하기 때문에 독립표본 t검증에서와 같은 두 집단의 모집단이 같은지를 살펴보는 Levene의 변량의 동질성 검사는 하지 않는다.
② '대응차'는 두 시점의 평균의 차이 17403.48, t값 35.036, 자유도 474−1=473, 유의도 수준 0.000으로 0.05보다 작기 때문에 연구가설을 받아들이면 된다. 현재 급여와 최초 급여를 비교하면, 급여 변화에 대해 태도가 긍정적으로 변화한 것을 알 수 있다.

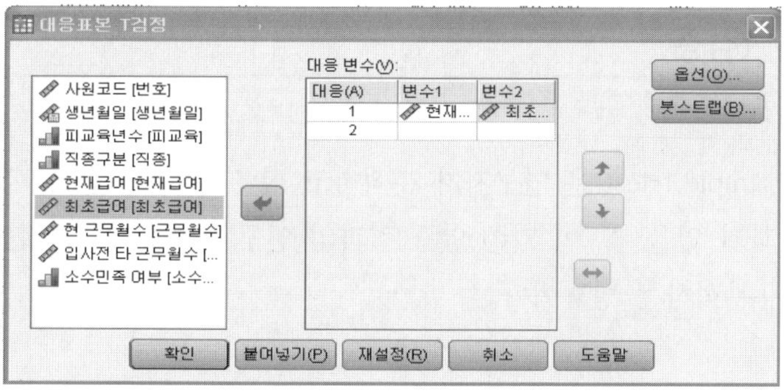

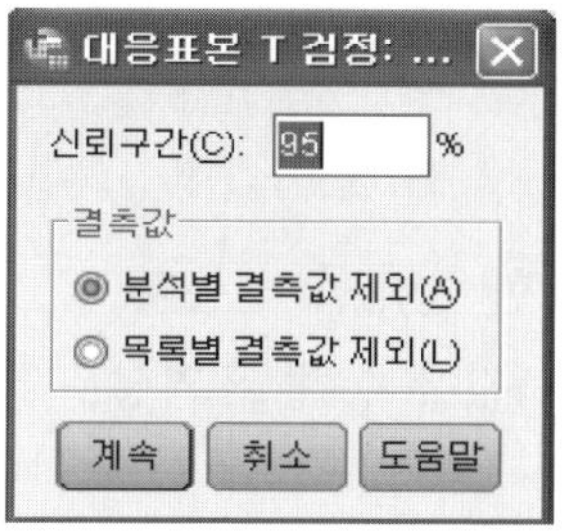

대응표본 통계량

		평균	N	표준편차	평균의 표준편차
대응1	현재 급여	$34,419.57	474	$17,075.661	$784.311
	최초 급여	$17,016.09	474	$7,870.638	$361.510

대응표본 상관계수

		N	상관계수	유의확률
대응1	현재 급여 & 최초 급여	474	.880	.000

대응표본 검증

		대응차					t	자유도 (df)	유의 확률 (양쪽)
		평균차	표준편차	평균의 표준오차	차이의 95% 신뢰구간				
					하한	상한			
대응 1	현재급여 · 최초급여	$17,403.481	$10,814.620	$496.732	$16,427.407	$18,379.555	35.036	473	.000

제 5 절 일표본 t검증

일표본 t검증(one-sample t-test)은 연구자가 분석하고 싶은 두 집단 중 한 집단에 대한 기존 연구 결과가 있을 때, 이 기존 연구 결과와 연구자가 실제 조사한 변인의 평균값을 비교해 분석하는 방법이다.

1 연구 절차

① 일표본 t검증에 적합한 연구가설을 설정한다.
② SPSS의 일표본 t검증 방법을 실행해 분석에 필요한 결과를 얻는다.
③ t분석표를 만들고, 각 집단의 평균값을 분석한 후 t값을 통해 유의성을 분석한다.

2 예제: employee data

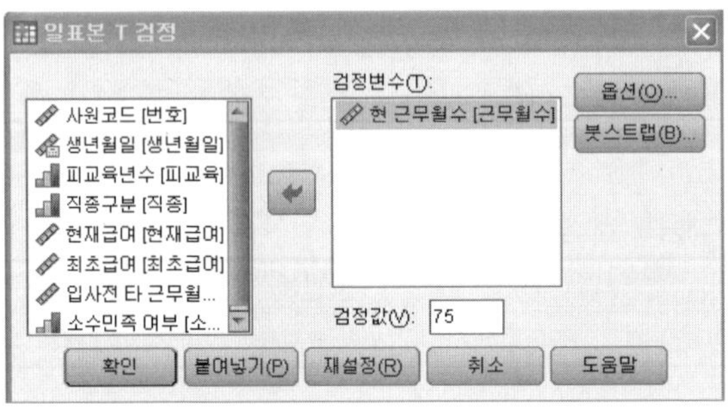

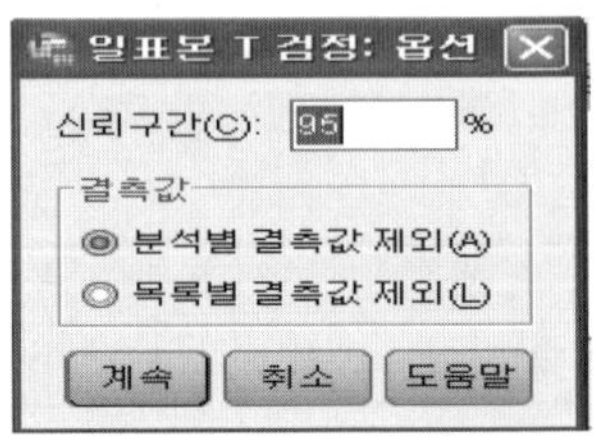

일표본 통계량

	N	평균	표준편차	평균의 표준편차
현 근무월수	474	81.11	10.061	.462

일표본 검증

	검증값 = 75					
	t	자유도 (*df*)	유의확률 (양쪽)	평균차	차이의 95% 신뢰구간	
					하한	상한
현 근무월수	13.221	473	.000	6.110	5.20	7.02

① 연구자가 한국 사람들의 현 근무 월수와 미국 사람들의 현 근무 월수를 비교한다고 가정하자. 이때 미국 사람들의 현재 근무 월수에 대한 기존 연구 결과가 있다면 굳이 다시 조사할 필요가 없다. 미국의 경우 기존 연구 결과를 그대로 사용하고, 한국의 경우에만 표본을 선정해 현 근무 월수를 조사해서 두 평균값을 비교할 수 있다.

② 한국 평균 81.11, 미국의 평균을 75.00으로 했고, 사례 수는 동일한 474개이다.

일표본 집단 평균값

	평균	사례 수	표준편차
한국	81.11	474	10.061
미국	75.00	474	0.000

일표본 t검증 결과

	평균차	t	자유도(*df*)	유의확률 (양쪽)
대응 한국-미국	6.110	13.221	473	0.000

③ 한국과 미국의 현 근무 월수의 차이는 6.110이고, 이 차이 점수를 계산한 t값과 자유도, 유의 수준을 살펴보면, t값은 13.221이고, 자유도는 473명, 유의도 수준은 0.000으로 0.05보다 작기 때문에 대립가설을 받아들인다. 즉, 한국 사람과 미국 사람들의 '현 근무 월수의 차이가 있다'라는 결론을 내리게 된다. 이 결과로 한국 사람들은 미국 사람들에 비해 현 근무 월수가 더 많다는 것을 알 수 있다.

③ 예제: TV 시청량, 신문 구독(일표본 t검증)

한국과 미국의 사례 수는 각각 25명이다. 한국 사람들의 평균 TV 시청 시간은 47.2분, 미국 사람들의 평균 TV 시청 시간은 30.00분으로 나타났다.

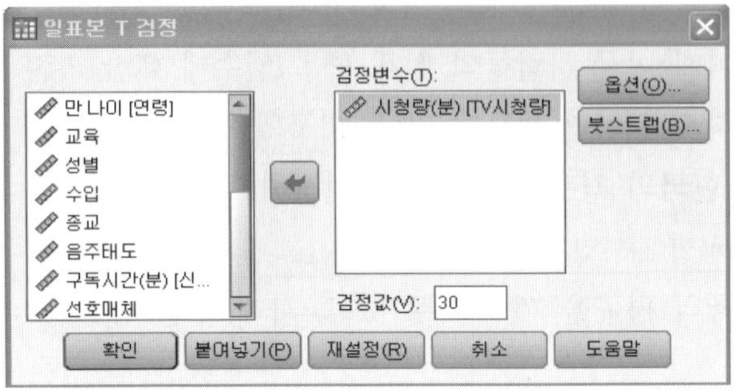

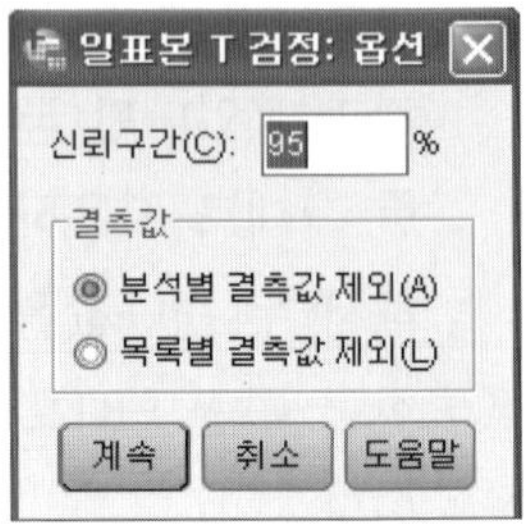

일표본 통계량

	N	평균	표준편차	평균의 표준편차
시청량(분)	25	47.2000	14.79302	2.95860

① 일표본 t검증 결과표는 대응표본 t검증 결과표와 형식이 같다는 것을 알 수 있다. 두 표본의 형식이 같은 이유는 한 표본은 실제 조사한 것이지만, 다른 표본은 기존의 연구 결과이기 때문에 의도적으로 표본의 수를 같이 맞춰 마치 짝을 이룬 것처럼 만든 것이라 가정하기 때문이다.

일표본 검증

	검증값 = 30					
	t	자유도 (df)	유의확률 (양쪽)	평균차	차이의 95% 신뢰구간	
					하한	상한
시청량(분)	5.814	24	.000	17.20000	11.0937	23.3063

② 평균값의 차이를 검증해 보면, '평균차' 항목에는 한국과 미국 사람들의 TV 시청 시간의 차이 점수인 17.2가 제시되어 있다. 이 차이 점수를 계산한 t값과 자유도, 유의도 수준을 살펴보면, t값은 5.814였고, 자유도는 사례 수가 25명이기 때문에 25명에서 1을 뺀 24명이다. 유의도 수준은 0.000으로서 0.05보다 작기 때문에 대립가설을 받아들인다. 즉, 한국 사람들과 미국 사람들의 TV 시청 시간의 차이가 있다는 결론을 내리게 된다. 이 결과로 한국 사람들은 미국 사람들에 비해 TV 시청을 더 많이 한다는 것을 알 수 있다.

일방향과 양방향 검증

1. 일방향(one tail) 검증

'여성은 남성보다 TV를 더 많이 볼 것이다'라는 가설을 검증하고자 한다.

① t값이 표준 정상분포곡선의 왼쪽, 또는 오른쪽 중 어느 한 쪽의 빗금친 부분에 속할 때만 대립가설이 긍정되는 것이다. 연구자가 'A가 B보다 클 것이다'라는 대립가설을 만들었는데, 조사 후 'A가 B보다 작다'라는 결과가 나오면 이 대립가설은 부정된다.

② t검증 방법의 대립가설: '차이'만을 검증하기 때문에 양방향을 기본으로 한다. 만일, 방향성이 정해진 대립가설, 즉 누가 누구보다 작다 또는 크다는 대립가설을 t검증한다면, t검증 결과에 나타난 확률값을 2로 나눠 제시하고 해석하면 된다.

2. 양방향(two tail) 검증

'성별에 따라 TV 시청량에 차이가 날 것이다'라는 가설을 검증하고자 한다.

① 이 대립가설에는 누가 누구보다 더 많이 또는 더 적게라는 방향이 정해져 있지 않고, 남성과 여성 간에는 차이가 나타난다고 했기 때문에 양방향 검증을 적용한다.

② t값이 표준 정상 분포곡선의 빗금친 왼쪽과 오른쪽 부분에 속해 있다면 대립가설이 긍정 집단 간 차이를 검증하는 것인데, 차이가 커도 대립가설이 검증되고, 작아도 대립가설이 검증된다.

제 6 절 t 검증분석 논문작성법

1 독립표본 t검증 논문작성법

1) 연구 절차

① 독립표본 t분석에 적합한 연구가설을 설정한다.

연구가설	독립변인		종속변인	
	변인	측정	변인	측정
성별에 따라 TV 시청 시간에 차이가 나타난다.	성별	(1) 여성 (2) 남성	TV 시청 시간	실제 시청 시간(분)

② 유의도 수준을 정한다. $p<0.05$ (95%), 또는 $p<0.01$ (99%) 중 하나를 결정한다.

③ 표본을 선정해 데이터를 수집한 후 컴퓨터에 입력한다.

④ SPSS에서 독립표본 t분석을 실행한다.

2) 연구 결과 제시 및 해석 방법

① 변량의 동질성 검증은 Levene 검증을 통해 나타낸다(논문에서 제시하지 않는다).

대립가설: $P_1 \neq P_2$ 귀무가설: $P_1 = P_2$

Levene 검증을 통해 결과가 유의미하게 나와 연구가설을 받아들이면, 즉 두 모집단이 다르면, 결과에서 '등분산이 가정되지 않음'에 제시된 t값을 해석한다.

Levene 검증을 통해 결과가 유의미하지 않게 나와 귀무가설을 받아들이면, 즉 두 모집단이 같으면, 결과에서 '등분산이 가정됨'에 제시된 t값을 해석한다.

② t연구 결과를 표로 제시한다.

성별과 TV 시청 시간 간의 차이

집단	사례 수	평균	표준편차	t	자유도(df)	유의확률
여성	12	51.5	13.8	1.542	248	0.04
남성	13	42.6	14.9			

③ t표를 해석한다.

- 유의도 검증 결과를 쓰는 방법
  - 성별과 텔레비전 시청 시간 간에는 통계적으로 유의미한 차이가 있는 것으로 나타났다($t=1.542$, $df=248$, $p<0.05$).
  - 즉, 남성은 하루 평균 약 43분 정도, 여성은 약 52분 정도 텔레비전을 시청하는 것으로 나타나 여성이 남성보다 TV를 더 많이 시청하는 경향이 있다.
- 상관 관계(t분석에서는 구할 수 없음.)
  - t분석 결과표에서는 변인들 간의 상관 관계 값을 제시하지 않기 때문에 논문에서 제시하고 해석할 수 없다.
  - 변인들 간의 상관 관계 값을 구하려면 ANOVA 분석을 하여 에타(eta) 값을 구해야 한다. ANOVA 분석을 하기 위해서는 SPSS 프로그램 중 [일반선형모형 → 일변량]을 실행하면 된다. 따라서 t를 실행하는 것보다는 ANOVA를 실행하는 것이 바람직하다.

2 예제: 검증변수(길이), 집단변수(그룹) 독립표본 t검증

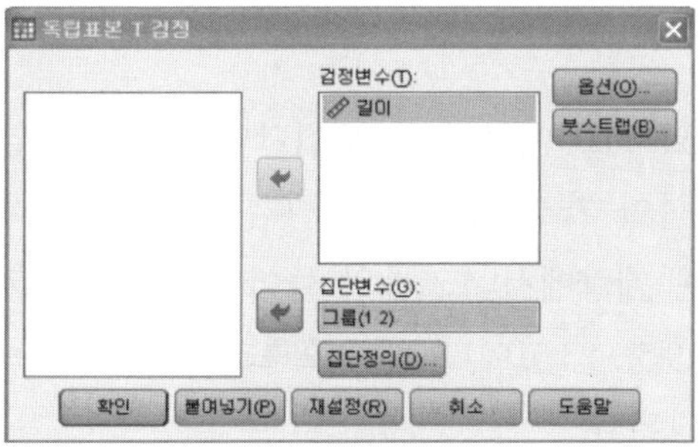

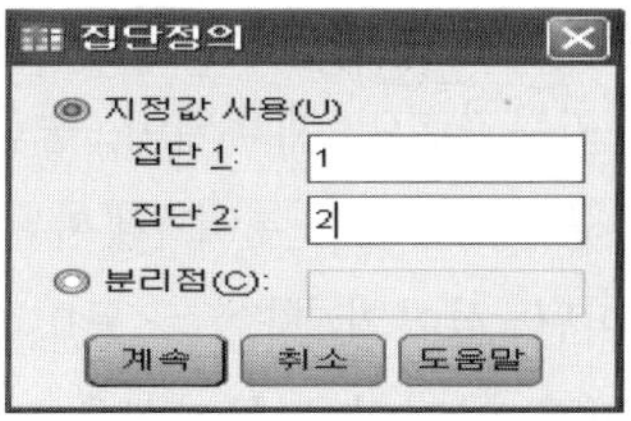

집단 통계량

	그룹	N	평균	표준편차	평균의 표준편차
길이	A그룹	18	19.5000	3.55213	.83725
	B그룹	16	23.5000	2.82843	.70711

독립표본 검증

		Levene의 등분산 검증		평균의 동일성에 대한 t검증						
		F	유의확률	f	자유도(df)	유의확률(양쪽)	평균차	차이의 표준오차	차이의 95% 신뢰구간 하한	차이의 95% 신뢰구간 상한
길이	등분산이 가정됨.	.936	.340	−3.601	32	.001	−4.00000	1.11088	−6.26278	−1.73722
	등분산이 가정되지 않음.			−3.650	31.651	.001	−4.00000	1.09589	−6.23323	−1.76677

① A그룹 18개에 대한 늘어난 길이의 평균은 19.5이며 표준편차는 3.5521, 표준오차는 0.8372이다. 여기서 표준오차는 표준편차를 관찰 개수의 제곱근, 즉 $\sqrt{18}$ 로 나눈 값이다.

② [Levene 등분산 검증에 $F=0.936$ 유의확률=0.34로 표시되어 있다. 독립표본 t검증을 위해서는 먼저 두 집단에 대한 분산의 동질성 가정을 검증해야 한다. 이러한 분산의 동질성 여부는 Levene의 검증, 즉 F값을 이용한다.

$$H_0 : \sigma_1^2 = \sigma_2^2$$

$$H_1 : \sigma_1^2 \neq \sigma_2^2$$

$$H_1 : \sigma_2^1 \neq \sigma_2^2$$

③ F값이 0.936이고 유의확률=0.34>0.05이므로 두 모집단의 분산이 동일하다는 귀무가설이 채택되어, 등분산이 가정되는 하에서 t검증을 실시한다.

④ [평균 차이 = −4.0]: 제시된 통계량에서 A그룹의 늘어난 길이와 B그룹의 늘어난 길이의 차이는 −0.4(19.5−23.5)이다. 유의확률(양쪽)=0.001<0.05이므로 아래의 귀무가설은 기각된다.

$$H_0 : \mu_1 - \mu_2 = 0$$

$$H_1 : \mu_1 - \mu_2 \neq 0$$

⑤ A그룹과 B그룹 간의 늘어난 길이의 차이 −4.0은 통계적으로 유의하다. 평균 차이의 95% 신뢰구간을 계산하면 [−6.2628, −1.7372]이다. 신뢰구간이 0을 포함하고 있지 않으므로 귀무가설이 기각되었음을 알 수 있다. 즉, A그룹과 B그룹의 늘어난 길이의 모평균에는 차가 있다고 판단된다.

3 대응표본 t검증 논문작성법

1) 연구 절차

(1) 대응표본 t분석에 적합한 연구가설을 설정한다.

연구가설	독립변인		종속변인	
	변인	측정	변인	측정
한국 드라마 시청에 따라 한국에 대한 이미지에 차이가 나타난다.	한국 드라마 시청 여부	(1) 시청 전 (2) 시청 후	한국에 대한 이미지	부정에서부터 긍정까지 100점으로 측정

② 유의도 수준을 정한다: $p<0.05$ (95%), 또는 $p<0.01$ (99%) 중 하나를 결정한다.

③ 표본을 선정해, 데이터를 수집한 후, 컴퓨터에 입력한다.

④ SPSS 프로그램 중 대응표본 t분석을 실행한다.

2) 연구 결과 제시 및 해석 방법

① t 연구 결과를 표를 제시한다. 프로그램을 실행해 얻은 결과를 아래 표와 같이 만든다.

한국 드라마 시청 전후 한국 이미지 차이

집단	사례 수	평균	표준편차	t	자유도(df)	유의확률
시청 전	120	67.2	23.8	−3.310	119	0.007
시청 후	120	92.0	23.7			

② t 표를 해석하면 한국에 대한 이미지 간에는 통계적으로 유의미한 차이가 있는 것으로 나타났다(t= -3.310, $df=119$, $p<0.05$). 즉, 한국 드라마를 시청하기 전에 한국에 대한 이미지는 67.2점으로 나타났고, 한국 드라마를 시청한 후에 한국에 대한 이미지는 92.0점으로 나타났다. 이 결과로 판단할 때, 한국 드라마 시청이 한국에 대한 긍정적 이미지 형성에 상당한 영향력을 주는 것으로 보인다.

4 예제: 중간고사 · 기말고사(대응표본 t검증)

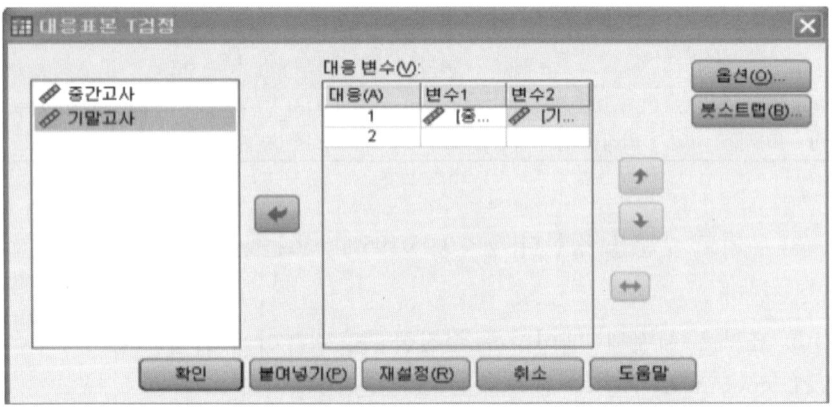

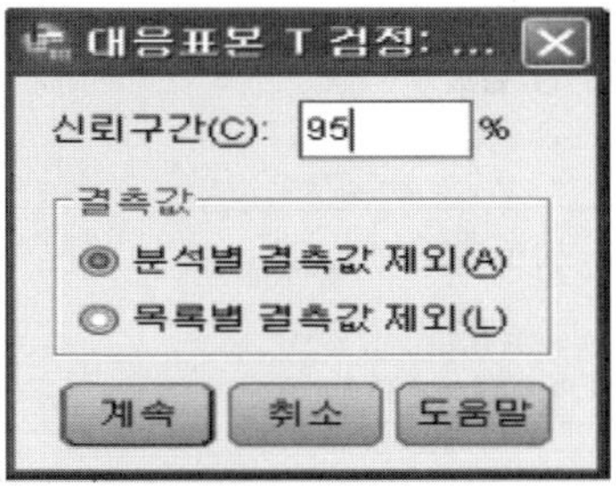

대응표본 통계량

		평균	N	표준편차	평균의 표준편차
대응1	중간고사	60.5833	12	11.51646	3.32451
	기말고사	66.7500	12	9.27484	2.67742

대응표본 상관계수

		N	상관계수	유의확률
대응1	중간고사 & 기말고사	12	.825	.001

대응표본 검증

		대응차					t	자유도(*df*)	유의확률(양쪽)
		평균	표준편차	평균의 표준오차	차이의 95% 신뢰구간				
					하한	상한			
대응 1	중간고사 · 기말고사	−6.16667	6.50641	1.87824	−10.30064	−2.03269	−3.283	11	.007

두 변수의 대응표본 상관계수는 0.825로 상당히 강한 상관 관계를 보이고 있다. 중간고사의 평균점수와 기말고사의 평균 점수 차이가 −6.1667(60.5833 – 66.7500)이며 표준편차는 6.5064, 표준오차는 1.8782이다. 이 평균 차이의 95% 신뢰구간은 [−10.3006 ~ −2.0327]이며, 이것은 0을 포함하고 있지 않으므로 기말고사의 성적은 중간고사의 성적보다 향상했다고 판단할 수 있다. 그리고 t검증을 해보면 유의확률(양쪽) = 0.007 < 0.05이므로, 유의 수준 0.05에서 두 집단 간의 평균 차이는 유의하다고 할 수 있다.

5 일표본 t검증 연구 절차 및 논문작성법

1) 연구 절차

① 일표본 t분석에 적합한 연구(대립)가설을 설정한다.

연구가설 예	독립변인		종속변인	
	변인	측정	변인	측정
국가와 신문 구독 시간에는 관계가 있다.	국가	(1) 한국 (2) 미국	신문 구독 시간	실제 구독 기간(분)

② 유의도 수준을 정한다: $p<0.05$ (95%), 또는 $p<0.01$ (99%) 중 하나를 결정한다.

③ 표본을 선정해, 데이터를 수집한 후, 컴퓨터에 입력한다.

④ SPSS 프로그램 중 일표본 t분석을 실행한다.

2) 연구 결과 제시 및 해석 방법

① t 연구 결과를 표로 제시한다.

국가 간 신문 구독 시간의 차이

집단	사례 수	평균	표준편차	t	자유도(df)	유의확률
한국	120	88.2	23.8	−2.330	119	0.007
미국	120	95.0				

② t표를 해석한다.

국가와 신문 구독 시간 간에는 통계적으로 유의미한 차이가 있는 것으로 나타났다.

$t=-2.330,\ df=119,\ p<0.05$

즉, 한국 사람들의 평균 신문 구독 시간은 88.2분으로 나타났고, 미국 사람들의 신문 구독은 95분으로 나타났다. 이 결과를 볼 때, 미국 사람들은 한국 사람들보다 신문을 더 많이 읽는 것으로 보인다.

6 예제: “12”에 대한 검증

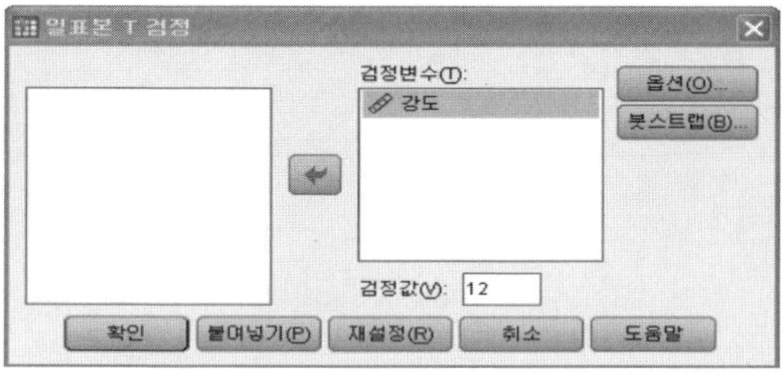

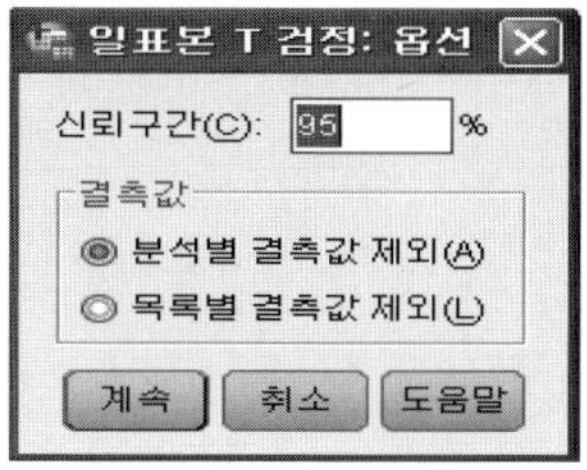

일표본 통계량

	N	평균	표준편차	평균의 표준편차
강도	16	15.2500	2.76887	.69222

일표본 검증

	검증값 = 12					
	t	자유도(df)	유의확률 (양쪽)	평균차	차이의 95% 신뢰구간	
					하한	상한
강도	4.695	15	.000	3.25000	1.7746	4.7254

유의확률(양쪽) = 0.000 < 0.05이므로 귀무가설이 기각된다. 즉, 모평균은 12라고 할 수 없다. 그리고 귀무가설의 수치(12)와 표본평균(15.25) 간의 차이에 대한 95% 신뢰구간을 살펴보면 [1.7746~4.7254]가 된다. 이 신뢰구간이 0을 포함하고 있지 않으므로 귀무가설을 기각해야 된다.

제 9 장 일원변량분석

제 1 절 변량의 정의와 구성 요소

변량(variance)이란 2개 이상 여러 개의 유목으로 측정한 한 개의 독립변인이 등간척도(또는 비율척도)로 측정한 한 개의 종속변인에게 미치는 영향력을 분석하는 방법이다. 단일 요인변수에 의해 종속변수에 대한 평균치의 차이를 검증하는 데 활용되며, 독립변수(요인)와 종속변수가 각각 1개일 경우 사용된다. 예로 학력에 따른 직무 만족 차이를 들 수 있다.

기술통계 방법에서 변량은 변인의 동질성 정도를 파악하는 데에만 이용되며, 추리통계 방법에서 독립변인과 종속변인 간의 관계를 분석하는 데 이용한다.

변량의 구성 요소

		집단 간 변량		집단 내 변량
전체 변량	=	Between-groups Variance	+	Within-groups Variance
		Explained Variance		Unexplained Variance

전체 변량은 종속변인의 변량으로서, 전체 변량은 집단 간 변량과 집단 내 변량

의 두 가지로 구성된다. 집단 간 변량은 설명변량(explained variance)이라고도 하며 전체 변량 중 독립변인에 의해 설명될 수 있는 변량을 말한다. 집단 내 변량은 설명할 수 없는 변량, 또는 오차변량(error variance)[1]이라고 하며 전체 변량 중 독립변인으로 설명할 수 없는 변량을 말한다.

제 2 절 일원변량분석

일원변량분석(one-way ANOVA)이란 명목척도로 측정한 독립변인의 수가 한 개이고, 등간척도(또는 비율척도)로 측정한 종속변인의 수가 하나인 연구가설을 검증하는 통계 방법이다. 독립변인은 두 개 이상 여러 개의 유목으로 측정된 명목변인(예: 성별, 종교)이고, 일원변량분석 방법에서 명목척도 또는 다른 척도로 측정한 독립변인을 요인(factor)이라고 하며, 종속변인은 등간척도(또는 비율척도)로 측정되어야 한다.

일원변량분석 방법의 조건

	수	측정	명칭
독립변인	1개	명목척도(유목이 2개 이상)	요인(factor)
종속변인	1개	등간척도 또는 비율척도	

제 3 절 연구 절차

1 연구 절차

① 일원변량분석 방법에 적합한 연구가설을 설정한다.

1) Vt = Vb + Vw.

종속변인과 독립변인의 수와 측정 조건에 맞는 변인을 선정한다.

② SPSS 프로그램 중 일원변량분석 방법을 실행해 분석에 필요한 결과를 얻는다.

③ 집단의 동질성을 검증한다.

④ 각 집단에 속한 사례 수와 평균값을 분석한다.

⑤ 변량분석을 통해 유의성을 검증한다.

⑥ 독립변인과 종속변인 간의 관계가 유의미하게 나왔다면, 사후검증을 통해 개별 집단 간의 차이를 검증한다.

⑦ 에타(eta) 계수를 분석한다.

2 연구가설 설정

예를 들어, 연구자가 거주 지역이 DMB(digital multimedia broadcasting) 가입 의사에 미치는 영향력을 분석하고자 한다고 가정하자. 따라서 연구자는 '거주 지역에 따라 DMB 가입 의사에 차이가 날 것이다'라는 연구가설을 검증하고자 한다. 연구자는 <지역>을 ① 북부, ② 중부, ③ 남부 3개의 유목으로 측정했고, <DMB 가입 의사>는 5점 척도(1=가입 의사가 전혀 없다, 2=가입 의사가 없는 편이다, 3=보통이다, 4=가입할 의사가 있다, 5=가입 의사가 높은 편이다)로 측정했다.

3 SPSS 메뉴판 실행 방법

1) DMB 가입 의사(Data) 사용

(1) 실행 방법

① <일반선형모형> → <일원변량(U)>

② 종속변수는 <DMB 가입 의사> → <종속변수(D)>, 독립변수는 <지역> → <모수 요인(*F*)> 집단이 3집단 이상일 경우 <사후분석(*H*)>을 한다.

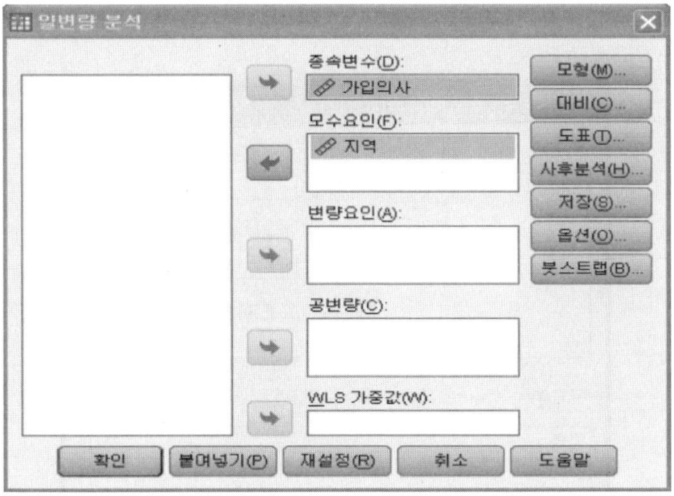

③ [일변량: 관측 평균의 사후분석 다중 비교] ; <사후 검증 변수(P)> [등분산을 가정함] Scheffe(C) 선택 → [계속]

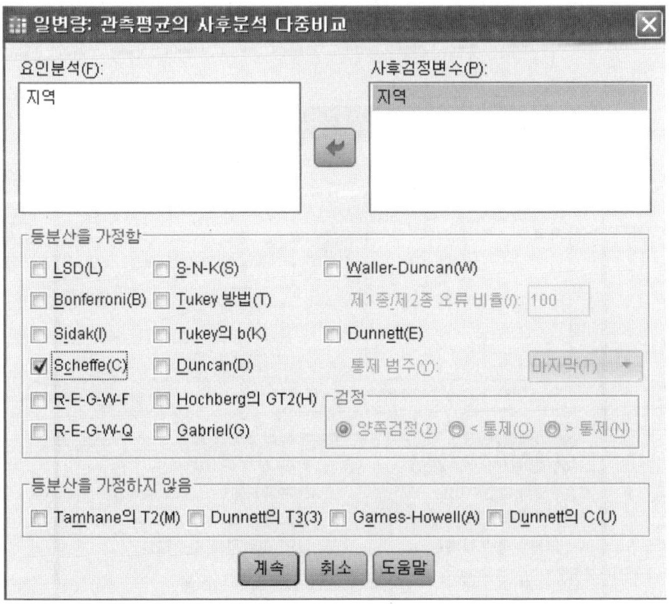

④ [도표]; 일변량 프로파일 도표 → [계속]

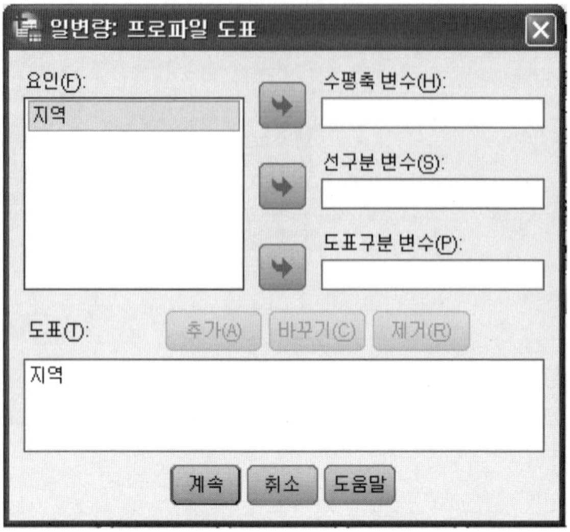

⑤ [옵션]; [출력] → 기술통계량(S), 효과 크기 추정값(E), 동질성 검증(H) → [계속]

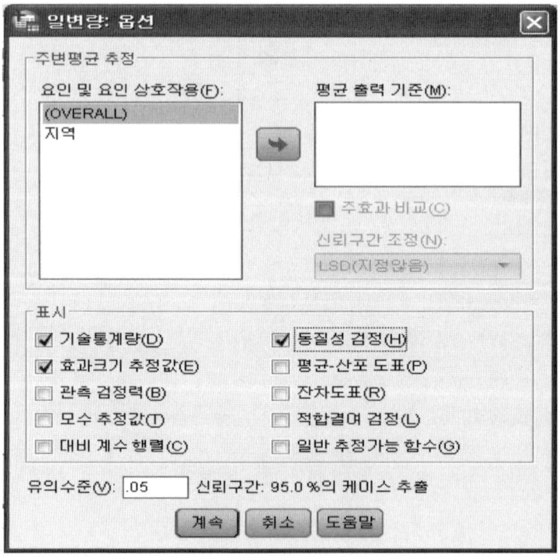

2) DMB 가입 의사(Data) 사용 결과(일변량 분석 결과)

(1) 분석 결과(1)

① 독립변인의 변수값 설명과 사례 수가 제시된다.

개체 간 요인

		변수값 설명	N
지역	1.00	북부	8
	2.00	중부	8
	3.00	남부	8

② 독립변인의 집단에 따른 종속변인의 평균, 표준편차, 사례 수가 각각 제시된다.

기술통계량

종속변수:가입 의사

지역	평균	표준편차	N
북부	3.6250	.51755	8
중부	2.7500	.70711	8
남부	1.8750	.64087	8
합계	2.7500	.94409	24

(2) 분석 결과(2)

오차분산의 동일성에 대한 Levne의 검증[a]

종속변수:가입 의사

F	df 1	df 2	유의확률
.293	2	21	.749

여러 집단에서 종속변수의 오차 분산이 동일한 영가설을 검증한다.
a. Design: 절편 + 지역

③ 집단의 동질성에 대한 결과가 제시된다.

개체 간 효과 검증

종속변수:가입 의사

소스	제Ⅲ유형 제곱합	자유도 (df)	평균 제곱	F	유의확률	부분 에타 제곱
수정 모형	12.250[a]	2	6.125	15.591	.000	.598
절편	181.500	1	181.500	462.000	.000	.957
지역	12.250	2	6.125	15.591	.000	.598
오차	8.250	21	.393			
합계	202.000	24				
수정 합계	20.500	23				

a. R제곱 : .598 (수정된 R제곱=.559)

④ 독립변인과 종속변인의 일원변량분석 결과가 제시된다.
<수정 모형>의 F값, 자유도, 유의확률, 부분 에타 제곱의 수치를 살펴보면 된다.

3) 사후검증(지역)

(1) 분석 결과

다중 비교

가입 의사
Scheffe

(I) 지역	(J) 지역	평균차(I-J)	표준오차	유의확률	차이의 95% 신뢰구간	
					하한값	상한값
북부	중부	.8750*	.31339	.036	.0498	1.7002
	남부	1.7500*	.31339	.000	.9248	2.5752
중부	북부	-.8750*	.31339	.036	-1.7002	-.0498
	남부	.8750*	.31339	.036	.0498	1.7002
남부	북부	-1.7500*	.31339	.000	-2.5752	-.9248
	중부	-.8750*	.31339	.036	-1.7002	-.0498

관측 평균을 기준으로 한다.
오류 조건은 평균 제곱(오류) = .339이다.
*. 평균차는 .05 수준에서 유의하다.

: 사후검증 결과가 [다중 비교] 표에 제시된다.

(2) 동일 집단군

가입 의사

Scheffe [a, b]

지역	N	집단군		
		1	2	3
남부	8	1.8750		
중부	8		2.7500	
북부	8			3.6250
유의확률		1.000	1.000	1.000

동일 집단군에 있는 집단에 대한 평균이 표시된다.
관측 평균을 기준으로 한다.
오류 조건은 평균 제곱(오류)= .393한다.
a. 조화평균 표본 크기 8.000을(를) 사용한다.
b. 유의 수준 = .05.

: 사후 검증(Scheffe)의 결과 [동일집단군] 표가 제시된다.

DMB 가입 의사의 추정된 주변 평균

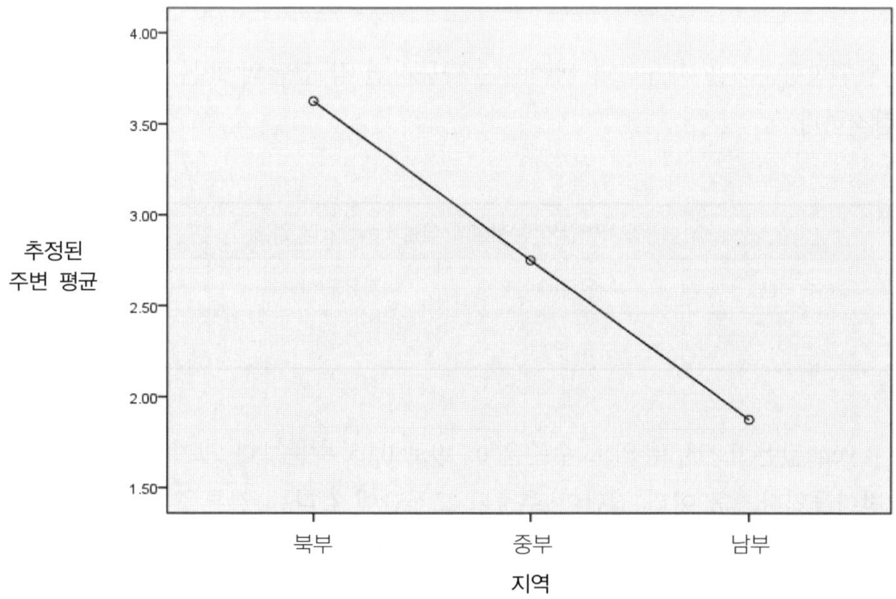

(3) 집단의 동질성 검증

① 일원변량분석에서는 독립변인의 여러 집단이 독립적으로 선정되었기 때문에 이 집단들이 같은 모집단에서 추출되었는지를 먼저 알아야 한다. 따라서, 먼저 표본으로 선정된 여러 집단이 같은 모집단에서 추출되었는지, 또는 다른 모집단에서 추출되었는지를 검증한다.

② 대립가설은 여러 집단이 추출된 모집단이 다르다.

③ 귀무가설은 여러 집단이 추출된 모집단이 같다.

집단의 동질성 검증

여러 집단의 모집단이 같은지, 다른지를 검증한다.
대립가설: 여러 집단의 모집단이 다르다.
귀무가설: 여러 집단의 모집단이 같다.

(1) 같은 모집단일 경우(통계적으로 유의하지 않아 영가설을 받아들일 경우)
: 일원변량분석 방법을 사용한다.

(2) 다른 모집단일 경우(통계적으로 유의해 연구가설을 받아들일 경우)
① 집단의 표본 수가 같으면 일원변량분석 방법을 사용한다.
② 집단의 표본 수가 다르면 일원변량분석 방법을 사용하지 못한다.
이 경우 비모수통계 방법을 사용해야 한다.

일원변량분석을 사용하기 위해서는 가능하면 각 집단의 표본 수를 맞추는 것이 바람직하다.

오차변량의 동질성에 대한 Levene의 검증

Levene값	자유도(df) 1	자유도(df) 2	유의도
0.293	2	21	0.749

Levene값은 0.293, 유의도 수준은 0.749로 0.05 수준보다 크기 때문에 귀무가설을 받아들인다. 즉, 여러 집단이 추출된 모집단이 같다는 결론을 내린다. 모집단이 같기 때문에 일원변량분석 방법을 사용할 수 있다.

(4) 기술통계

집단 사례 수와 평균값

지역	평균	표준편차	사례 수
북부	3.625	0.5175	8
중부	2.750	0.7071	8
남부	1.875	0.6408	8
합계	2.750	0.9440	24

남부지역 거주자가 행복도가 가장 낮은 것으로 보인다. 반면 북부지역 거주자는 가장 높고, 중부지역 거주자는 세 집단의 중간 정도인 것으로 나타났다. 그러나 표본의 결과가 모집단에서도 나타나는지를 알기 위해서는 일원변량분석을 통해 이 평균값들이 통계적으로 유의미한 차이가 있는지를 검증해야 한다.

(5) 변량분석 및 유의도 검증

① 집단 간 변량은 독립변인 <지역>으로 설명할 수 있는 변량으로 6.125이다. 이 값은 집단 간 변량의 자승의 합 12.250을 자유도 2로(이 경우 거주지역별로 세 집단이기 때문에 자유도는 유목 수−1, 즉 3−1=2가 된다) 나눠 구한다.

② 집단 내 변량은 설명할 수 없는 변량, 즉 오차변량(error variance)으로 0.393인데, 이 값은 오차 자승의 합 8.250을 자유도 21{북부 사례 수 −1, 중부 사례 수 −1, 남부 사례 수 −1: (8−1)+(8−1)+(8−1)=21}로 나눠 구한다.

③ 집단 내 변량은 독립변인 <지역>으로 설명할 수 없는 변량이다.

변량분석 결과

소스	제III 유형 제곱합	자유도 (df)	평균제곱	F	유의확률	부분 에타 제곱
모형(model)	12.250	2	6.125	15.591	0.000	0.598
절편(intercept)	181.500	1	181.500	462.000	0.000	0.957
지역	12.250	2	6.125	15.591	0.000	0.598
오차(error)	8.250	21	0.393			
합계	202.000	24				
수정 합계	20.500	23				

eta^2= 0.598(수정 eta^2= 0.559).

④ 집단 간 변량과 집단 내 변량을 비교해 *F*값을 구한다.

*F*값 = 집단 간 변량/집단 내 변량

*F*값 15.591은 집단 간 변량(6.125) ÷ 집단 내 변량(0.393)

유의확률은 *F*값의 검증 결과를 보여준다. → 이 값은 0.000으로 유의도 수준 0.05보다 작기 때문에 대립가설을 받아들인다. 즉, 귀무가설을 받아들이지 않는다. 따라서 거주지역에 따라 DMB 가입 의사 차이가 있는 것으로 나타났다고 결론을 내릴 수 있다.

[비교] *F*값이 0.000으로 유의 수준 0.05보다 작으면 연구가설을 받아들인다. 즉, 거주지역에 따라 행복도 차이가 있는 것으로 나타났다고 결론을 내릴 수 있다.

(6) 집단 간 차이의 사후 검증

① *F*검증: 연구가설을 검증하는 방법으로서 전체적으로 집단 간에 종속변인의 값에 차이가 난다는 정보만을 알려주기 때문에 구체적으로 어느 집단과 어느 집단이 차이가 있는지에 대해서는 알 수가 없다.

② 만일, 독립변인의 집단이 두 개라면 두 집단의 평균값을 비교해 바로 어느 집단이 어느 집단보다 크다 또는 작다라는 판단을 할 수 있다.

③ 그러나 독립변인이 3개 이상의 집단들로 이뤄졌을 때에는 어느 집단과 어느 집단이 통계적으로 차이가 있는지를 정확하게 판단할 수 없기 때문에 사후 검증을 해야 한다.

④ Sheffe 사후 검증 방법

(7) 집단 간 차이 사후 검증의 해석

집단 간 평균값 차이와 유의도 검증 결과가 제시된다. 유의확률이 모두 0.05보다 작게 나타났다. 즉, 가입 의사에 대해 지역에 따라 차이가 있게 나타난다.[2)]

① 상관 관계: eta 계수

- 일원변량분석 방법에서는 독립변인이 종속변인에 미치는 영향력의 크기를 보여주는 값으로 에타 계수의 자승 값(eta^2)을 제시한다.
- 변량분석의 eta = 회귀분석의 Multiple *R*

2) 만약, 유의확률이 모두 0.05보다 크게 나타나면, 즉 가입 의사에 대해 지역에 따라 차이가 없게 나타난다는 것이다.

다중 비교

가입 의사
Scheffe

(I) 지역	(J) 지역	평균차(I-J)	표준오차	유의확률	차이의 95% 신뢰구간	
					하한값	상한값
북부	중부	.8750*	.31339	.036	.0498	1.7002
	남부	1.7500*	.31339	.000	.9248	2.5752
중부	북부	-.8750*	.31339	.036	-1.7002	-.0498
	남부	.8750*	.31339	.036	.0498	1.7002
남부	북부	-1.7500*	.31339	.000	-2.5752	-.9248
	중부	-.8750*	.31339	.036	-1.7002	-.0498

관측 평균을 기준으로 한다.
오류 조건은 평균 제곱(오류) = .339이다.
*. 평균차는 .05 수준에서 유의하다.

[비교] 만일 유의확률이 0.05보다 작게 나타났다면, 북동부 거주자와 남동부 거주자, 북동부 거주자와 서부 거주자, 남동부 거주자와 북동부 거주자, 남동부 거주자와 서부 거주자, 서부 거주자와 북동부 거주자, 서부 거주자와 남동부 거주자 간 모두 생활에 대한 의식가 차이가 있다는 것을 알 수 있다. 즉, 북동부 거주자들은 남동부 거주자와 서부 거주자들에 비해 생활이 흥미롭고, 또한 남동부 거주자들은 북동부와 서부 거주자들보다 생활이 흥미롭고, 서부 거주자들은 북동부와 남동부 거주자들보다 흥미로움을 알 수 있다. 이처럼 집단이 3개 이상일 경우에는 집단 간 평균값 차이를 검증해 집단 간 차이를 구체적으로 알 수 있다.

- 변량분석의 eta^2 = 회귀분석의 R^2
- 에타: 명목척도로 측정된 독립변인과 등간척도(또는 비율척도)로 측정된 종속변인 간의 상관 관계를 보여주는 값이다.
- Multiple R: 등간척도(또는 비율척도)로 측정된 독립변인과 등간척도(또는 비율척도)로 측정된 종속변인 간의 상관 관계를 보여주는 값이다.
- 에타 계수: 상관 관계의 정도를 보여주는 값이다.
- 에타 자승의 값: 설명 변량의 크기를 보여준다.

④ 예제: 교육과 텔레비전 시청량 관계

[분석] [일반선형모형]: <일변량>

[종속변수: TV 시청량] [모수요인: 교육]

[모형]: <모형 설정> [완전요인모형] [제곱합: 제III유형] [모형에 절편 포함]

[사후분석]: <교육> 요인 → 사후 검증 변수[Scheffe]

[옵션]: [출력: 기술통계량, 효과 크기 추정값, 동질성 검증]

[확인]

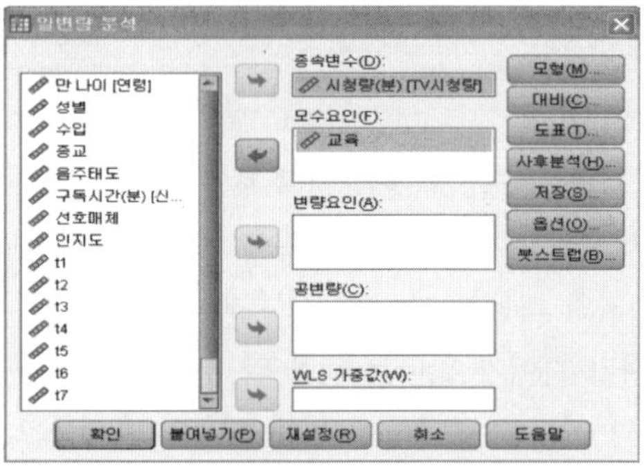

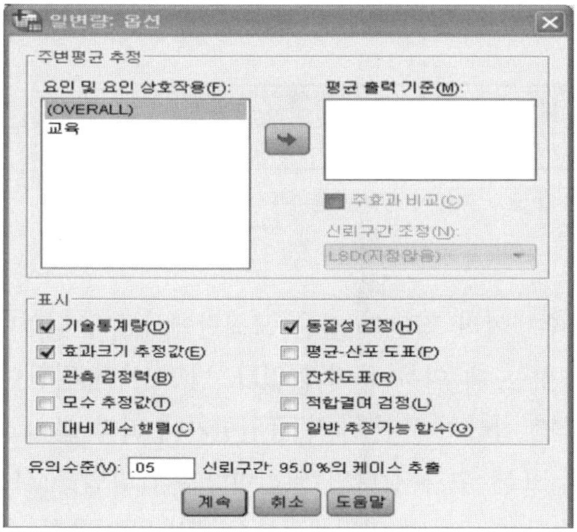

1) 분석 결과

개체 간 요인

		변수값 설명	N
교육	1.00	중졸	6
	2.00	고졸	10
	3.00	대졸	9

기술통계량

종속변수: 시청량(분)

지역	평균	표준편차	N
중졸	56.3333	8.91441	6
고졸	52.3000	13.17447	10
대졸	35.4444	12.68967	9
합계	47.2000	14.79302	25

<교육> 개체 간 요인 결과가 제시된다.

<교육>과 <TV 시청량>에 관한 기술통계량이 제시된다.

– 변인의 기본적인 특징을 분석한다.

오차분산의 동일성에 대한 Levne의 검증[a]

종속변수: 시청량(분)

F	df 1	df 2	유의확률
1.124	2	22	.343

여러 집단에서 종속변수의 오차 분산이 동일한 영가설을 검증한다.
a. Design: 절편 + 교육

① 집단의 동질성을 검증한 후, '여러 집단이 같은 모집단에서 추출되었다'면 일원변량분석 방법을 사용하는 데 아무 문제가 없다. 반면 여러 집단이 다른 모집단에서 추출되었다면 집단의 표본 수가 동일한가에 따라 분석 방법이 달라진다. 만일 집단의 표본 수가 같다면 일원변량분석 방법을 사용할 수 있지만, 집단의 표본 수가 다르다면 일원변량분석 방법을 사용할 수 없고, 비모수통계 방법을 사용해야 한다. 따라서 가능한 일원변량분석 방법을 사용하기 위해서는 각 집단의 표본 수를 맞추는 것이 바람직하다.

② 집단의 동질성 검증은 Levene의 값으로 검증한다. Levene의 값은 여러 집단이 같은 모집단에서 나왔는지, 아니면 다른 모집단에서 나왔는지를 변량을 비교함으로써 검증하는 방법이다. Levene의 수치는 1.124, 유의도 수준은 0.343으로 0.05보다 크기 때문에 귀무가설(H_0)을 받아들인다. 즉, 여러 집단이 추출된 모집단이 같다는 결론을 내린다. 모집단이 같기 때문에 일원변량분석 방법을 사용할 수 있다.

개체 간 효과 검증

종속변수: 시청량(분)

소스	제Ⅲ유형 제곱합	자유도	평균 제곱	F	유의확률	부분 에타 제곱
수정 모형	2004.344[a]	2	1002.172	6.789	.005	.382
절편	54948.722	1	54948.722	372.229	.000	.944
지역	2004.344	2	1002.172	6.789	.005	.382
오차	3247.656	22	147.621			
합계	60948.000	25				
수정 합계	5252.000	24				

a. R제곱 : .382 (수정된 R제곱=.325)

③ 독립변수 <교육>과 종속변수 <TV 시청량>에 관한 개체 간 효과 검증 결과가 제시된다.

④ 집단 간 변량은 독립변인 <교육>으로 설명할 수 있는 변량으로 1002.172이다. 이 값은 변량의 자승의 합 2004.344를 자유도 2로 나눠 구한다.

⑤ 집단 내 변량은 설명할 수 없는 변량(오차변량; error variance) 147.621이다. 이 값은 오차 자승의 합 3247.656을 자유도 22(중졸 이하: 6−1=5, 고졸 이하: 10−1=9, 대졸 이상: 9−1=8)로 나눠 구한다. 집단 내 변량은 독립변인 <교육>으로 설명할 수 없는 변량이다.

⑥ 집단 간 변량과 집단 내 변량을 비교해 *F*값을 구한다.
*F*값 = 집단 간 변량/집단 내 변량 = 1002.172/147.621 = 6.789

⑦ 'Sig.'는 유의도 검증 값으로 F값의 검증 결과를 보여준다. → 0.005 유의도 수준 0.05보다 작기 때문에 연구가설을 받아들인다. 즉, 교육에 따라 TV 시청량에 차이가 있는 것으로 나타났다고 결론을 내릴 수 있다.

2) 상관 관계: 에타(eta) 계수

① 에타 계수(η): 독립변인이 종속변인에 미치는 영향력 크기를 보여주는 값으로 에타 계수의 자승 값(eta^2)을 제시한다.

② 변량분석의 에타 계수는 회귀분석 방법의 Multiple *R*과 같은 수치, 둘 간의 차이점인 에타는 명목척도로 측정된 독립변인과 등간척도(또는 비율척도)로 측정된 종속변인 간의 상관 관계를 보여주는 수치이며, Multiple *R*은 등간척도(또는 비율척도)로 측정된 독립변인과 등간척도로 측정된 종속변인 간의 상관 관계를 보여준다.

③ 에타 계수는 상관 관계의 정도를 보여주는 값이고, 이를 자승한 에타 자승의 값은 설명변량의 크기를 보여준다.
- 변량분석의 eta = 회귀분석의 Multiple *R*
- 변량분석의 eta^2 = 회귀분석의 R^2

④ <교육>의 에타 자승의 값(0.382)은 통계적으로 유의미한 것으로 나타났다. 즉, <교육>은 설명변량은 0.382 또는 38.2%이고, <교육>과 <TV 시청량> 간의 상관 관계는 0.618($\sqrt{0.382}$)이기 때문에 <교육>은 <TV 시청

량>에 상당히 큰 영향력을 주는 것을 알 수 있다.

3) 사후 검증: 교육

다중 비교

시청량(분)
Scheffe

(I) 교육	(J) 교육	평균차(I-J)	표준오차	유의확률	차이의 95% 신뢰구간	
					하한값	상한값
중졸	고졸	4.0333	6.27419	.815	-12.4318	20.4984
	대졸	20.8889*	6.40357	.013	4.0843	37.6935
고졸	중졸	-4.0333	6.27419	.815	-20.4984	12.4318
	대졸	16.8556*	5.58251	.022	2.2056	31.5055
대졸	중졸	-20.8889*	6.40357	.013	-37.6935	-4.0843
	고졸	-16.8556*	5.58251	.022	-31.5055	-2.2056

관측 평균을 기준으로 한다.
오류 조건은 평균 제곱(오류) = 147.621이다.
*. 평균차는 .05 수준에서 유의하다.

(1) 사후 검증

사후 검증(Post Hoc Test or Multiple Comparison Test)으로 Scheffe 검증을 통해 <교육> 요인별로 <TV 시청량>의 차이를 다중 비교한 결과가 제시된다.

① F검증은 연구가설을 검증하는 방법으로서 전체적으로 집단 간에 종속변인의 수치에 차이가 난다는 정보만을 알려주기 때문에 구체적으로 어느 집단과 어느 집단이 차이가 있는지에 대해서는 알 수가 없다.

② 별표(*)가 표시된 중졸과 대졸, 고졸과 대졸 집단 간에는 TV 시청량에 차이가 있다는 것을 알 수 있다.

③ 중학교 졸업과 고등학교 졸업의 교육 수준을 가진 사람들은 대학교 졸업의 학력을 가진 사람들보다 TV를 더 많이 시청한다.

(2) 동일집단군

사후 검증으로 Scheffe 검증을 통해 <교육> 요인별 집단이 얼마나 동일한가를 검증한 결과를 제시한다.

시청량(분)

Scheffe[a, b, c]

교육	N	집단군	
		1	2
대졸	9	35.4444	
고졸	10		52.3000
중졸	6		56.3333
유의확률		1.000	.805

동일 집단군에 있는 집단에 대한 평균이 표시된다.
관측 평균을 기준으로 한다.
오류 조건은 평균 제곱(오류) = 147.621이다.
a. 조화 평균 표본 크기 7.941을(를) 사용한다.
b. 집단 크기가 동일하지 않다. 집단 크기의 조화평균이 사용된다. I 유형 오차 수준은 보장되지 않는다.
c. 유의 수준 = .05.

제 4 절 일원변량분석 논문작성법

1 연구 절차

① 일원변량분석 방법에 적합한 연구가설을 설정한다.

연구가설	독립변인(명목척도)		종속변인(비명목척도)	
	변인	측정	변인	측정
교육에 따라 텔레비전 시청 시간에 차이가 나타난다.	교육	(1) 중졸 (2) 고졸 (3) 대졸 (4) 대학원졸	텔레비전 시청 시간	실제 시청 시간(분)

② 유의도 수준을 정한다: $p<0.05$ (95%), 또는 $p<0.01$ (99%) 중 하나를 결정

한다.

③ 표본을 선정해, 데이터를 수집한 후 컴퓨터에 입력한다.

④ SPSS 프로그램 중 일원변량분석을 실행한다.

2 연구 결과 제시 및 해석 방법

① 변량의 동질성 검증은 Levene 검증을 사용한다(논문에서 제시하지 않는다).

② 일원변량분석 연구 결과를 표로 제시한다.

– 프로그램을 실행해 얻은 결과를 아래 표와 같이 만든다.

교육과 텔레비전 시청 시간의 관계

집단	사례 수	평균	표준편차	F	df	유의확률	에타 자승	차이 집단
중졸	100	51.5	13.8	6.79	3396	0.009	0.55	중졸/고졸 집단과 대졸/대학원 집단
고졸	100	42.5	14.9					
대졸	100	30.2	7.8					
대학원졸	100	25.3	3.3					

③ 변량분석표를 해석한다.

[유의도 검증 결과/집단 간 차이 검증 결과 쓰는 방법]

- 교육과 텔레비전 시청 시간 간에는 통계적으로 유의미한 차이가 있는 것으로 나타났다(F=6.79, df=3396, p<0.05).
- 각 집단 간 텔레비전 시청 시간의 차이를 사후 검증한 결과, 중학교를 졸업한 사람(평균=51.5)과 고등학교를 졸업한 사람(평균=42.5) 간에는 텔레비전 시청 시간에 차이가 없었다. 대학교를 졸업한 사람(평균=30.2)과 대학원을 졸업한 사람(평균 =25.3) 간에도 텔레비전 시청 시간에 차이가 없었다.
- 반면, 중학교와 고등학교를 졸업한 사람과 대학교와 대학원을 졸업한 사람 간에는 텔레비전 시청 시간에 차이가 있는 것으로 나타났다. 즉, 중학교와 고등학교를 졸업한 사람은 대학교와 대학원을 졸업한 사람에 비해 텔레비전을 더 많이 시청하는 경향이 있다.

[상관 관계 결과 쓰는 방법]

교육과 텔레비전 시청 시간 간의 상관 관계를 분석한 결과, 두 변인 간의 상관 관계는 매우 높은 것으로 나타났다($eta = 0.74$/ 또는 $eta^2 = 0.55$). 이 결과는 교육이 텔레비전 시청 시간에 영향을 주는 중요한 요인이라는 사실을 보여준다.

3 예제: 미국 지역별 행복도 조사

1) 분석

[일반선형모형] → <일변량>

[종속변수]: (행복도) → <종속변수>, 독립변수: (지역) → <모수 요인> 집단이 3집단 이상일 경우 <사후분석> 실시

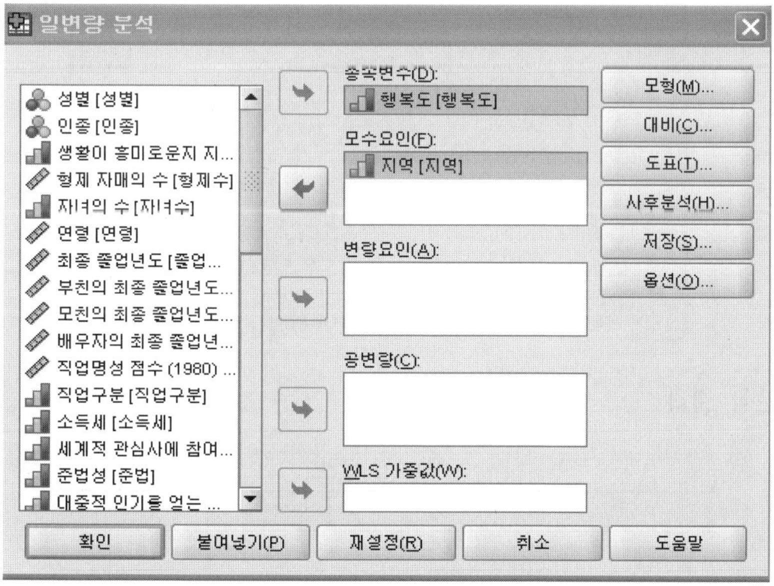

[일변량: 관측 평균의 사후분석 다중 비교]; <사후 검증 변수>

[등분산을 가정함] Scheffe 선택 → [계속]

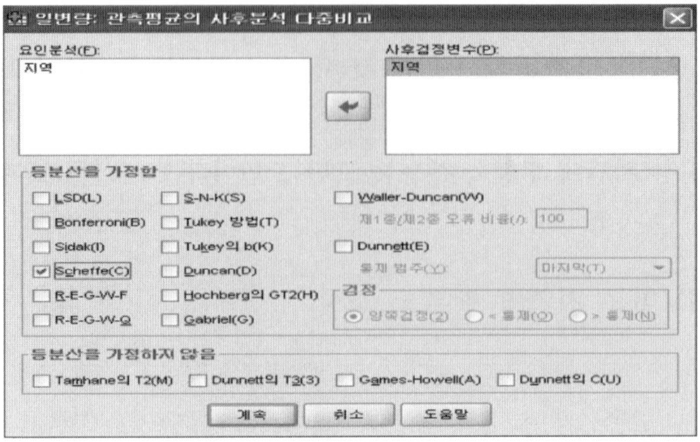

[옵션]; [출력] → 기술통계량, 효과 크기 추정값, 동질성 검증 → [계속]

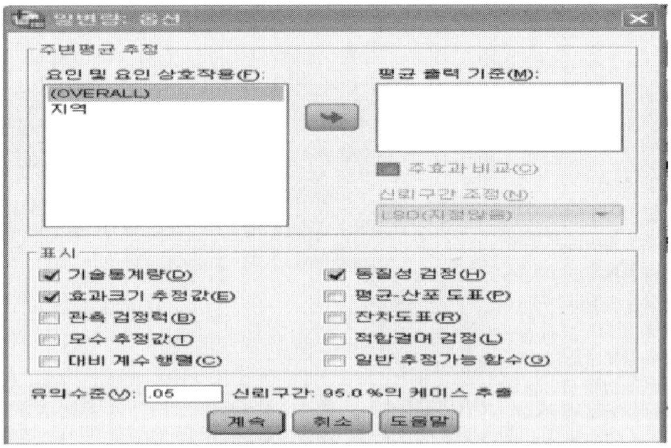

2) 분석 결과

개체 간 요인

		변수값 설명	N
미국 내 조사지역	1	북동부	673
	2	남동부	411
	3	서부	420

① 독립변인의 변수값 설명과 사례 수가 제시된다.

기술통계량

종속변수: 행복한 정도

지역	평균	표준편차	N
북동부	1.84	.602	673
남동부	1.75	.645	411
서부	1.78	.609	420
합계	1.80	.617	1,504

② 독립변인의 집단에 따른 종속변인의 평균, 표준편차, 사례 수가 각각 제시된다.

③ 집단의 동질성에 대한 결과가 제시된다.

오차분산의 동일성에 대한 Levne의 검증[a]

종속변수: 시청량(분)

F	df 1	df 2	유의확률
6.799	2	1501	.001

여러 집단에서 종속변수의 오차 분산이 동일한 영가설을 검증한다.
a. Design: 절편 + 조사지역

개체 간 효과 검증

종속변수: 행복한 정도

소스	제 III 유형 제곱합	자유도	평균 제곱	F	유의확률	부분 에타 제곱
수정 모형	2.043[a]	2	1.022	2.694	.068	.004
절편	4582.791	1	4582.791	12082.521	.000	.889
지역	2.043	2	1.022	2.694	.068	.004
오차	569.316	1501	.379			
합계	5440.000	1504				
수정 합계	571.359	1503				

a. R제곱 : .004 (수정된 R제곱=.002)

④ 독립변인과 종속변인의 일원변량분석 결과가 제시된다.

<수정모형>의 *F*값, 자유도, 유의확률, 부분 에타 제곱의 수치를 살펴보면 된다.

3) 사후 검증: 미국 내 조사지역

① 사후 검증 결과가 [다중 비교] 표에 제시된다.

다중 비교

행복한 정도
Scheffe

(I) 미국 내 조사지역	(J) 미국 내 조사지역	평균차(I−J)	표준오차	유의확률	차이의 95% 신뢰구간	
					하한값	상한값
북동부	남동부	.09	.039	.082	−.01	.18
	서부	.05	.038	.361	−.04	.15
남동부	북동부	−.09	.039	.082	−.18	.01
	서부	−.03	.043	.762	−.14	.07
서부	북동부	−.05	.038	.361	−.15	.04
	남동부	.03	.043	.762	−.07	.14

관측 평균을 기준으로 한다.
오류 조건은 평균 제곱(오류) = .379이다.

② 사후 검증(Scheffe)의 결과 [동일집단군] 표가 제시된다.

행복한 정도

Scheffe [a, b, c]

미국 내 조사지역	N	집단군
		1
남동부	411	1.75
서부	420	1.78
북동부	673	1.84
유의확률		.097

동일 집단군에 있는 집단에 대한 평균이 표시된다.
관측 평균을 기준으로 한다.
오류 조건은 평균 제곱(오류)= .379이다.
a. 조화평균 표본 크기 476.196을(를) 사용한다.
b. 집단 크기가 동일하지 않다. 집단 크기의 조화평균이 사용된다. I 유형 오차 수준은 보장되지 않는다.
c. 유의 수준 = .05.

4) 해석: 미국 지역별 행복도 조사

(1) 오차변량의 동질성에 대한 Levene의 검증

Levene 검증			
Levene값	자유도(df) 1	자유도(df) 2	유의도
6.799	2	1501	.001

Levene값은 6.799, 유의도 수준은 0.001로 0.05보다 작기 때문에 영가설을 기각한다. 즉, 여러 집단에서 추출된 모집단이 다르다는 결론을 내린다. 모집단이 다르기 때문에 일원변량분석 방법을 사용할 수 없다.

이 경우 비모수통계 방법의 사용이 필요하다. 따라서 그 결과를 살펴보면 다음과 같다.

① [비모수 검증]; 〔레거시 대화상자〕; [카이제곱]

② [검증변수] → 행복도(미국지역)

③ [옵션]; [통계량] → <기술통계>

④ (검증별 결측값 제외): 기본 설정

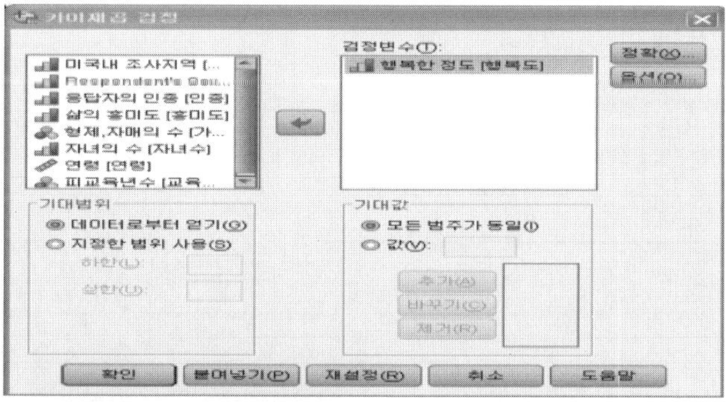

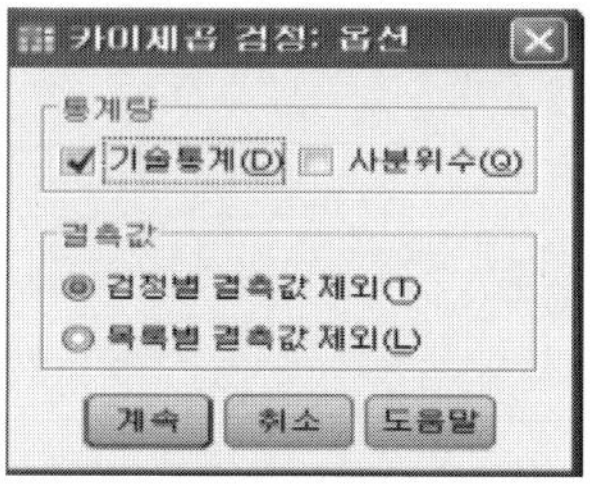

기술통계량

소스	N	평균	표준편차	최솟값	최댓값
행복한 정도	1,504	1.80	.617	1	3

(2) 카이제곱 검증

검증통계량

	행복한 정도
카이제곱	502.047[a]
자유도	2
근사 유의확률	.000

a. 0셀 (.0%)은(는) 5보다 작은 기대빈도를 가진다.
최소 셀 기대빈도는 501.3이다.

χ^2검증 결과 지역과 행복한 정도는 관계가 있다. 즉, 지역별로 행복한 정도는 차이가 있다고 결론내릴 수 있다.

(3) 빈도분석

행복한 정도

소스	관측 수	기대빈도	잔차
매우 행복	467	501.3	−34.3
행복한 편	872	501.3	370.7
불행한 편	165	501.3	−336.3
합계	1,504		

제 10 장 다원변량분석

제 1 절 다원변량분석

다원변량분석(n-way ANOVA)을 명목척도로 측정한 두 개 이상 여러 개의 독립변인들이 등간척도(또는 비율척도)로 측정된 한 개의 종속변인에 미치는 영향력을 분석하는 것이다. 다원변량분석 방법[1]에 적합한 연구가설을 설정하고, SPSS 프로그램 실행 방법을 제시한다. 변량분석을 통해 개별 독립변인이 종속변인에 미치는

---

1) 1. 일원분산분석에서는 독립변인의 여러 집단이 독립적으로 선정되었기 때문에 이 집단들이 같은 모집단에서 추출되었는지를 먼저 알아야 한다. 여러 집단이 같은 모집단에서 추출되었다면 아무 문제가 없지만, 여러 집단이 다른 모집단에서 추출되었다면 집단의 표본 수가 동일한가에 따라 분석 방법이 달라진다. 같으면 분석 가능하지만 다르다면 비모수통계 방법을 사용해야 한다.

2. 집단의 동질성 검증은 Levene *F* 검증으로 한다.
3. 일원분산분석에서는 독립변인이 종속변인에 미치는 영향력 크기를 보여주는 값으로 에타 계수의 자승의 값을 제시한다. 변량분석의 에타 계수는 회귀분석의 Multiple *R*과 같은 수치로서 차이점은 전자는 명목척도의 독립변인과 등간척도 이상의 종속변인 간의 상관을 보여주는 수치이고, 후자는 등간척도 이상의 독립변인과 종속변인 간의 상관을 보여준다.
4. 에타 자승의 값은 설명변량의 크기를 보여주며 에타 자승의 값은 회귀분석의 R^2와 같은 의미이다. 예를 들어 에타 자승값이 0.382라면 독립변인의 설명변량이 38.2%라는 의미이고 종속변인과 0.618의 상관 계수를 지닌다 할 것이다.

영향력인 주 효과(main effect)뿐만 아니라 여러 독립변인 간의 상호작용 효과(interaction effect)의 유의도를 검증하는 방법이다. 또한 집단 간 사후 검증 방법을 살펴본 후 에타 계수의 의미를 파악하고 다원변량분석 방법 논문작성법을 제시한다.

제 2 절 정의

1 변인의 수와 측정

다원변량분석

	수	측정	명칭
독립변인	2개 이상 여러 개	명목척도	요인(factor)
종속변인	1개	등간척도 또는 비율척도	

개별 독립변인이 종속변인에 미치는 영향력인 주 효과뿐만 아니라 여러 독립요인 간의 상호작용 효과도 분석이 가능한 분석 방법이다.

2 독립변인의 유목에 대한 전제

1) 고정 요인 또는 모수 요인

"사용한 유목 이외의 다른 유목은 존재하지 않는다"라고 전제한다.

[예] 독립변인 <종교>를 ① 기독교, ② 천주교, ③ 불교 세 유목으로 측정했다고 가정하면, 만일 연구자가 세 유목이 <종교>를 구성하는 유목의 전부라고 전제하면 <종교>를 고정 요인(fixed factor)으로 본다.

2) 무작위 요인 또는 변량 요인

연구자가 독립변인의 유목이 수없이 많이 존재하는 유목의 일부, 즉 사용한 유목 이외의 다른 유목이 존재한다고 전제한다.

[예] 연구자가 세 유목이 <종교>를 구성하는 수없이 많은 유목 중 일부라고 전제하면 <종교>를 무작위 요인(random factor)으로 본다.

일반적으로, 다원변량분석 방법에서는 독립변인을 고정 요인으로 전제한다.

제 3 절 종류

1 다원변량분석의 종류

다원변량분석에는 다음과 같은 것들이 있다.

첫째, 무작위 할당(random assignment)이란 연구자가 각 집단에 속한 사례 수를 무작위로 같게 할당하는 방법을 말하며, 일반적으로 이뤄지는 실험실 연구로부터 얻은 데이터를 분석하는 데 적합한 통계 방법이다.

둘째, 서베이 방법(survey method)을 통해 얻은 데이터의 경우는 연구자의 통제가 거의 불가능하기 때문에 각 집단의 사례 수가 동일하지 않은 경우이다.

1) 각 집단의 사례 수가 같을 때

독립요인 설계(orthogonal factorial design)란 무작위 할당을 통해 각 집단의 사례 수를 같게 만들었을 때를 말하며, 독립(orthogonal)이란 독립변인 간의 상관 관계가 없다는 것을 의미하며, 그 결과 독립 요인 설계에서는 독립변인의 집단 간 변량(설명변량)인 주 효과들 간의 상관 관계가 없을 뿐 아니라 주 효과와 상호작용 효과와의 상관 관계도 존재하지 않는다고 전제한다.

그 결과 독립요인 설계에서는 변량 계산이 간단하다.

[예 1] 독립요인 설계에서 독립변인 <성별>과 <거주지역>이 종속변인 <문화비 지출>에 미치는 영향력을 분석할 때, 전체 집단 간 변량은 <성별>과 <거주지역>의 집단 간 변량과 상호작용 <성별×거주지역> 결과로 생기는 집단 간 변량을 합한 값이고, 전체 변량은 집단 간 변량과 집단 내 변량의 합이다.

> 전체 집단 간 변량 =
> 집단 간 변량〈성별〉 + 집단 간 변량〈거주지역〉 + 집단 간 변량〈성별×거주지역〉 전체
> 변량= 전체 집단 간 변량 + 집단 내 변량

[예 2] 독립요인 설계에서 독립변인 <성별>과 <교육>의 집단 간 변량 <성별*교육> 결과로 생기는 집단 간 변량을 합한 값이고, 총변량은 집단 간 변량과 집단 내 변량의 합이다.

> 전체 집단 간 변량 =
> 집단 간 변량〈성별〉 + 집단 간 변량〈교육〉 + 집단 간 변량〈성별*교육〉 총변량 =
> 전체 집단 간 변량 + 집단 내 변량

2) 각 집단의 사례 수가 다를 때

연구자의 통제가 배제된 서베이 연구에서 각 집단의 사례 수를 같게 맞추는 것은 거의 불가능하다.

비독립요인 설계(non-orthogonal factorial design)란 각 집단의 사례 수가 다를 때를 말하며, 비독립(non-orthogonal)이란 독립변인 간의 상관 관계가 있다는 것을 의미한다.

그 결과 비독립요인 설계에서는 독립변인의 집단 간 변량(설명 변량)인 주 효과들 간의 상관 관계가 있을 뿐만 아니라 주 효과와 상호작용 효과와의 상관 관계도 존재한다.

개별 독립변인의 집단 간 변량과 상호작용의 결과인 집단 간 변량을 합해 전체 설명 변량을 계산해서는 안 된다.

[예 1] 비독립요인 설계에서 독립변인 <성별>과 <거주지역>이 종속변인<문화비 지출>에 미치는 영향력을 분석할 때

전체 집단 간 변량 ≠
집단 간 변량〈성별〉 + 집단 간 변량〈거주지역〉 + 집단 간 변량〈성별×거주지역〉 총변량 ≠
전체 집단 간 변량 + 집단 내 변량

[예 2] 비독립요인 설계에서 독립변인 <성별>과 <교육>이 종속변인에 미치는 영향력을 분석할 때

전체 집단 간 변량 ≠
집단 간 변량〈성별〉 + 집단 간 변량〈교육〉 + 집단 간 변량〈성별*교육〉 총변량 ≠
전체 집단 간 변량 + 집단 내 변량

3) 위와 같은 문제들을 해결하기 위해 비독립요인 설계에서는 세 가지 방법

① 고전 실험접근 방법(classical experimental approach)
② 단계별 접근 방법(hierarchical approach)
③ 회귀 접근 방법(regression approach)

2 다원변량분석 방법

독립요인 설계와 비독립요인 설계의 경우를 모두 고려해서 변량을 계산하고, 분석해 주기 때문에 계산 방법에 대해 걱정하지 않아도 된다.

2-way 요인 설계에 따른 변량 계산 방법의 차이점과 공통점

	독립요인 설계	비독립요인 설계		
		고전실험 접근 방법	단계별 접근 방법	회귀 접근 방법
독립변인 A의 주 효과	V_A	$V_{A,B}-V_B$	V_A	$V_{A,B,AB}-V_{B,AB}$
독립변인 B의 주 효과	V_B	$V_{B,A}-V_A$	$V_{A,B}-V_A$	$V_{A,B,AB}-V_{A,AB}$
독립변인 A와 B의 상호작용 효과	$V_{A\times B}$	$V_{A,B,AB}-V_{A,B}$	$V_{A,B,AB}-V_{A,B}$	$V_{A,B,AB}-V_{A,B}$

1) 독립요인 설계: 독립변인 간의 상관 관계가 없기 때문에 개별 독립변인의 설명변량을 계산하면 된다.
2) 비독립요인 설계: 독립변인 간의 상관 관계가 있기 때문에 특정 변인의 영향력은 반드시 다른 변인을 통제(control)한 후 계산해야 제대로 측정할 수 있다.

변인을 통제한다는 의미는 특정 변인의 영향력은 이 변인에 영향을 주는 다른 변인의 영향력을 고려한 후 계산한다는 것이다.

1) 고전적 실험접근 방법: 독립변인 A의 주 효과는 독립변인 B를 통제한 상태에서 계산하고($V_{A,B}-V_B$), 독립변인 B의 주 효과는 독립변인 A를 통제한 상태에서 계산한다.
2) 단계별 접근 방법: 독립변인 A의 주 효과는 다른 독립변인 B를 통제하지 않은 상태에서 계산하고(V_A), 독립변인 B의 주 효과는 독립변인 A를 통제한 상태에서 계산한다($V_{A,B}-V_A$).
3) 회귀 접근 방법: 독립변인 A의 주 효과는 다른 독립변인 B의 주 효과와 상호작용 효과를 통제한 후 계산하고($V_{A,B,AB}-V_{B,AB}$), 독립변인 B의 집단 간 변량은 다른 독립변인 A의 주 효과와 상호작용 효과를 통제한 후 계산한다($V_{A,B,AB}-V_{A,AB}$).

제 4 절 다원변량분석 방법의 연구 절차

연구가설 설정

⇓

SPSS 프로그램 실행

⇓

기술통계값 분석 및 그래프

⇓

상호작용 효과와 주 효과의 변량분석 및 유의도 검증

⇓

집단 간 차이 사후 검증
(주 효과만 있을 때)

⇓

에타 계수 분석

1 연구가설 설정

연구자가 성별과 거주지역이 직업 명성 점수에 미치는 영향을 분석하고자 한다고 가정하고 연구자는 '성별과 거주지역이 직업에 영향을 줄 것이다'라는 연구가설을 검증하고자 한다. 이때 독립변인은 <성별>과 <거주지역> 두 개이고, 종속변인은 <직업 명성 점수>한 개이다. 연구자는 이 연구가설을 검증하기 위해 <성별>은 ① 남성, ② 여성으로, <거주지역>은 ① 북동부, ② 남동부, ③ 서부로 측정했고, <직업 명성 점수>는 응답자의 답변에 따른 것이다.

2 분석 방법

1) [분석] [일반선형모형(G)]: <일변량(U)>

2) 종속변인 <직업 명성 점수> → [종속변수(D)]

독립변인 <성별>과 <거주지역>은 [모수 요인(F)]

집단이 세 집단일 경우, [사후분석(H)]

3) [일변량: 관측 평균의 사후분석 다중 비교] => [요인(F)]의 <거주지역>
   → [사후검증 변수(P)]
   <성별>은 두 집단이기 때문에 사후검증을 하지 않는다.
   [등분산을 가정함] Scheffe(C) [계속]
4) [일변량] → [옵션(O)] 기술통계량(S), 효과 크기 추정값(E)
   [실행 방법 2]의 [일변량] → [확인]

① 종속변인: 직업 명성 점수
   독립변인: 성별과 거주지역

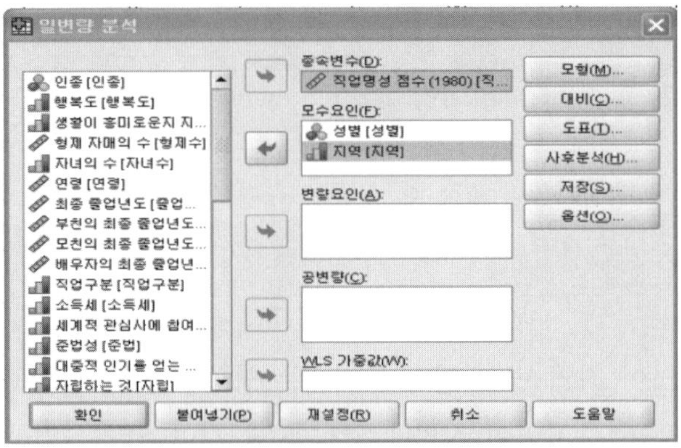

② <거주지역>은 집단이 세 집단이므로, 사후분석을 실행했다.

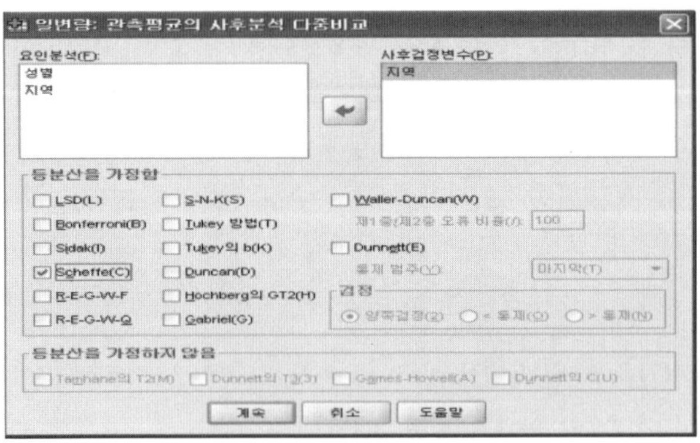

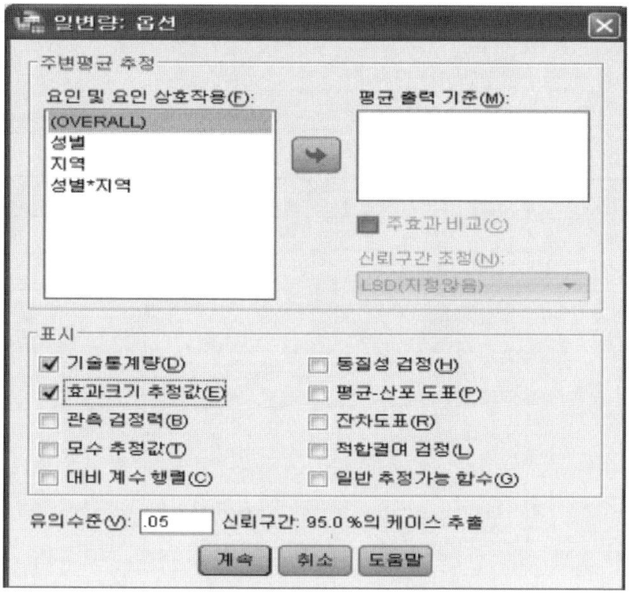

③ 독립변인의 설명과 사례 수가 제시된다.

개체 간 요인

		변수값 설명	N
성별	0	0	2
	1	남자	618
	2	여자	793
	3	3	2
	4	4	3
지역	0	0	4
	1	북동부	636
	2	남동부	382
	3	서부	392
	4	4	4

④ 각 독립변인의 집단에 따른 직업 명성 점수의 평균, 표준편차, 사례 수

기술통계량

종속변수: 직업 명성 점수(1980)

성별	지역	평균	표준편차	N
0	북동부	42.50	.707	2
	합계	42.50	.707	2
남자	0	30.00		1
	북동부	44.20	13.682	273
	남동부	43.20	12.498	169
	서부	43.76	13.441	173
	4	59.00	7.071	2
	합계	43.83	13.294	618
여자	0	42.67	18.903	3
	북동부	42.48	13.012	357
	남동부	40.16	12.355	212
	서부	43.72	12.888	219
	4	46.50	24.749	2
	합계	42.21	12.884	793
3	북동부	30.00		1
	남동부	60.00		1
	합계	45.00	21.213	2
4	북동부	47.67	3.055	3
	합계	47.67	3.055	3
합계	0	39.50	16.683	4
	북동부	43.23	13.275	636
	남동부	41.55	12.514	382
	서부	43.74	13.118	392
	4	52.75	16.520	4
	합계	42.93	13.067	1418

개체 간 효과 검증

종속변수:직업명성 점수(1980)

소스	제Ⅲ유형 제곱합	자유도 (df)	평균 제곱	F	유의확률	부분 에타 제곱
수정 모형	3648.639[a]	13	280.665	1.653	.065	.015
절편	40447.992	1	40447.992	238.292	.000	.145
성별	274.430	4	68.608	.404	.806	.001
지역	1296.560	4	324.140	1.910	.106	.005
성별*지역	1205.871	5	241.174	1.421	.214	.005
오차	238317.130	1404	169.742			
합계	2855770.000	1418				
수정 합계	241965.769	1417				

a. R제곱 : .015 (수정된 R제곱 = .006)

⑤ 독립변인과 종속변인의 일원변량분석 결과가 제시된다.

<수정모형>, <성별>, <거주지역>, <성별×거주지역>의 F값, 자유도(df), 유의확률, 부분 에타 자승의 값이 보여진다.

3 사후 검증(지역)

1) 설정한 사후 검증 결과 제시

다중 비교

직업 명성 점수(1980)
Scheffe

(I) 지역	(J) 지역	평균차(I-J)	표준오차	유의확률	차이의 95% 신뢰구간	
					하한값	상한값
0	북동부	−3.73	6.535	.988	−23.88	16.43
	남동부	−.2.05	6.548	.999	−22.25	18.14
	서부	−4.24	6.547	.981	−24.43	15.95
	4	−13.25	9.213	.723	−41.66	15.16
북동부	0	3.73	6.535	.988	−16.43	23.88
	남동부	1.67	.843	.415	−.93	4.28
	서부	−.51	.837	.984	−3.09	2.07
	4	−9.52	6.535	.713	−29.68	10.63

남동부	0	2.05	6.548	.999	-18.14	22.25
	북동부	-1.67	.843	.415	-4.28	.93
	서부	-2.19	.937	.244	-5.08	.70
	4	-11.20	6.548	.571	-31.39	9.00
서부	0	4.24	6.547	.981	-15.95	24.43
	북동부	.51	.837	.984	-2.07	3.09
	남동부	2.19	.937	.244	-.70	5.08
	4	-11.20	6.547	.755	-29.20	11.18
4	0	13.25	9.213	.723	-15.16	41.66
	북동부	9.52	6.535	.713	-10.63	29.68
	남동부	11.20	6.548	.571	-9.00	31.39
	서부	9.01	6.547	.755	-11.18	29.20

관측 평균을 기준으로 한다.
오류 조건은 평균 제곱(오류) = 169.742이다.

2) 동일 집단군

사후검증(Scheffe)의 결과 [동일 집단군] 표 제시 위의 다중 비교의 결과를 요약한다.

직업 명성 점수(1980)

Scheffe [a, b, c]

미국 내 조사지역	N	집단군
		1
0	4	39.50
남동부	382	41.55
북동부	636	43.23
서부	392	43.74
4	4	52.75
유의확률		.277

동일 집단군에 있는 집단에 대한 평균이 표시된다.
관측 평균을 기준으로 한다.
오류 조건은 평균 제곱(오류)= 169.742이다.
a. 조화평균 표본 크기 9.867을(를) 사용한다.
b. 집단 크기가 동일하지 않다. 집단 크기의 조화평균이 사용된다. I 유형 오차 수준은 보장되지 않는다.
c. 유의 수준 = .05.

제 5 절 기술통계

변인들 간의 평균값을 2×3 교차비교분석표를 만들어 비교해 본다.

성별과 거주지역 간 직업 명성 점수 평균값

성별	지역	평균	표준편차	사례 수
남자	북동부	44.20	13.632	275
	남동부	43.22	12.532	171
	서부	43.94	13.473	175
	합계	43.85	13.278	621
여자	북동부	42.45	12.989	365
	남동부	40.27	12.434	213
	서부	43.72	12.888	219
	합계	42.22	12.864	797
합계	북동부	43.20	13.287	640
	남동부	41.58	12.547	384
	서부	43.82	13.134	394
	합계	42.93	13.067	1418

남자 중 북동부에 거주하는 평균 직업 명성 점수 44.20, 여성 중 서부에 거주하는 평균 직업 명성 점수 42.45로 높게 나타났고, 반면에 남성 중 남동부에 거주지 평균 직업 명성 점수 43.22, 여성도 역시 남동부 거주자 평균 직업 명성 점수 40.27로 낮게 나타났다. 전체적으로 볼 때, 남성 평균 합계가 43.85로 여성 평균 합계 42.22보다 높게 나타났다.

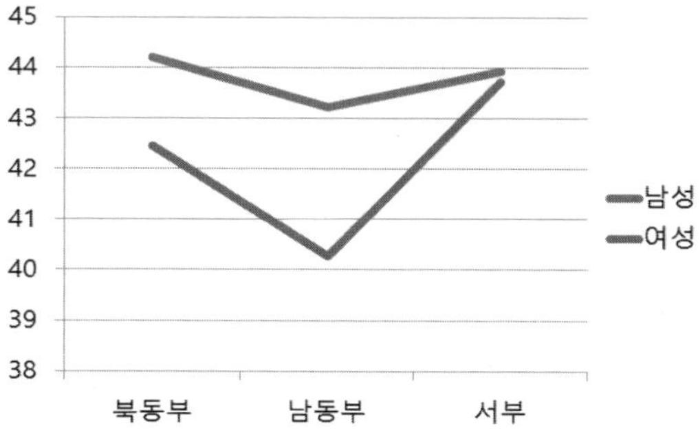

제 6 절 상호작용 효과와 주 효과의 변량분석 및 유의도 검증

다원변량분석 방법과 일원변량분석 방법은 집단 간 평균값의 차이를 변량분석을 통해 검증한다.

일원변량분석 방법: 독립변인의 수가 한 개이다.

다원변량분석 방법: 독립변인의 수가 두 개 이상이다.

변량분석 결과표

	제III 유형 자승의 합	자유도 (df)	평균 자승의 합	F	유의확률	부분 에타 자승값
모형	2362.903	5	472.581	2.785	0.016	0.010
절편	2443298.9	1	2443298.9	14398.567	0.000	0.911
성별(주 효과)	885.900	1	885.900	5.221	0.022	0.004
거주지역(주 효과)	932.273	2	466.136	2.747	0.064	0.004
성별×거주지역 (상호작용 효과)	361.498	2	180.749	1.065	0.345	0.002
오차	239602.866	1,412	169.690			
합계	2855770.0	1,418				
수정 합계	241965.769	1,417				

1 상호작용 효과의 유의도 검증(성별, 거주지역, 문화비 지출 자료)

다원변량분석에서는 먼저 독립변인들의 상호작용 효과가 있는지를 검증한다. 유의도 검증을 위한 F값 계산 방식은 다음과 같다.

$F = (SS_{성별} \times SS_{거주지역}/df\ 1)/(SS_{오차}/df\ 2)$

$= $(상호작용의 집단 간 변량$_{성별 \times 거주지역}$)/(집단 내 변량)

= 180.749/169.690 = 1.065, 유의도 수준은 0.345로 0.05보다 크기 때문에 통계적으로 의미가 없는 것으로 나타났다. 즉, 독립변인 <성별>과 <거주지역>의 상호작용 효과는 없는 것으로 나타났다. 상호작용이 없다는 말

은 한 변인의 효과가 다른 변인의 유목에서 차이가 나지 않는다는 것을 의미한다.

[비교] 유의도 수준이 0.016으로 0.05보다 작기 때문에 통계적 의미가 있다는 것을 나타낸다. 즉, 독립변인 <성별>과 <거주지역>의 상호작용 효과는 있는 것으로 나타났다. 상호작용이 있다는 말은 한 변인의 효과가 다른 변인의 유목에서 차이가 난다는 것을 의미한다. 만일 거주지역, 성별에 따라 문화비 지출이 다르다면 상호작용 효과는 있다고 볼 수 있다.

자유도(df) 1: $(C_{\text{성별}}-1)\ (C_{\text{거주지역}}-1)$,

$C_{\text{성별}}$: <성별>의 유목 수, $C_{\text{거주지역}}$: <거주지역>의 유목 수

상호작용 효과의 자유도 2: $(1\times2=2)$

자유도(df) 2: $N-(C_{\text{성별}}\times C_{\text{거주지역}})$, 오차의 자유도: $(25-2\times3=19)$

독립변인들 간의 상호작용 효과가 있다면 두 선이 교차하고, 독립변인들 간의 상호작용이 없다면 두 선은 교차하지 않고 평행한다. 상호작용 효과가 통계적으로 의미가 있을 경우 개별 독립변인의 주 효과는 분석하지 않는다.

상호작용 효과가 있을 때(선이 교차함)

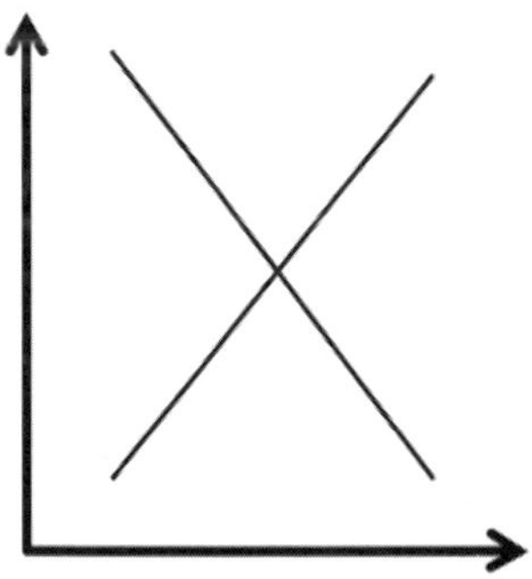

상호작용 효과가 없을 때(선이 평행함)

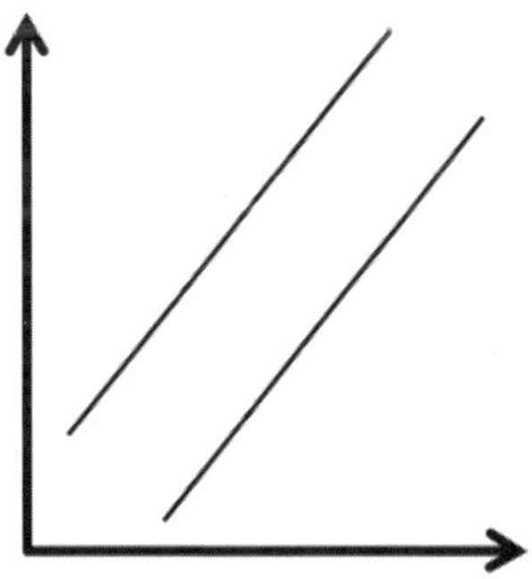

2 주 효과의 유의도 검증(성별, 거주지역, 직업 명성 점수 자료)

① 독립변인들 간의 상호작용 효과가 없을 때에만 개별 독립변인의 주 효과를 분석한다.

[예] 독립변인들 간의 상호작용 효과가 나나타지 않았다고 보고, 독립변인의 주 효과를 살펴본다.

성별의 $F=(SS_{성별}/df\ 1)\div(SS_{오차}/df\ 2)=$ 집단 간 변량$_{성별}$/집단 내 변량

$df\ 1=(C_{성별}-1)$

거주지역의 F = (SS거주지역/df 1)÷(SS오차/df 2) = 집단 간 변량 거주지역/집단 내 변량

$df\ 1=(C_{거주지역}-1) = 2-1 = 1$

$df\ 2=N-(C_{성별}\times C_{거주지역}) =$

② <성별> 주 효과의 F값은 성별의 집단 간 변량인 885.900을 집단 내 변량인 169.690으로 나눈 값 5.221로 0.05보다 크기 때문에 통계적으로 의미가 없는 것으로 나타났다. 즉, 성별(남성과 여성)에 따라 직업 명성 점수의 차이가 없는 것으로 나타났다.

③ <거주지역>의 주 효과에 대한 F값은 거주지역의 집단 간 변량인 466.136을 집단 내 변량인 169.690으로 나눈 2.747이고 유의도 수준은 0.064로 0.05보다 크게 나타났다. 즉, 거주지역(북동부, 남동부, 서부)에 따라 직업 명성 점수의 차이가 없는 것으로 나타났다.

[비교] <거주지역>의 유의도 수준이 0.000으로 0.05보다 작으면 통계적으로 의미가 있는 것으로 나타났다고 한다. 즉, 거주지역에 따라 직업 명성 점수에 차이가 있는 것으로 나타났다. 그러나 이 단계에서 <거주지역>은 세 유목으로 측정되었기 때문에 구체적으로 어느 집단이 어느 집단과 차이가 나는지를 알 수 없다. 집단 간 차이를 분석하기 위해서는 집단 간 사후 검증이 필요하다.

	제III 유형 자승의 합	자유도 (df)	평균 자승의 합	F	유의확률	부분 에타 자승값
모형	2362.903	5	472.581	2.785	0.016	0.010
절편	2443298.9	1	2443298.9	14398.567	0.000	0.911
성별(주 효과)	885.900	1	885.900	5.221	0.022	0.004
거주지역(주 효과)	932.273	2	466.136	2.747	0.064	0.004
성별×거주지역 (상호작용 효과)	361.498	2	180.749	1.065	0.345	0.002
오차	239602.866	1412	169.690			
합계	2855770.0	1418				
수정 합계	241965.769	1417				

제 7 절 다원변량분석 논문작성법

1 연구 절차

연구 절차를 살펴보면 다음과 같다.

① 다원변량분석에 적합한 연구가설을 만든다.

연구가설	독립변인		종속변인	
	변인	측정	변인	측정
교육과 성별은 TV 시청 시간에 영향을 준다.	교육	(1) 중졸 (2) 고졸 (3) 대졸	텔레비전 시청 시간	실제 시청 시간(분)
	성별	(1) 여성 (2) 남성		

② 유의도 수준을 정한다. $p<0.05$ (95%), 또는 $p<0.01$ (99%) 중 하나를 결정한다.

③ 표본을 선정해, 데이터를 수집한 후, 컴퓨터에 입력한다.

④ SPSS/PC 프로그램 중 다원변량분석을 실행한다.

2 연구 결과 제시 및 해석 방법

다원변량분석 결과표 해석 순서는 다음과 같다.

① 독립변인들의 상호작용 효과(interaction effect)가 있는지를 살펴본다. 상호작용 효과가 통계적으로 유의미하다면, 이 상호작용 효과를 분석하는 것으로 해석을 마친다.

② 독립변인들의 상호작용 효과가 없다면, 독립변인의 주 효과(main effect)를 살펴본다. 독립변인의 주 효과는 독립변인 1개와 종속변인 1개의 관계를 분석하는 일원변량분석(one-way ANOVAr)과 같다.

다원변량분석 연구 결과를 표로 제시한다.

결과를 아래와 같이 <표 10-1>과 <표 10-2>, 그리고 [그림 10-1]로 나타낸다.

표 10-1 교육과 성별, 텔레비전 시청 시간

집단		사례 수	평균	표준편차
중졸	여	100	51.5	9.8
	남	100	35.3	8.3
고졸	여	100	42.5	7.9
	남	100	50.0	9.9
대졸	여	100	30.2	7.8
	남	100	60.0	6.3

표 10-2 변량분석

	자유도(df)	F	유의확률	부분 에타 자승값
전체	5	42.62	0.000	
교육	2	4.2	0.027	0.259
성별	1	16.7	0.000	0.411
교육*성별	2	4.3	0.025	0.263
오차	595			

그림 10-1 집단 간 평균값 그래프

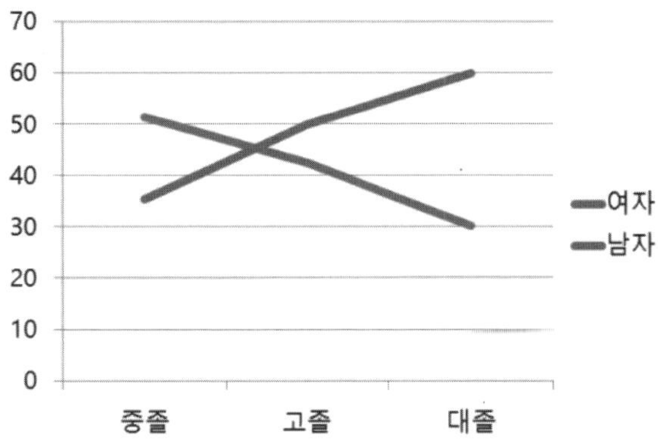

이어서 다원변량분석표를 해석한다.

(1) 상호작용 유의도 검증 결과 쓰는 방법

<성별>과 <교육> 간에는 상호작용 효과가 있는 것으로 나타났다($F=4.3$, $df=2$, $p<0.05$). 이 관계를 알기 쉽게 나타내면 위의 그림과 같다. 그림에서 볼 수 있듯이 교육 정도에 따라 여성과 남성 간의 텔레비전 시청 시간은 차이가 있는 것으로 나타났다. 이를 좀 더 자세히 살펴보면, 중학교를 졸업한 사람의 경우, 여성(평균=51.5분)은 남성(평균=35.3)에 비해 텔레비전을 더 많이 시청하는 경향이 있다. 그러나 고등학교를 졸업한 사람의 경우, 남성(평균=50.0분)이 여성(평균=42.5분)에 비해 텔레비전을 더 많이 시청하는 것으로 보인다.

(2) 상관 관계 결과 쓰는 방법

<성별>과 <교육>의 <텔레비전 시청 시간>에 미치는 상호작용 효과를 분석한 결과, 두 변인의 상호작용 효과는 어느 정도 있는 것으로 나타났다(에타=0.512/ 또는 에타 자승= 0.263). 이 결과는 <성별>과 <교육>이 <텔레비전 시청 시간>에 영향을 주는 요인이라는 사실을 보여준다.

(3) 주 효과 유의도 검증 결과 쓰는 방법

상호작용 효과가 없을 때에 한해 주 효과를 해석한다. 상호작용 효과가 있다면 주 효과는 해석하지 않는다.

① <표 10-2>는 상호작용 효과가 있음을 보여준다. 그러나 여기서는 상호작용 효과가 없다고 가정하고 주 효과를 설명한다. <성별>과 <교육> 간에는 상호작용 효과가 없는 것으로 나타났다(예를 들면, $F=2.3$, $df=2, 595$, n.s.).

② 독립변인 간의 상호작용 효과가 없기 때문에 각 변인의 주 효과를 분석한다. <표 10-2>에서 볼 수 있듯이, <성별>은 <텔레비전 시청 시간>에 영향을 주는 것으로 나타났다($F=16.7$, $df=1, 595$, $p<0.05$). 즉, 남성은 여성에 비해 텔레비전을 더 많이 시청하는 경향이 있다. <교육>도 <텔레비전 시청 시간>에 영향을 미치는 것으로 나타났다($F=4.2$, $df=2, 595$, $p<0.05$). 교육 정도에 따른 집단 간 차이를 살펴보기 위해 사후 검증한 결과, 고등학교와 대학교를 졸업한 사람은 중학교를 졸업한 사람에 비해 텔레비전을 더 많이 시청하는 것으로 보인다.

(4) 주 효과에서 상관 관계 결과 쓰는 방법

<성별>과 <텔레비전 시청 시간> 간의 상관 관계를 분석한 결과, 두 변인 간의 상관 관계는 상당히 높은 것으로 나타났다(에타=0.641/ 또는 에타 자승=0.411). <교육>과 <텔레비전 시청 시간> 간의 상관 관계를 살펴보면, 두 변인 간의 상관 관계는 어느 정도 있는 것으로 나타났다(에타=0.509/ 또는 에타 자승=0.259). <성별>과 <교육>이 <텔레비전 시청 시간>에 미치는 영향력을 비교해 보면, <성별>이 <교육>보다 <텔레비전 시청 시간>에 더 큰 영향력을 준다는 사실을 알 수 있다.

③ 예제: 성별과 교육이 TV 시청량에 미치는 영향분석

[분석]; <일반선형모형>; <일변량>
[종속변수: TV 시청량] [모수 요인: 교육, 성별]
[모형]; <모형 설정>; [완전요인모형]; [제III 유형]; [모형에 절편 포함]
[사후분석]; <교육> 요인 → 사후 검증[Scheffe] 변수
[옵션]; [출력: 기술통계량, 효과 크기 추정값]
[확인]

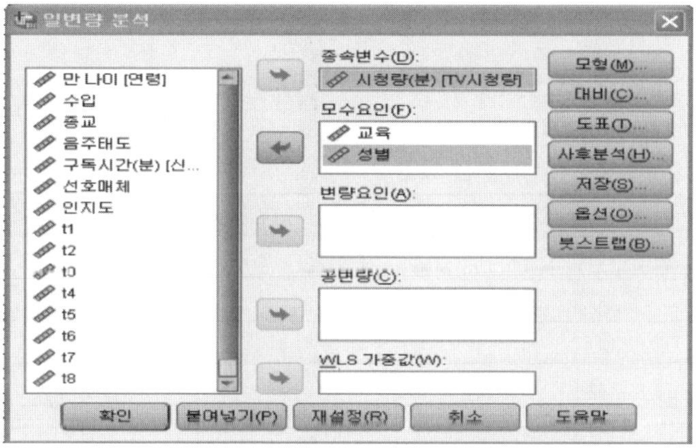

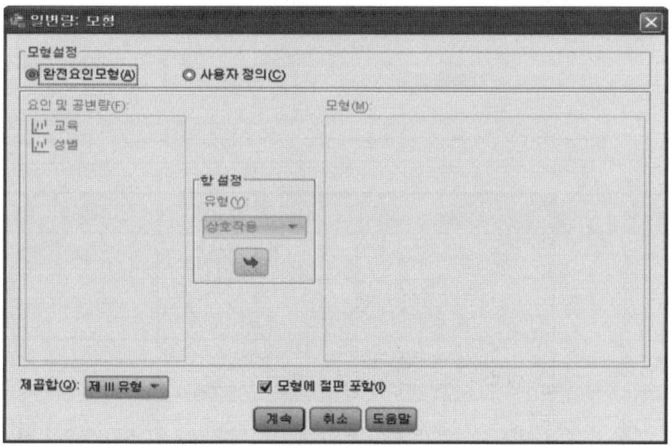

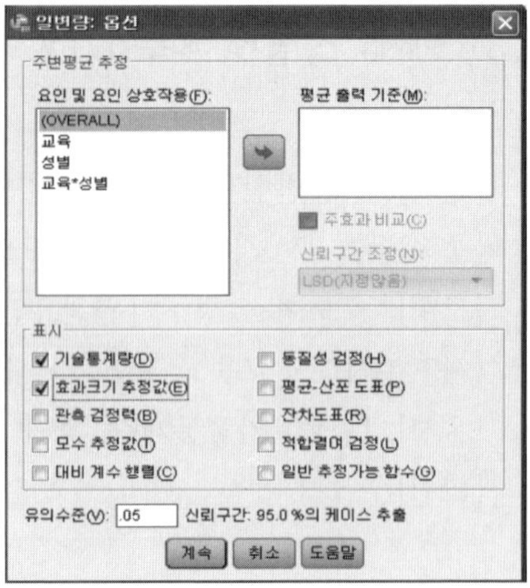

(1) 〈성별〉과 〈교육〉 개체 간 요인 결과

개체 간 요인

		변수값 설명	N
교육	1.00	중졸	6
	2.00	고졸	10
	3.00	대졸	9
성별	1.00	남성	12
	2.00	여성	13

(2) 〈성별〉과 〈교육〉, 〈TV 시청량〉에 관한 기술통계량

기술통계량

종속변수: 시청량(분)

교육	지역	평균	표준편차	N
중졸	남성	46.5000	2.12132	2
	여성	61.2500	5.85235	4
	합계	56.3333	8.91441	6
고졸	남성	48.6000	13.95708	5
	여성	56.0000	12.70827	5
	합계	52.3000	13.17447	10

대졸	남성	35.0000	14.14214	5
	여성	36.0000	12.72792	4
	합계	35.4444	12.68967	9
합계	남성	42.5833	13.76067	12
	여성	51.4615	14.93662	13
	합계	47.2000	14.79302	25

① 전체적으로 볼 때, 대학교 졸업자 중 남성이 가장 적게 TV를 시청하는 것으로 보인다. 반면, 중학교 졸업자와 고등학교 졸업자 중 여성의 일일 평균 TV 시청량은 다른 집단에 비해 높아 보인다. 그러나 좀 더 정확한 결론을 내리기 위해서는 다원변량분석을 통해 집단 간 평균값 간에 통계적으로 유의한 차이가 있는지를 검증해 보아야 한다.

개체 간 효과 검증

종속변수: 시청량(분)

소스	제Ⅲ유형 제곱합	자유도(df)	평균 제곱	F	유의확률	부분 에타 제곱
수정 모형	2433.550[a]	5	486.710	3.281	.027	.463
절편	50179.514	1	50179.514	338.275	.000	.947
교육	1702.031	2	851.015	5.737	.011	.377
성별	334.952	1	334.952	2.258	.149	.106
교육*성별	159.823	2	79.911	.539	.592	.054
오차	2818.450	19	148.339			
합계	60948.000	25				
수정 합계	5252.000	24				

a. R제곱: .463 (수정된 R제곱=.322)

② 다원변량분석을 할 때 제일 먼저 독립변인과 독립변인 간의 상호작용이 전체적으로 종속변인에 영향을 주는지를 검증한다. 전체적 유의도 검증을 위한 F값의 계산 방식은 다음과 같다.

$$F = [SS^{2)}_{성별} + SS_{교육} + SS_{성별*교육}/df\ 1]/[SS_{오차}/df\ 2]$$
$$= [전체\ 집단\ 간\ 변량_{성별,\ 교육,\ 성별*교육}]/집단\ 내\ 변량$$
$$df\ 1 = (C_{성별}-1)+(C_{교육}-1)+(C_{성별}-1)(C_{교육}-1)$$
$$= C_{성별}{}^{*}C_{교육}-1$$
$$df\ 2 = N - C_{성별}{}^{*}C_{교육}$$

③ 모형의 F값은 전체 모형의 집단 간 변량 값 486.710을 집단 내 변량(오차변량)값 148.339으로 나눈 3.281이고, 유의도는 0.027로 유의도 수준 0.05보다 작기 때문에 통계적으로 유의한 것으로 나타났다. 즉, 전체적으로 볼 때, 독립변인 <성별>과 <교육>은 종속변인 <TV 시청량>에 영향을 주는 것으로 나타났다. 그러나 이 단계에서 독립변인의 상호작용 효과와 각 독립변인의 주 효과가 있는지는 판단할 수 없다.

④ 상호작용 효과의 F값은 상호작용 효과의 집단 간 변량인 79.911을 집단 내 변량인 148.339로 나눈 0.539이고, 유의도 수준은 0.592로서 0.05보다 크기 때문에 통계적으로 의미가 없는 것으로 나타났다. 상호작용이 있다는 말은 한 변인의 효과가 다른 변인의 유목에서 차이가 난다는 것을 의미한다. 만일 성별로 교육 정도에 관계없이 TV 시청량이 같다면 상호작용 효과는 없다고 볼 수 있다.

⑤ 즉, 독립변인 <성별>과 <교육>의 상호작용 효과가 없는 것으로 나타났다. 상호작용 효과가 통계적으로 유의하다면, 분석은 여기서 끝나고 독립변인의 주 효과 분석은 하지 않는다. 그러나 이 경우, 상호작용 효과가 통계적으로 의미가 없는 것으로 나타났기 때문에 개별 독립변인의 주 효과를 분석한다.

⑥ 독립변인 <성별>의 주 효과에 대한 유의도 검증을 위한 F값은

$$성별의\ F = [SS_{성별}/df\ 1]/[SS_{오차}/df\ 2] = 집단\ 간\ 변량_{성별}/집단\ 내\ 변량$$
$$df\ 1 = (C_{성별}-1)$$

2) 자승의 합(sum of square, SS), 자유도(degree of freedom, df), 전체 집단 간 변량과 오차(설명할 수 없는 부분).

⑦ <성별>의 주 효과의 F값은 성별의 집단 간 변량인 334.952를 집단 내 변량인 148.339로 나눈 2.258이고, 유의도 수준은 0.149로 0.05보다 크기 때문에 통계적으로 의미가 없는 것으로 나타났다. 즉, 성별(남성과 여성)에 따라 TV 시청량에 차이가 없는 것으로 나타났다.

⑧ <교육>의 주 효과에 대한 F값은 교육의 집단 간 변량인 851.015를 집단 내 변량인 148.339로 나눈 5.737이고 유의도 수준은 0.01로 0.05보다 작기 때문에 통계적으로 의미가 있는 것으로 나타났다. 즉, 교육에 따라 TV 시청량에 차이가 있는 것으로 나타났다. 그러나 이 단계에서 <교육>은 세 유목으로 측정되었기 때문에 구체적으로 어느 집단이 어느 집단과 차이가 나는지를 알 수 없다. 집단 간 차이를 분석하기 위해서는 집단 간 사후 검증이 필요하다.

⑨ 개별 독립변인이 종속변인에 미치는 영향력 크기를 알아보는 값으로 에타 계수의 자승값(eta^2)을 보여준다. 일원변량분석에서 살펴보았듯이, 변량분석의 에타 계수는 회귀분석 방법의 Multiple R과 같고, 에타 계수의 자승값은 다변인 회귀분석 방법의 R^2과 같다.

⑩ 독립변인 부분 에타 계수의 자승값은 다른 독립변인의 주 효과와 상호작용 효과를 통제한 상태에서 종속변인에 미치는 영향력을 보여준다.

⑪ 전체 모델의 에타 계수의 자승의 값은 0.463으로 통계적으로 유의미한 것으로 나타났다. 전체적으로 볼 때, <성별>과 <교육>은 <TV 시청량>에 상당한 영향을 주는 것으로 나타났다. 상호작용의 에타 계수의 자승값은 0.054로 통계적으로 의미가 없기 때문에 그 의미를 해석할 필요가 없다.

⑫ 독립변인인 경우, <성별>의 에타 계수의 자승값은 0.106이지만, 통계적으로 의미가 없는 것으로 나타났기 때문에 그 의미를 해석하지 않는다. 그러나 <교육>의 에타 계수의 자승값은 0.377로 통계적으로 유의미한 것으로 나타났기 때문에 그 의미를 살펴보아야 한다. 즉, <교육>의 설명력은 0.377 또는 37.7%이고, <교육>과 <TV 시청량> 간의 상관 관계는 0.615 ($\sqrt{0.337}$)이기 때문에 <교육>은 <TV 시청량>에 상당한 영향력을 주는 것을 알 수 있다.

④ 사후 검증(교육)

다중 비교

시청량(분)
Scheffe

(I) 교육	(J) 교육	평균차(I-J)	표준오차	유의확률	차이의 95% 신뢰구간	
					하한값	상한값
중졸	고졸	4.0333	6.28945	.816	−12.6590	20.7256
	대졸	20.8889*	6.41914	.015	3.8524	37.9254
고졸	중졸	−4.0333	6.28945	.816	−20.7256	12.6590
	대졸	16.8556*	5.59608	.025	2.0035	31.7076
대졸	중졸	−20.8889*	6.41914	.015	−37.9254	−3.8524
	고졸	−16.8556*	5.59608	.025	−31.7076	−2.0035

관측 평균을 기준으로 한다.
오류 조건은 평균 제곱(오류) = 148.339이다.
*. 평균차는 .05 수준에서 유의하다.

① 사후 검증으로 Scheffe 검증을 통해 <교육> 요인별로 <TV 시청량>의 차이를 다중 비교한 결과이며, <성별> 요인은 집단이 둘 이하이므로 사후 검증을 수행할 수가 없다.

② 다원변량분석 방법에서는 변량분석을 통해 각 독립변인의 유의도를 검증해 연구가설의 수용 여부를 판단한다. 집단들 간의 차이를 구체적으로 알기 위해 개별 집단의 평균값을 비교하는 사후 검증을 실시한다. 일반적으로 Scheffe 검증 방법을 사용한다.

③ 사후 검증을 통해 통계적으로 의미가 있는 것으로 나타난 <교육>의 집단 간 평균값을 비교해 구체적으로 어느 집단과 어느 집단이 차이가 나는지를 알 수 있다.

④ 대학교 졸업자 집단(평균=35.44)은 중학교 졸업자 집단(평균=52.30)이나 고등학교 졸업자 집단(평균값=56.33)에 비해 TV를 덜 시청하는 것으로 나타났다. 그러나 중학교 졸업자와 고등학교 졸업자 사이에는 TV 시청량에 차이가 없는 것으로 나타났다.

5 동일 집단군

시청량(분)

Scheffe [a, b, c]

교육	N	집단군	
		1	2
대졸	9	35.4444	
고졸	10		52.3000
중졸	6		56.3333
유의확률		1.000	.805

동일 집단군에 있는 집단에 대한 평균이 표시된다.
관측 평균을 기준으로 한다.
오류 조건은 평균 제곱(오류)= 147.621이다.
a. 조화평균 표본 크기 7.941을(를) 사용한다.
b. 집단 크기가 동일하지 않다. 집단 크기의 조화평균이 사용된다. I 유형 오차 수준은 보장되지 않는다.
c. 유의 수준 = .05.

사후 검증으로 Scheffe 검증을 통해 <교육> 요인별 집단이 얼마나 동일한가를 검증한 결과가 요약된다.

제 11 장 상관관계분석

제 1 절 상관관계분석의 의의

상관관계분석(correlation analysis)이란 등간척도(또는 비율척도)로 측정한 두 개 이상 여러 개 변인 간의 상관 관계를 분석하는 방법으로, 변인들 간의 인과 관계를 분석하지 않기 때문에 독립변인과 종속변인의 구분이 없다.

1 연구 절차

연구가설 설정

⇓

SPSS 프로그램 실행

⇓

상관관계 계수 분석 및 유의도 검증

1) 연구가설 설정

① 아래 변인들 간에 상호 관계가 있을 것이라는 연구가설을 검증하고자 한다.
② 변인들 간의 독립변인과 종속변인의 구분이 없다는 점을 유의한다.

기술통계량

	평균	표준편차	N
피교육 연수	13.49	2.885	474
현재 급여	$34,419.57	$17,075.661	474
최초 급여	$17,016.09	$7,870.638	474
입사 전 다른 근무 월수	95.86	104.586	474

2) 상관관계분석

변인들 간의 상호 밀접성의 정도를 보여주는 상관 관계를 분석한다.

(1) 상관관계 계수

상관관계 계수(correlation coefficient)란 한 변인과 다른 변인 간의 상호 관계 정도를 보여주는 계수를 말한다. 그 특징은 다음과 같다.

① 한 변인의 값이 증가할 때마다 다른 변인의 값도 일정하게 증가한다면 정적(+)인 상관 관계가 있다.
② 한 변인의 값이 일정하게 변화(증가 또는 감소)하는데 다른 변인의 값이 불규칙하게 변화한다면 상관 관계가 없다고 말한다.
③ 한 변인의 값이 증가할 때마다 다른 변인의 값이 감소한다면 부적(−)인 상관 관계 변인들은 반비례 관계에 있다.
④ 변인들 간의 상관 관계가 완벽하게 반비례하면, 1차 방정식 그래프가 된다.
 − 상관 계수는 '−1'에서 '0'을 거쳐 '+1'까지 변화한다. '+'와 '−' 부호는 관계의 방향성만 보여준다.
 − 상관 관계가 없다는 말은 한 변인의 값을 알아도 다른 변인의 값을 전혀 예측할 수 없다는 것이고, 상관 관계가 완벽하게 일치한다는 말은 한 변

인의 값을 알면 다른 변인의 값을 정확하게 예측할 수 있다는 것이다.

(2) $-1 \leq r \leq +1$

① $0.1 \leq r < 0.3$: 변인들 간의 관계가 약간 있다.

② $0.3 \leq r < 0.5$: 변인들 간의 관계가 상당히 있다.

③ $0.5 \leq r < 0.8$: 변인들 간의 관계가 매우 깊다.

④ $0.8 \leq r < 1.0$: 변인들 간의 관계가 거의 일치한다.

상관 계수

		피교육 연수	현재 급여	최초 급여	입사 전 타 근무 월수
피교육 연수	Pearson 상관 계수	1	.661**	.633**	-.252**
	유의확률(양쪽)		.000	.000	.000
	제곱합 및 교차곱	3936.466	15391215.77	6800356.846	-36013.557
	공분산	8.322	32539.568	14377.076	-76.139
	N	474	474	474	474
현재 급여	Pearson 상관 계수	.661**	1	.880**	-.097*
	유의확률(양쪽)	.000		.000	.034
	제곱합 및 교차곱	15391215.77	1.379E11	5.595E10	-82332343.54
	공분산	32539.568	2.916E8	1.183E8	-174064.151
	N	474	474	474	474
최초 급여	Pearson 상관 계수	.633**	.880**	1	.045
	유의확률(양쪽)	.000	.000		.327
	제곱합 및 교차곱	6800356.846	5.595E10	1.379E11	17573776.70
	공분산	14377.076	1.183E8	2.916E8	37153.862
	N	474	474	474	474
입사 전 타 근무 월수	Pearson 상관 계수	-.252**	-.097*	.045	1
	유의확률(양쪽)	.000	.034	.327	
	제곱합 및 교차곱	-36013.557	-82332343.54	17573776.70	5173806.810
	공분산	-76.139	-174064.151	37153.862	10938.281
	N	474	474	474	474

**. 상관 계수는 0.01 수준(양쪽)에서 유의하다.

*. 상관 계수는 0.05 수준(양쪽)에서 유의하다.

3) 유의도 검증

① 위의 표는 상관관계 계수 행렬표(correlation coefficient matrix, Pearson correlation coefficient, or zero-order correlation coefficient)이다.

② 유의도 수준은 0.05 수준보다 크면 변인들 간의 관계가 없다라는 귀무가설을 받아들이고, 0.05 수준보다 작으면 변인들 간의 관계가 있다라는 대립가설을 받아들이면 된다.

③ <피교육 연수>와 <현재 급여>간의 상관관계 계수는 0.661이고 유의도 수준은 0.05보다 작은 0.000이기 때문에 대립가설을 받아들인다. 즉, <피교육 연수>와 <현재 급여> 간의 관계는 매우 깊다는 결론을 내릴 수 있다.

④ <피교육 연수>와 <현 근무 월수> 간의 상관관계 계수는 0.047이고 유의도 수준은 0.303으로, 대립가설을 받아들이지 않는다. 즉, 두 변인 간의 상호관계는 유의미하지 않다는 결론을 내릴 수 있다.

2 예제: 연령, TV 시청량, 신문 구독량

기술통계량

	평균	표준편차	N
만 나이	28.76	6.766	25
시청량(분)	42.2000	14.79302	25
구독 시간(분)	34.4000	18.04624	25

상관계수

		만 나이	시청량(분)	구독 시간(분)
만 나이	Pearson 상관 계수	1	.449*	.424*
	유의확률(양쪽)		.024	.035
	제곱합 및 교차곱	1098.560	1079.200	1241.400
	공분산	45.773	44.967	51.725
	N	25	25	25

시청량(분)	Pearson 상관 계수	.449*	1	-.346
	유의확률(양쪽)	.024		.090
	제곱합 및 교차곱	1079.200	5252.000	-2217.000
	공분산	44.967	218.833	-92.375
	N	25	25	25
구독 시간(분)	Pearson 상관 계수	.424*	-.346	1
	유의확률(양쪽)	.035	.090	
	제곱합 및 교차곱	1241.400	-2217.000	7816.000
	공분산	51.725	-92.375	325.667
	N	25	25	25

*. 상관 계수는 0.05 수준(양쪽)에서 유의하다.

① <연령>과 <TV 시청량> [반대로 <TV 시청량>과 <연령>] 간의 상관계수는 0.449이고, 유의도 수준은 0.05보다 작은 0.024이기 때문에 대립가설을 받아들인다. 즉, <연령>과 <TV 시청량>간의 상호 관계는 상당히 있다고 결론을 내릴 수 있다.

② <TV 시청량>과 <신문 구독 시간> 간의 상관관계 계수는 −0.346이고, 유의도 수준은 0.05보다 큰 0.090이기 때문에 <TV 시청량>과 <신문 구독 시간>간에는 관계가 없다는 귀무가설을 받아들인다.

제 2 절 상관관계분석 논문작성법

1 연구 절차

① 상관관계분석에 적합한 대립가설을 만든다.

연구가설	변인	측정
변인들 간에는 관계가 있다.	피교육 연수	
	현재 급여	응답자의 실제 수입 측정
	최초 급여	응답자의 최초 수입 측정
	현 근무 월수	
	입사 전 근무 월수	

② 유의도 수준을 $p<0.05$ (95%), 또는 $p<0.01$ (99%) 중 하나를 결정한다.

③ 표본을 선정해, 데이터를 수집한 후 컴퓨터에 입력한다.

④ 상관관계분석을 실행한다.

2 연구 결과 제시 및 해석 방법

① 상관관계 계수 행렬표를 제시한다.

② 상관관계 계수 행렬표를 해석한다.

제 3 절 변인 간의 상관 관계

① +1의 상관관계 계수	② +의 상관관계 계수
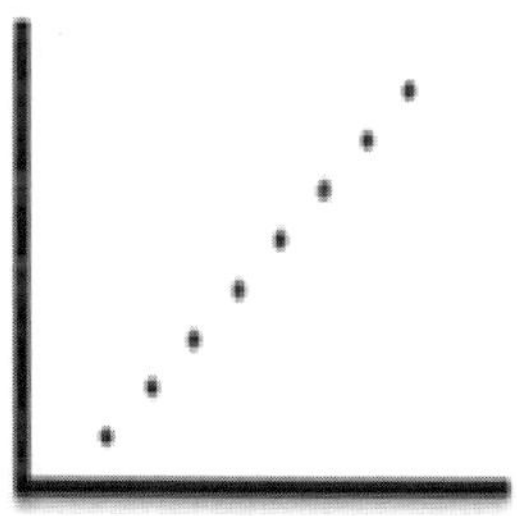	
③ 0의 상관관계 계수	④ −의 상관관계 계수
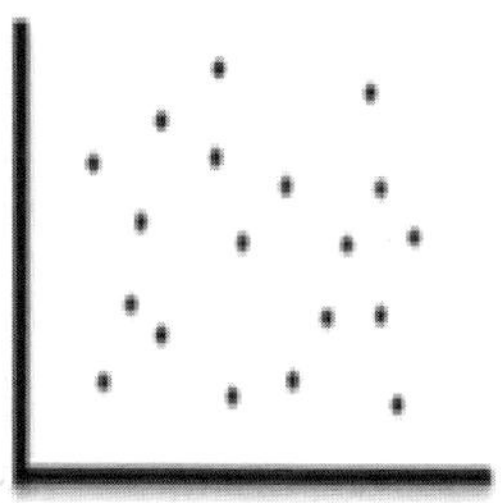	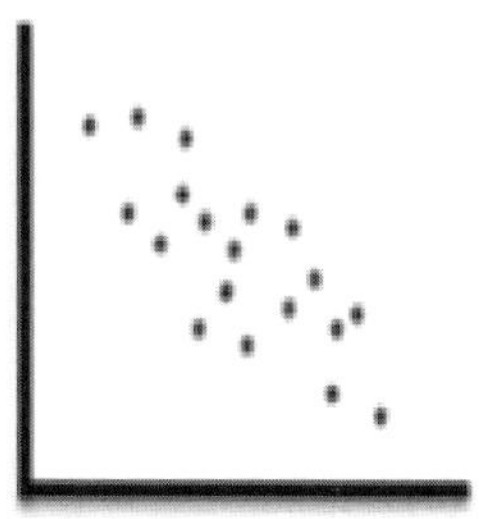

⑤ −1의 상관관계 계수

제 12 장 회귀분석

제 1 절 회귀분석

1 회귀분석의 의의

회귀분석(bivariate regression analysis)이란 등간척도(또는 비율척도)로 측정한 한 개의 독립변인이 등간척도(또는 비율척도)로 측정한 한 개의 종속변인에게 미치는 영향력을 분석하는 방법을 말하며, 단순 회귀분석과 다변화 회귀분석 방법이 있다.

표 12-1 회귀분석 방법의 종류 및 조건

	독립변인	종속변인
단순 회귀분석	(1) 수: 한 개 (2) 측정: 등간척도 또는 비율척도 (명목척도: 가변인 사용)	(1) 수: 한 개 (2) 측정: 등간척도 또는 비율척도
다변인 회귀분석	(1) 수: 두 개 이상 여러 개 (2) 측정: 등간척도 또는 비율척도 (명목척도: 가변인 사용)	(1) 수: 한 개 (2) 측정: 등간척도 또는 비율척도

2 회귀분석 방법의 목적

독립변인이 종속변인에 미치는 영향력을 보여주는 값인 회귀계수(regression coefficient)를 구한 후 신뢰구간(confidence interval)을 통해 모수치(parameter)를 추정하는 것으로 회귀계수의 유의도를 검증하는 것이다.

표 12-2 회귀계수의 종류와 의미

종류	의미
비표준 회귀계수 (unstandardized)	연구 목적이 독립변인의 원점수(original score)를 가지고 종속변인의 원 점수를 예측하고자 하는 경우 사용한다.
표준 회귀계수 (standardized)	연구 목적이 개별 독립변인이 종속변인에 미치는 영향력 크기를 분석하거나, 독립변인들 간의 영향력의 크기를 상호 비교하고자 하는 경우 사용한다.

※ 표준 회귀계수는 일반적으로 베타(β)라고 부른다.

3 장 · 단점 비교

1) 비표준 회귀계수

독립변인과 종속변인의 원점수를 이용해 계산한 값이다. 독립변인의 비표준 회귀계수를 이용해 만든 회귀방정식은 종속변인의 원점수를 예측하는 데 유용하다.

[예] 독립변인 <교육>과 <연령>에 따른 종속변인 <텔레비전 시청량>의 점수를 예측하기 위해서는 비표준 회귀계수를 사용해야 한다. <교육>과 <연령>의 측정 단위는 다르기 때문에 독립변인이 종속변인에 미치는 상호 비교할 수 있는 영향력의 크기는 알 수 없는 단점이 있다.

2) 표준 회귀계수

독립변인과 종속변인의 원점수를 표준점수(Z-score)로 환산해서 계산한 값이다. 독립변인의 표준 회귀계수를 이용해 만든 회귀방정식을 통해 종속변인의 점수를 예측할 수 없는 단점이 있다.

4 단순 회귀분석 방법 절차

1) 연구가설 설정
2) SPSS 프로그램 실행
3) 변인의 기술통계값 분석
4) 변인의 상관관계 계수 분석
5) 회귀모델의 변량분석 및 유의도 검증
6) 회귀계수 변량분석 및 유의도 검증

1) 연구가설

연구자는 <생활의 흥미도>가 <행복도>에 영향을 미치는지를 분석하고자 한다. 따라서 연구자는 '생활의 흥미도가 행복도에 영향을 줄 것이다'라는 연구가설을 설정해 이를 검증하려고 한다. 여기서 독립변인은 <생활의 흥미도>로 응답자의 생활의 흥미도 정도를 3점 척도로(1=흥미, 2=단조, 지루=3) 측정한다. 종속변인은 <행복도>로, 3점 척도(1=매우 행복, 2=행복한 편, 3=지루)로 측정한다.

단순 회귀모델의 방정식은 다음과 같다.

① 회귀방정식: 종속변인을 계산하는 방정식

$Y = A + B_1X_1 + E$

예측 가능 부분 예측 불가능 부분

Y: 종속변인(행복도)

X_1: 독립변인(생활의 흥미도)

B_1: 비표준 회귀계수

A: 상수(절편)

E: 오차(독립변인의 원점수로 종속변인의 예측하지 못한 부분)

② 예측 회귀방정식: 종속변인의 예측 점수를 계산하는 방정식

$Y' = A + B_1X_1$(비표준 회귀계수일 경우)

Y': 종속변인 예측 점수(행복도)

X_1: 독립변인 점수(생활의 흥미도)

B_1: 회귀계수(비표준 회귀계수)

A: 상수(절편)

$Y' = B_1X_1$(표준 회귀계수일 경우)

X_1: 독립변인(생활의 흥미도)의 표준점수

A가 없는 이유: 종속변인의 원점수 대신 표준점수를 사용해서 회귀계수를 구했기 때문

단순 회귀모델이란 독립변인에서 종속변인으로 영향력이 가는 것을 의미한다.

생활의 흥미도 → 행복도

2) SPSS 메뉴판 실행 방법(직업 명성 행복도)

[회귀분석] → <선형>

[종속변수]: 행복도 <행복도>

[독립변수]: 생활이 흥미로운지 지루한지? <생활>

[통계량]: [회귀계수]: <추정값>, <모형 적합>, <R제곱 변화량>, <기술통계>

[확인]

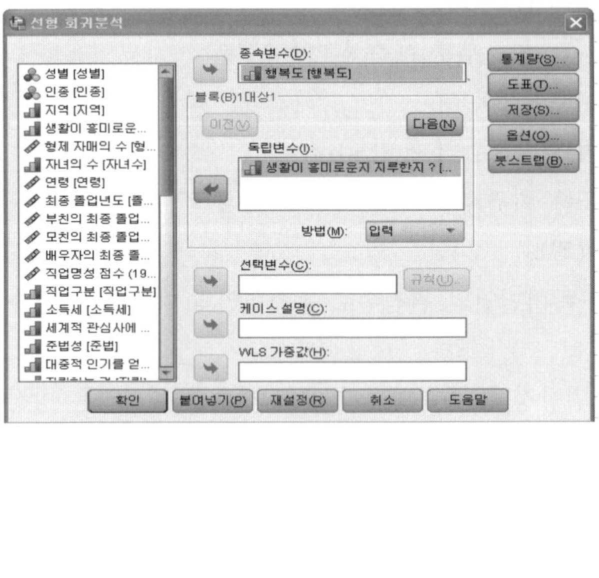

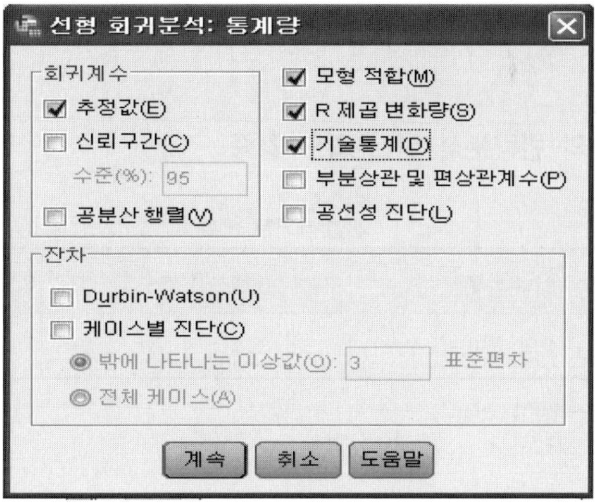

3) 기술통계

기술통계값을 통해 변인의 기본적인 특징을 분석한다.

기술통계량

	평균	표준편차	N
행복한 정도	1.81	.615	971
삶의 흥미도	1.59	.589	971

4) 상관관계 계수

① 독립변인 <생활 흥미도>와 종속변인 <행복도> 간의 관계를 보여주는 상관관계 계수를 구한다.

상관 계수

		행복한 정도	삶의 흥미도
Pearson 상관	행복한 정도	1.000	.360
	삶의 흥미도	.360	1.000
유의확률(단측)	행복한 정도		.000
	삶의 흥미도	.000	
N	행복한 정도	971	971
	삶의 흥미도	971	971

② 단순 상관관계 계수는 0.360으로 두 변인의 밀접성 정도는 낮은 것으로 나타났다.

5) 회귀모델의 변량분석 및 유의도 검증

진입/제거된 변수[b]

모형	진입된 변수	제거된 변수	방법
1	삶의 흥미도[a]		입력

a. 요청된 모든 변수가 입력되었다.
b. 종속변수: 행복한 정도.

모형 요약

모형	R	R제곱	수정된 R제곱	추정값의 표준오차	통계량 변화량				
					R제곱 변화량	F 변화량	df 1	df 2	유의확률 F 변화량
1	.360[a]	.129	.128	.574	.129	143.985	1	969	.000

a. 예측값: (상수), 삶의 흥미도.

① 단순 회귀분석 방법은 독립변인과 종속변인 간의 상관관계 계수를 구한 후 이 값을 이용한 변량분석을 통해 연구가설을 검증한다.

② 상관관계 계수는 등간척도(또는 비율척도)로 측정한 변인 간의 관계의 정도를 나타내는 값으로, 두 변인의 상관관계 계수(r)를 자승하면 (r^2) 설명 변량이 된다.

③ 설명변량의 값은 결정계수(coefficient of determination)라고도 부른다.

④ 반대로, 설명변량을 제곱근($\sqrt{\ }$)하면 두 변인의 상관관계 계수가 된다.

[설명변량 분석]

① 상관관계 계수 0.360의 절댓값인 0.360은 Multiple R로 표시된다.
설명변량인 R^2은 0.129이다.
<생활의 흥미도>의 설명변량: 0.129, 오차변량(=1.000−0.129): 0.871

② 유의도 검증

분산분석[b]

모형		제곱합	자유도(df)	평균 제곱	F	유의확률
1	회귀모형	47.476	1	47.476	143.985	.000[a]
	잔차	319.510	969	.330		
	합계	366.987	970			

a. 예측값: (상수), 삶의 흥미도.
b. 종속변수: 행복한 정도.

가. 선형회귀분석은 설명변량을 의미하고, 잔차는 설명할 수 없는 변량(오차변량)을 의미한다.

나. 평균 제곱은 자승의 합을 자유도로 나눈 값이다.

다. F값은 설명변량 47.476을 설명할 수 없는 변량 0.330으로 나눈 143.985이다. 자유도 1과 969에서 F값 143.985의 유의도는 0.000으로 대립가설을 받아들인다. 즉, <생활 흥미도>는 <행복도>에 영향을 주는 것으로 나타났다. 유의도의 검증은 변인들 간의 관계가 있는지 없는지만을 판단해 주기 때문에 변인들 간의 관계가 얼마나 큰지를 알 수 없다. 개별 독립변인이 종속변인에 미치는 영향력의 크기를 알기 위해서는 회귀계수의 유의도를 검증해야 한다.

6) 회귀계수의 변량분석 및 유의도 검증

(1) 회귀계수를 구하는 방식

① $Y = A + B_1X_1 + E$(원 방정식)

② $Y' = A + B_1X_1$(비표준 회귀계수 예측 방정식)

③ $Y - Y' = E$(오차)

④ $\sum E^2 = \sum (Y - Y')^2$ (최소 자승의 방법)

(2) 비표준 회귀계수를 찾는 방법

① 원 회귀방정식: 독립변인의 원점수를 이용해 종속변인의 원점수를 구하는 1원 1차 방정식이다.

② 예측 회귀방정식: 독립변인의 원점수를 이용해 종속변인의 원점수를 구하는

1원 1차 방정식이다.

③ 원 회귀방정식과 예측 회귀방정식으로부터 계산한 점수 간의 차이는 항상 존재하는데, 원점수에서 예측 점수를 뺀 값 $(Y-Y')$을 오차(E)라고 한다.

④ 단순 회귀분석 방법은 이 오차를 자승한 값의 합$(\Sigma E^2 = \Sigma(Y-Y')^2)$이 가장 최소인 선을 예측 회귀방정식으로 찾는다. ← 최소 자승(least square)의 방법이다.

⑤ 최소 자승의 방법을 사용해 얻은 예측 회귀방정식을 통해 상수(절편)와 비표준 회귀계수를 구한다. 상수 A는 독립변인 X_1의 값이 0일 때 종속변인 Y'의 예측 점수를 말하며, B는 비표준화된 회귀계수로서 독립변인 X_1이 특정 점수를 가질 때 예측할 수 있는 종속변인의 점수이다.

계수[a]

모형		비표준화 계수		표준화 계수	t	유의확률
		B	표준오차	베타		
1	(상수)	1.188	.055		21.656	.000
	삶의 흥미도	.389	.032	.360	11.999	.000

a. 종속변수: 행복한 정도.

(3) 표준 회귀계수

독립변인과 종속변인의 원 점수를 표준 점수(Z-score, 평균값 '0'과 표준편차 '1'의 분포로 바꾼 점수)로 바꿔 구한 계수이다.

① 표준 회귀계수=비표준 회귀계수$\times Sx/Sy$

Sx: 독립변인의 표준편차, Sy: 종속변인의 표준편차

[예] 비표준 회귀계수: 0.389이고, 상수: 1.188

$Y'=1.188 + 0.389X_1$(비표준 회귀방정식)

$Y'=0.360X_1$(표준 회귀방정식)

② 통계적으로 유의미하기 때문에 <생활 흥미도>는 <행복도>에 정적인 영향력(0.360)을 준다는 가설을 받아들인다. 즉, 생활 흥미도가 높은 사람은 낮은 사람에 비해 행복도가 높다.

5 예제: 교육, TV 시청량

[회귀분석]: <선형>

[종속변수]: <TV 시청량>, [독립변수]: <교육>, [방법]: 단계 선택

[통계량]: [회귀계수]: <추정값>, <신뢰구간>, <모형 적합>, <*R*제곱 변화량>, <기술통계>, <부분상관 및 편상관계수>

[도표]: [표준화 잔치도표]: <히스토그램(*H*)>

−Y축: *ZRESID

−X축: *ZPRED

[확인]

기술통계량

	평균	표준편차	N
시청량(분)	47.2000	14.79302	25
교육	2.1200	.78102	25

사례 수는 25명이고, <교육>의 평균값은 2.12로, 이 표본의 평균 교육 수준은 고등학교 졸업보다 약간 높다는 것을 알 수 있다.

상관 계수

		시청량(분)	교육
Pearson 상관	시청량(분)	1.000	−.579
	교육	−.579	1.000
유의확률 (단축)	시청량(분)		.001
	교육	.001	
N	시청량(분)	25	25
	교육	25	25

두 변수의 단순 상관관계 계수는 −0.579로서 두 변인의 밀접성의 정도는 상당히 높은 반면 그 방향은 정반대로 나타났다. 이 결과는 교육 수준이 높을수록 TV 시청량은 적다는 것을 의미한다.

단순 회귀모델을 요약한 결과는 다음과 같다.

(1) 설명변량 분석

독립변인 <교육>과 종속변인 <TV 시청량> 간의 상관관계 계수 −0.579의 절댓값인 0.579는 Multiple R이라고 표시한다. R^2인 0.335(33.5%)는 설명변량. 설명할 수 없는 변량은 1.000(총변량)−0.335 = 0.665(66.5%) Adjusted R^2은 표본의 사례 수가 적을 때에 해석한다.

모형 요약[b]

모형	R	R제곱	수정된 R제곱	추정값의 표준오차	통계량 변화량				
					R제곱 변화량	F 변화량	df 1	df 2	유의확률 F 변화량
1	.579[a]	.335	.307	12.31864	.335	11.610	1	23	.002

a. 예측값: (상수), 교육.
b. 종속변수: 시청량(분).

분산분석[b]

모형		제곱합	자유도(df)	평균 제곱	F	유의확률
1	회귀모형	1761.773	1	1761.773	11.610	.002[a]
	잔차	3490.227	23	151.749		
	합계	5252.000	24			

a. 예측값: (상수), 교육.
b. 종속변수: 시청량(분).

(2) <교육>과 <TV 시청량>의 변량분석 결과

① 유의도 검증

가. 단순 회귀분석 방법은 변량분석을 통해 유의도를 검증한다.

나. 단순 회귀분석 방법과 일원변량분석 방법을 비교하면 다음과 같다.

공통점: 변량분석을 통해 대립가설을 검증한다.

차이점: 단순 회귀분석 방법에서는 독립변인이 등간척도(또는 비율척도)로 측정되고, 일원변량분석 방법에서는 독립변인이 명목척도로 측정된다.

다. 단순 회귀분석 방법은 변인 간의 상관관계 계수를 이용해 변량분석을 하고,

일원변량분석 방법은 평균값 차이를 이용해 변량분석을 한다.

② 선형회귀분석은 설명변량으로 집단 간 변량을 의미하고, 잔차는 설명할 수 없는 변량으로 집단 내 변량 또는 오차변량을 말한다.

③ 제곱합은 자승의 합을 뜻하며, 평균 제곱은 자승의 합을 자유도로 나눈 평균 자승의 합(mean square)으로 변량을 의미한다.

④ F값은 설명변량 1761.773을 설명할 수 없는 변량 151.749로 나눈 11.610. 이 값의 유의도 검증 결과를 살펴보면, 자유도 1과 23에서 F값 11.610의 유의도는 0.002로 연구가설을 받아들인다. 즉, <교육>은 <TV 시청량>에 영향을 주는 것으로 나타났다. 유의도 검증은 변인 간의 관계가 있는지 없는지만을 판단해 주기 때문에 변인 간의 관계가 정적(+)인 관계인지, 또는 부적(−)인 관계인지, 얼마나 큰지는 알 수 없다.

⑤ 영향력의 크기를 알기 위해서는 회귀계수의 유의도를 검증해야 한다.

계수[a]

모형		비표준화 계수		표준화 계수	t	유의확률	B에 대한 95.0% 신뢰구간		상관 계수		
		B	표준오차	베타			하한값	상한값	0차	편상관	부분상관
1	(상수)	70.458	7.256		9.709	.000	55.445	85.467			
	교육	−10.970	3.220	−.579	−3.407	.002	−17.630	−4.310	−.579	−.579	−.579

a. 종속변수: 시청량(분).

<교육>의 회귀계수와 유의도 검증 결과, 신뢰구간과 편/부분 상관관계 계수도 제시한다.

(1) 비표준 회귀방정식: $Y' = 70.456 - 10.970X_1$

이 회귀방정식을 이용해 독립변인 X_1에 <교육>의 원점수를 넣으면 종속변인 Y' <TV 시청량>의 예측 점수를 구할 수 있다.

(2) 표준 회귀방정식: $Y' = -0.579X_1$

단순 회귀분석 방법에서 표준 회귀계수는 독립변인과 종속변인 간의 상관관계 계수와 동일하다는 것을 알 수 있다. 이 회귀계수의 유의도는 0.002로서 통계적으로 유의미하기 때문에 <교육>은 <TV 시청량>에 부적(−)인 영향력 (−0.579)을 준다는 가설을 받아들인다. 즉, 학력이 높은 사람은 낮은 사람에 비해 TV를 덜 보는 것으로 나타났다.

(3) 모수치 추정

① 상수의 비표준 회귀계수의 모수치(parameter)는 최솟값 55.445~최댓값 85.467 사이에 있고, 교육의 비표준 회귀계수의 모수치는 최솟값 −17.630~최댓값 −4.310 사이에 있다.

표본의 수가 클 때(200명 이상일 때) 모수치 추정 공식
비표준 회귀계수 −(1.99) × 표준오차 ≤ 모수치 ≤ 비표준 회귀계수 + (1.99) × 표준오차
표본의 수가 작을 때(200명 미만일 때) 모수치 추정 공식
비표준 회귀계수 − (t 면적) × 표준오차 ≤ 모수치 ≤ 비표준 회귀계수 + (t 면적) × 표준오차

② 표본의 수가 작기 때문에 다음과 같다.

(상수) 70.456−(2.069)×7.256≤모수치≤ 70.456+(2.069)×7.256

55.443 ≤ 모수치 ≤ 85.469

(교육) −10.970−(2.069)×3.220 ≤ 모수치 ≤ −10.970+(2.069)×3.220

히스토그램

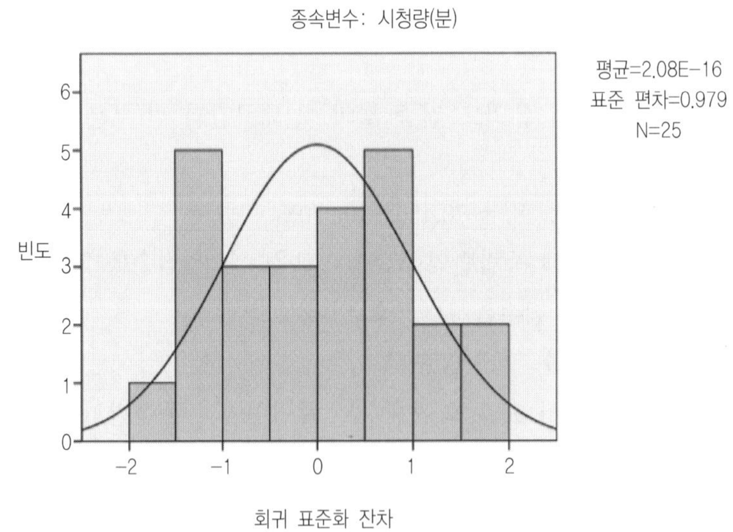

③ 선형 회귀분석은 오차를 표준화시킨 표준오차(standardized residual) 점수 분포이다.

- X축: 표준 예측점수(Standardized Predicted Value, ZPRED)
- Y축: 표준 오차점수(Standardized Residual, ZRESID): 선형성과 변량의 동질성 전제 조건을 검사

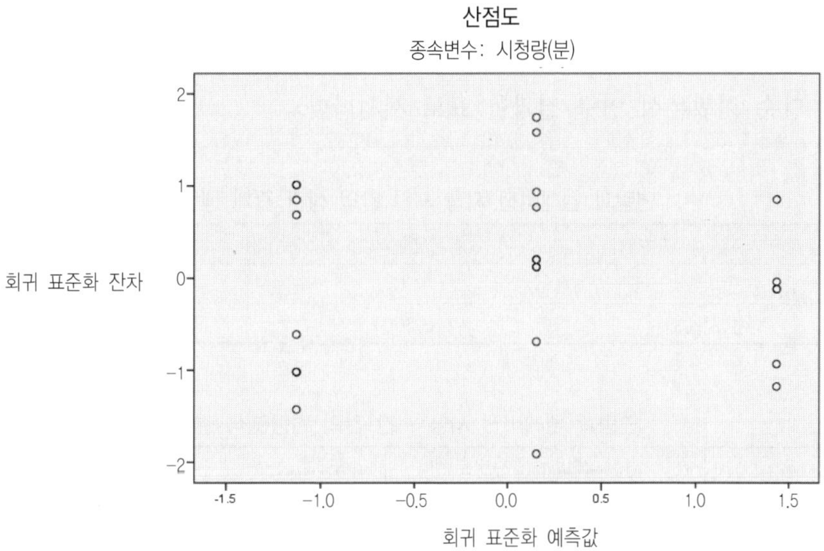

제 2 절 단순 회귀분석 논문작성법

1 연구 절차

① 단순 회귀분석에 적합한 연구가설을 설정한다.

연구가설의 예	독립변인		종속변인	
	변인	측정	변인	측정
연령은 텔레비전 시청 시간에 영향을 미친다.	연령	응답자의 실제 나이를 측정	텔레비전 시청 시간	실제 시청 시간(분)

② 유의도 수준을 $p<0.05$ (95%), $p<0.01$ (99%) 중 하나를 결정한다.

③ 표본을 선정해 데이터를 수집한 후 컴퓨터에 입력한다.

④ 프로그램을 실행한다.

2 연구 결과 제시 및 해석 방법

① 단순 회귀분석 연구 결과를 표로 제시한다.

연령과 텔레비전 시청 시간 간의 상관 관계 행렬표

	연령	시청 시간
연령	1.0	
시청 시간	0.566	1.0

연령과 텔레비전 시청 시간 간의 변량분석 결과

	변량	자유도(df)	F	유의확률	R^2
선형회귀분석	867.7	1198	7.91	0.03	0.320
잔차	109.7				

연령과 텔레비전 시청 시간 간의 회귀계수 분석 결과

	시청 시간(베타)	t	유의확률
연령	0.566	3.313	0.03

② 단순 회귀분석표를 해석한다.

가. 연령은 텔레비전 시청 시간에 영향을 주는 것으로 나타났다.

$F=7.91,\ df=1198,\ p<0.05$

나. 상관 관계 결과 쓰는 방법

연령이 텔레비전 시청 시간에 미치는 영향을 분석한 결과, 연령은 텔레비전 시청 시간에 상당한 영향을 주는 것으로 나타났다(베타=0.566). 즉, 나이가 많은 사람은 나이가 적은 사람보다 텔레비전을 더 많이 시청하는 경향이 있다.

제 3 절 다변인 회귀분석

1 다변인 회귀분석의 의의

다변인 회귀분석(multiple regression analysis)이란 등간척도(또는 비율척도)로 측정한 두 개 이상 여러 개의 독립변인이 등간척도(비율척도)로 측정한 한 개의 종속변인에 미치는 영향력을 분석해 연구가설을 검증하는 통계 방법이다.

독립변인: 두 개 이상의 여러 개, 등간척도 또는 비율척도(명목척도: 가변인 사용)

종속변인: 한 개, 등간척도 또는 비율척도

2 다변인 회귀분석 방법 절차

① 연구가설을 설정한다.

② 프로그램을 실행한다.

③ 변인의 기술통계값을 분석한다(각 변인의 사례 수와 평균값, 표준편차 분석).

④ 독립변인과 종속변인 간의 상관관계 계수를 분석한다.

⑤ 회귀모델의 변량을 분석하고 유의도를 검증한다.

⑥ 회귀계수의 변량을 분석하고 유의도를 검증한다. 독립변인의 회귀계수를 구하고 유의도를 검증한다.

⑦ 다중 공선성 문제를 확인한다.
비표준 회귀계수의 신뢰구간을 통해 모수치 추정하고 95% 확률 수준에서 신뢰할 만한 모수치의 최댓값과 최솟값을 살펴본다.

⑧ 전제 조건을 검증한다.
한 개의 독립변인이 순수하게 종속변인과 얼마나 밀접한 관계를 가지는가를 보여주는 부분 상관관계 계수(part correlation coefficient)와 편상관관계 계수(partial correlation coefficient)를 분석한다.

⑨ 독립변인 간의 상관 관계가 높을 때 발생하는 다중 공선성(multicollinearity) 문제와 그 해결책을 살펴본다.

⑩ 다변인 회귀분석 방법의 전제 조건이 충족되었는지를 분석한다.

3 예제: 교육과 연령이 TV 시청량에 미치는 영향

1) 다변인 회귀분석 방법의 방정식

1. 원 회귀방정식

$Y = A + B_1X_1 + B_2X_2 + E$

예측 가능 부분 예측 불가능 부분

Y: 종속변인 원점수(TV 시청량)

X_1: 독립변인 원점수(교육)

X_2: 독립변인 원점수(연령)

B_1, B_2: 비표준 회귀계수 A: 상수 E: 오차

2. 예측 회귀방정식

$Y' = A + B_1X_1 + B_2X_2$ (비표준 회귀계수일 경우)

$Y' = B_1X_1 + B_2X_2$ (표준 회귀계수일 경우)

Y': 종속변인인 예측 점수(평균 TV 시청량)

2) [방법: 단계 선택]

[통계량]: [회귀계수]: <추정값>, ,신뢰구간>
<모형 적합>, <R 제곱 변화량>, <기술통계>, <부분상관 및 편상관관계 계수>

[도표]: <ZRESID; Y>,<ZPRED; X> [표준화 잔차도표]: <히스토그램>, <정규확률도표>

[편회귀 잔차도표 모두 출력]

[확인]

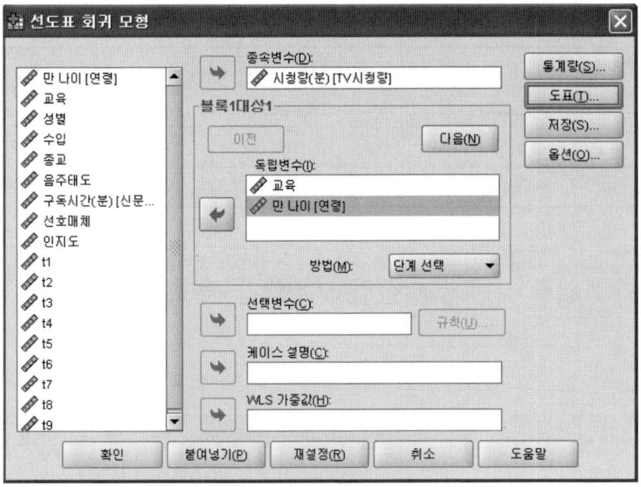
선도표 회귀 모형
만 나이 [연령]
교육
성별
수입
종교
음주태도
구독시간(분) [신문...
선호매체
인지도
t1
t2
t3
t4
t5
t6
t7
t8
t9
종속변수(D):
시청량(분) [TV시청량]
블록1대상1
이전
다음(N)
독립변수(I):
교육
만 나이 [연령]
방법(M):
단계 선택
선택변수(C):
규칙(U)...
케이스 설명(C):
WLS 가중값(H):
통계량(S)...
도표(T)...
저장(S)...
옵션(O)...
확인
붙여넣기(P)
재설정(R)
취소
도움말

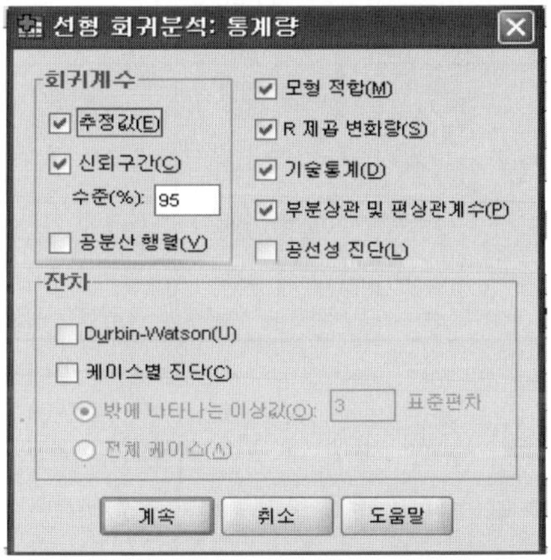
선형 회귀분석: 통계량
회귀계수
추정값(E)
신뢰구간(C)
수준(%): 95
공분산 행렬(V)
모형 적합(M)
R 제곱 변화량(S)
기술통계(D)
부분상관 및 편상관계수(P)
공선성 진단(L)
잔차
Durbin-Watson(U)
케이스별 진단(C)
밖에 나타나는 이상값(O): 3 표준편차
전체 케이스(A)
계속
취소
도움말

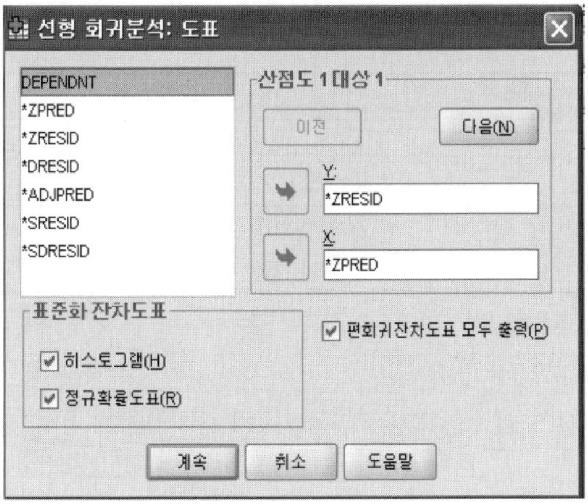
선형 회귀분석: 도표
DEPENDNT
*ZPRED
*ZRESID
*DRESID
*ADJPRED
*SRESID
*SDRESID
산점도 1 대상 1
이전
다음(N)
Y:
*ZRESID
X:
*ZPRED
표준화 잔차도표
히스토그램(H)
정규확률도표(R)
편회귀잔차도표 모두 출력(P)
계속
취소
도움말

기술통계량

	평균	표준편차	N
시청량(분)	47.2000	14.79302	25
교육	2.1200	.78102	25
만 나이	28.76	6.766	25

① 교육 수준은 평균이 2.12로 고등학교 졸업보다 약간 높고, 연령은 28.7세로 젊은 편이다.

상관 계수

		시청량(분)	교육	만 나이
Pearson 상관	시청량(분)	1.000	-.579	.449
	교육	-.579	1.000	.006
	만 나이	.449	.006	1.000
유의확률(단측)	시청량(분)		.001	.012
	교육	.001		.489
	만 나이	.012	.489	
N	시청량(분)	25	25	25
	교육	25	25	25
	만 나이	25	25	25

② <교육>, <연령>, <TV 시청량>간의 상관 계수: <TV 시청량>과 <교육>, <연령>은 관련성이 있는 것으로 나타났다.

진입/제거된 변수[a]

모형	진입된 변수	제거된 변수	방법
1	교육		단계 선택(기준: 입력할 F의 확률 〈=.050, 제거할 F의 확률 〉=.100).
2	만 나이		단계 선택(기준:입력할 F의 확률 〈=.050, 제거할 F의 확률 〉=.100).

a. 종속변수: 시청량(분).

③ 진입/제거된 변수 제시, <교육>과 <연령>변수가 단계 선택의 방법으로 진입되어 있다.

3) 독립변인 간의 상관 관계가 존재할 때

(1) 회귀모델의 변량분석

① R^2 = 교육 r^2 + 연령 r^2 − 교육과 연령r^2

다변인 회귀분석 방법에서 Multiple R은 여러 개의 독립변인을 합해 이것을 하나의 독립변인으로 취급해 종속변인과의 상관 관계를 구한 값의 절댓값이다. 설명변량(R^2)은 Multiple R을 자승한 값, 반대로 설명 변량(R^2)을 제곱근($\sqrt{\ }$)한 값은 Multiple R값이다.

모형 요약[c]

모형	R	R제곱	수정된 R제곱	추정값의 표준오차	통계량 변화량				
					R제곱 변화량	F 변화량	df 1	df 2	유의확률 F 변화량
1	.579[a]	.335	.307	12.31864	.335	11.610	1	23	.002
2	.735[b]	.540	.498	10.47602	.205	9.802	1	22	.005

a. 예측값: (상수), 교육.
b. 예측값: (상수), 교육, 만 나이.
c. 종속변수: 시청량(분).

② 독립변인 <교육>, <연령>과 종속변인 <TV 시청량>에 관한 다변인 회귀분석모델을 요약한 결과가 제시되는데, 설명 변량(R^2)은 Multiple R(0.735)의 자승한 값(0.540) 또는 54%이다.

(2) 회귀모델의 유의도 검증

① 다변인 회귀모델의 유의도를 검증하기 위해서는 모형 2를 설명한다.

② 모형 1은 독립변인 <교육>만을 고려한 모델의 유의도를 검증한 것이다.

분산분석[c]

모형		제곱합	자유도(df)	평균 제곱	F	유의확률
1	회귀모형	1761.773	1	1761.773	11.610	.002[a]
	잔차	3490.227	23	151.749		
	합계	5252.000	24			
2	회귀모형	2837.564	2	1418.782	12.928	.000[b]
	잔차	2414.436	22	109.747		
	합계	5252.000	24			

a. 예측값: (상수), 교육.
b. 예측값: (상수), 교육, 만 나이.
c. 종속변수: 시청량(분).

(3) 〈교육〉, 〈연령〉과 〈TV 시청량〉 간의 변량분석의 결과 제시

① F값은 1418.782(설명 변량) ÷ 109.747(설명할 수 없는 변량) = 12.928

② 자유도 2와 22에서 F값 12.928의 유의도 0.000으로 통계적으로 유의미하기 때문에 연구가설을 받아들인다. 즉, <교육>과 <연령>은 <TV 시청량>에 영향을 주는 것으로 나타났다. 이 유의도 검증은 변인 간의 관계가 있는지 또는 없는지를 판단해 주기 때문에 변인 간의 관계가 정적(+)인 관계인지, 또는 부적(−)인 관계인지, 얼마나 밀접한 관계인지는 알 수 없다. 이를 알기 위해서는 개별 회귀계수의 유의도를 검증해야 한다.

4) 회귀계수의 유의도 검증

계수[a]

모형		비표준화 계수		표준화 계수	t	유의확률	B에 대한 95.0% 신뢰구간		상관 계수		
		B	표준오차	베타			하한값	상한값	0차	편상관	부분상관
1	(상수)	70.458	7.256		9.709	.000	55.445	85.467			
	교육	−10.970	3.220	−.579	−3.407	.002	−17.630	−4.310	−.579	−.579	−.579
2	(상수)	42.099	10.960		3.841	.001	19.369	64.828			
	교육	−11.019	2.738	−.582	−4.024	.001	−16.697	−5.340	−.579	−.651	−.582
	만 나이	.990	.316	.453	3.131	.005	.334	1.645	.449	.555	.453

a. 종속변수: 시청량(분).

5) 〈교육〉의 회귀계수 결과 제시

비표준 회귀계수의 경우, 교육(−11.019), 연령(0.990), 상수(42.099)이기 때문에 $Y' = 42.099 - 11.019X_1 + 0.990X_2$, 표준 회귀계수의 경우, 교육(−0.582), 연령(0.453), $Y' = -0.582X_1 + 0.453X_2$이다.

다변인 회귀분석 방법에서 구한 회귀계수를 해석할 때 주의해야 할 점은 개별 독립변인의 회귀계수는 나머지 독립변인을 통제(control)한 상태에서 구한 값 변인을 통제한다는 의미로서, 한 변인의 값을 고정시킨 후에 회귀계수 값을 구한다.

독립변인 A의 회귀계수는 A와 다른 독립변인 B와의 겹친 부분을 제외한 후 A가 홀로 종속변인에 미친 영향력의 값이다.

(1) 모수치 추정

① 신뢰구간: 표본 연구에서 얻은 비표준 회귀계수로부터 95% 확률을 가진 모수치의 최솟값과 최댓값을 말한다.

② 상수의 비표준화 회귀계수의 모수치 19.369~64.828, 교육은 −16.697~−5.340, 만 나이는 0.334~1.645

(2) 부분 상관관계 계수

① <교육>의 부분 상관관계 계수(part correlation coefficient): 독립변인 <교육>과 <연령> 겹친 부분을 제외한 후 <교육>의 남는 부분과 종속변인 <TV 시청량>과의 단순한 상관관계 계수이다.

② <교육>의 부분 상관관계 계수를 자승한 수치는 다른 독립변인 <연령>의 설명변량을 총 설명변량에서 제외한 값으로서 독립변인 <교육>의 설명변량 수치이다.

[예] <교육>과 <연령>의 총 설명변량(R^2)이 0.54(54%), <교육>의 설명변량이 0.335(33.5%)이라면 <연령>의 설명변량은 0.205(20.5%) 이 변량을 제곱근($\sqrt{\ }$)한 값 0.453이 <연령>의 부분 상관관계 계수이다.

(3) 편상관관계 계수

① 독립변인 <교육>의 편상관관계 계수(partial correlation coefficient)는 종속변인 <TV 시청량>과 독립변인 <연령>과의 겹친 부분을 제외하고 종속변인 <TV 시청량>의 남은 부분과 독립변인 <교육>과 다른 독립변인 <연령>과의 겹친 부분을 제외한 후 독립변인 <교육>의 남은 부분과의 단순 상관관계 계수이다.

② <교육>의 편상관관계 계수를 자승한 수치는 설명 변량에서 다른 독립변인 <연령>의 설명 변량을 제외한 독립변인 <교육>의 설명변량이 총변량에서 독립변인 <연령>의 설명변량을 제외한 오차변량에서 차지하는 비율을 말한다.

[예] <교육>의 설명변량은 0.335(33.5%), 오차변량은 총변량(1.00 또는 100%)에서 독립변인 <연령>의 설명변량(0.21)을 뺀 변량으로 0.79이다. 오차변량(0.79)에서 <교육>의 설명변량(0.335)이 차지하는 비율은 0.424(0.335/0.79)이다. 이

변량을 제곱근($\sqrt{\ }$)한 값 −0.651이 <교육>의 편상관관계 계수이다.

(4) 단순 회귀분석 방법에서 세 상관관계 계수의 관계

① 독립변인 <교육>과 종속변인 <TV 시청량>의 단순 상관관계 계수 −0.579

② <교육>의 부분 상관관계 계수, 단순회귀분석 방법에서는 독립변인이 하나이기 때문에 설명변량(단순 상관관계 계수를 자승한 값 0.335, 33.5%)에서 뺀 다른 독립변인의 변량은 존재하지 않는다.

③ <교육>의 부분 상관관계 계수는 <교육>의 설명변량 0.335를 제곱근한 값 −0.579

④ <교육>의 편상관관계 계수는 총변량에서 뺄 다른 독립변인의 변량이 존재하지 않기 때문에 총변량(1.00 또는 100%)은 오차변량(1.00 또는 100%)이 된다.

⑤ 오차변량 속에서 <교육>의 설명변량이 차지하는 비율은 0.335(0.335/1.00), 또는 33.5%. 이 변량을 제곱근($\sqrt{\ }$)한 값 −0.579가 <교육>의 편상관관계 계수이다.

⑥ 단순 회귀분석 방법: 한 개의 독립변인과 한 개의 종속변인 간의 단순 상관관계 계수와 부분 상관관계 계수, 그리고 편상관관계 계수는 동일하다.

제 4 절 다중 공선성 문제

다중 공선성(multicollinearity)이란 여러 독립변인 간의 상관 관계가 높을 때 발생하는 문제로서, 일반적으로 독립변인의 상관관계 계수가 0.8 이상이면 다중 공선성 문제가 있다고 본다.

1 다중 공선성 문제의 해결책

① 상관 관계가 높은 독립변인을 합해 한 변인으로 만들어 사용한다.

② 상관 관계가 높은 독립변인 중 연구자가 가장 적합하다고 생각하는 하나의 변인만을 선택해 사용한다.

③ 연구자의 이론에 따라 독립변인 간의 인과 관계를 설정하는 경로분석 모델을 만들어 해결한다.

2 선형성과 변량의 동질성 검사

전체 조건

① 표본이 무작위로 표집(random sampling)
② 변인이 정상적으로 분포(normal distribution)
③ 독립변인과 종속변인 간의 관계는 선형적
④ 변량이 동질적

위의 네 가지 전제 조건 중 표본의 크기(약 200명 이상)가 크면 ①과 ②의 전제 조건을 어느 정도 위반해도 큰 문제가 되지 않는다. 그러나 회귀분석 방법을 제대로 하기 위해서는 ③과 ④ 조건은 반드시 충족되어야 한다. 회귀분석 방법은 이 두 가지 전제 조건의 위반 여부를 오차(residual)를 통해 살펴본다.

(1) 오차: 종속변인의 원 점수(Y)와 예측 점수(Y') 간의 차이 값

(2) 선형 회귀분석: 도표 ← 오차를 표준화시킨 표준오차(standardized residual) 점수 분포이다.

① X축: 표준 예측점수(standardized predicted value, ZPRED)

② Y축: 표준 오차점수(standardized residual, ZRESID)

→ 선형성(linearity)과 변량의 동질성(homogeneity of variance) 전제 조건을 검사한다.

③ 제외된 변인의 결과 제시

제외된 변수[b]

모형		제곱합	자유도(df)	평균 제곱	F	공선성 통계량
						공차
1	만 나이	.453[a]	3.131	.005	.555	1.000

a. 모형 내의 예측값: (상수), 교육.
b. 종속변수: 시청량(분).

잔차 통계량[a]

	최솟값	최댓값	평균	표준편차	N
예측값	32.7931	64.7263	47.2000	10.87345	25
잔차	−24.74934	14.21727	.00000	10.03003	25
표준오차 예측값	−1.325	1.612	.000	1.000	25
표준화 잔차	−2.362	1.357	.000	.957	25

a. 종속변수: 시청량(분).

히스토그램

종속 변수₩: 시청량(분)

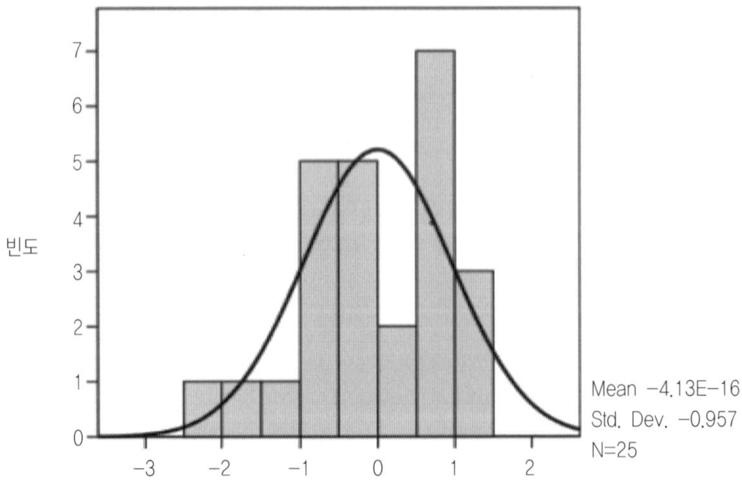

회귀 표준화 잔차

회귀 표준화 잔차의 정규 P-P 도표

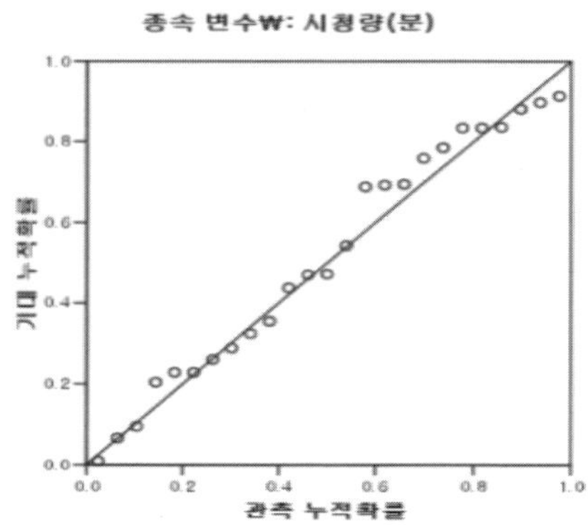

산점도

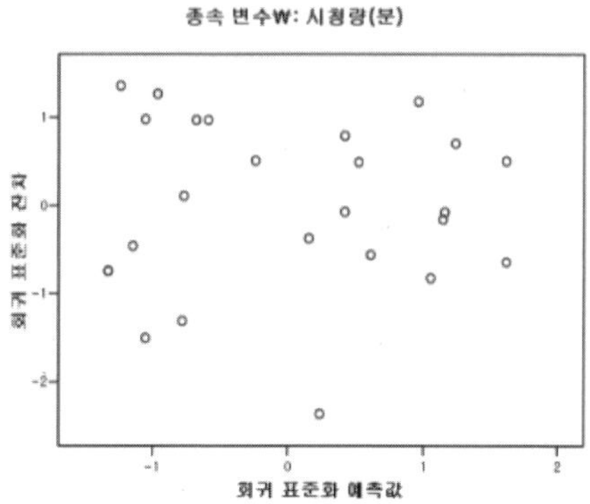

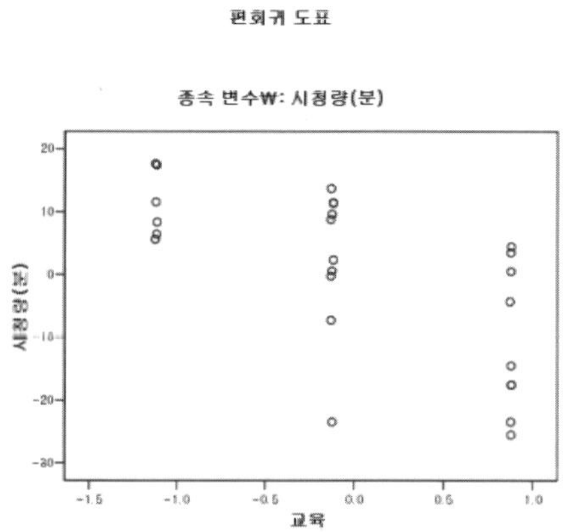

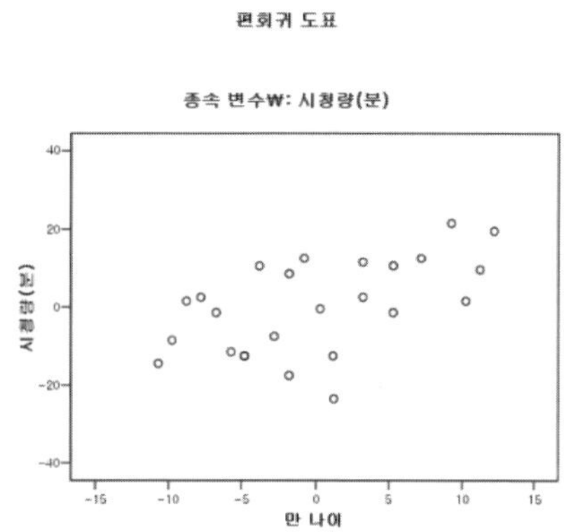

제 5 절 다변인 회귀분석 예제

1 스포츠 음료 사용 방법

스포츠 음료 사용 방법 [입력, 통계량: 케이스 진단(밖)] : '응답자의 연령, 취업 상태, 연간 총수입, 운동 연수가 스포츠 음료 사용 방법에 영향을 줄 것이다'라는 연구가설을 검증하고자 한다.

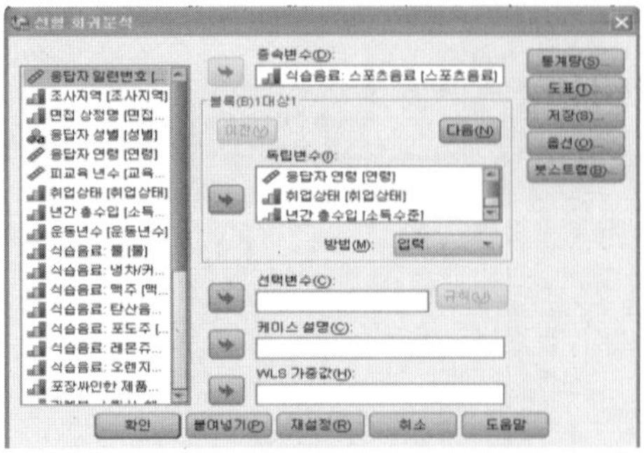

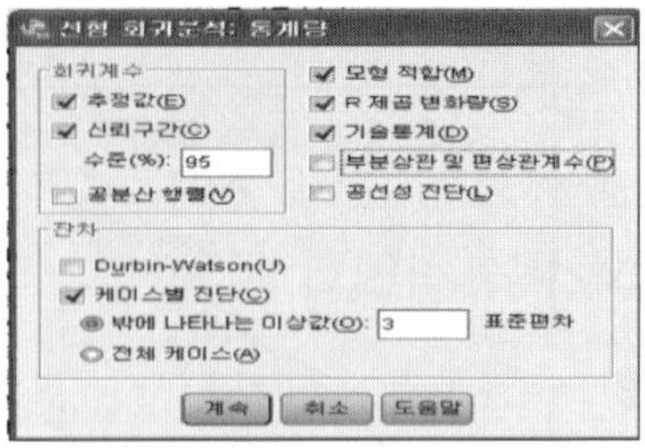

기술통계량

	평균	표준편차	N
식습음료: 스포츠음료	1.79	1.329	567
응답자 연령	29.01	5.747	567
취업 상태	1.62	.740	567
연간 총수입	4.03	2.412	567
운동 연수	2.55	1.167	567

상관 계수

		식습음료: 스포츠음료	응답자 연령	취업 상태	연간 총수입	운동 연수
Pearson 상관	식습음료: 스포츠음료	1.000	.260	–.169	.225	.203
	응답자 연령	.260	1.000	–.094	.344	.400
	취업 상태	–.169	–.094	1.000	.246	–.088
	연간 총 수입	.225	.344	.246	1.000	.179
	운동 연수	.203	.400	–.088	.179	1.000
유의확률(단측)	식습음료: 스포츠음료		.000	.000	.000	.000
	응답자 연령	.000		.013	.000	.000
	취업 상태	.000	.013		.000	.018
	연간 총 수입	.000	.000	.000		.000
	운동 연수	.000	.000	.018	.000	
N	식습음료: 스포츠음료	567	567	567	567	567
	응답자 연령	567	567	567	567	567
	취업 상태	567	567	567	567	567
	연간 총 수입	567	567	567	567	567
	운동 연수	567	567	567	567	567

진입/제거된 변수[b]

모형	진입된 변수	제거된 변수	방법
1	운동 연수, 취업 상태, 연간 총수입, 응답자 연령[a]		입력

a. 요청된 모든 변수가 입력되었다.
b. 종속변수: 식습음료: 스포츠음료.

모형 요약[b]

모형	R	R제곱	수정된 R제곱	추정값의 표준오차	통계량 변화량				
					R제곱 변화량	F 변화량	df 1	df 2	유의확률 F 변화량
1	.367[a]	.135	.129	1.240	.135	21.933	4	562	.000

a. 예측값:(상수), 운동 연수, 취업 상태, 연간 총수입, 응답자 연령.
b. 종속변수: 식습음료: 스포츠음료.

분산분석[b]

모형		제곱합	자유도(df)	평균 제곱	F	유의확률
1	회귀모형	134.916	4	33.729	21.933	.000[a]
	잔차	864.262	562	1.538		
	합계	999.178	566			

a. 예측값: (상수), 운동 연수, 취업 상태, 연간 총수입, 응답자 연령.
b. 종속변수: 식습음료: 스포츠음료.

계수[a]

모형		비표준화 계수		표준화 계수	t	유의확률	B에 대한 95.0% 신뢰구간	
		B	표준오차	베타			하한값	상한값
1	(상수)	.752	.307		2.452	.015	.150	1.354
	응답자 연령	.030	.011	.130	2.860	.004	.009	.051
	취업 상태	-.362	.074	-.201	-4.865	.000	-.507	-.216
	연간 총수입	.117	.024	.213	4.853	.000	.070	.165
	운동 연수	.108	.049	.095	2.203	.028	.012	.204

a. 종속변수: 식습음료: 스포츠음료.

케이스별 진단[a]

케이스 번호	표준화 잔차	식습음료: 스포츠음료	예측값	잔차
511	3.056	5	1.21	3.790
523	3.110	5	1.14	3.857
742	3.088	5	1.17	3.830

a. 종속변수: 식습읍료: 스포츠음료.

잔차 통계량[a]

	최솟값	최댓값	평균	표준편차	N
예측값	94	3.35	1.79	.488	567
잔차	−2.173	3.857	.000	1.236	567
표준오차 예측값	−1.729	3.210	.000	1.000	567
표준화 잔차	−1.753	3.110	.000	.996	567

a. 종속변수: 식습음료: 스포츠음료.

2 고객 구분(주예상고객, 비예상고객)

1) (회귀분석), 방법(입력), 통계량[회귀계수: 추정값, 신뢰구간. 모형적합: R^2, 기술통계], 케이스 진단(밖에 나타나는 이상값)

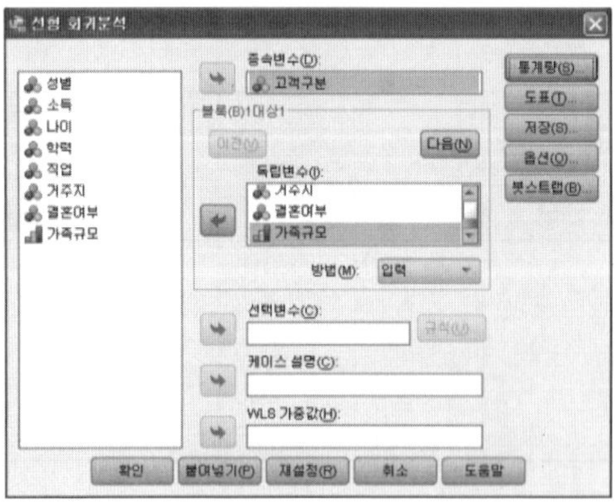

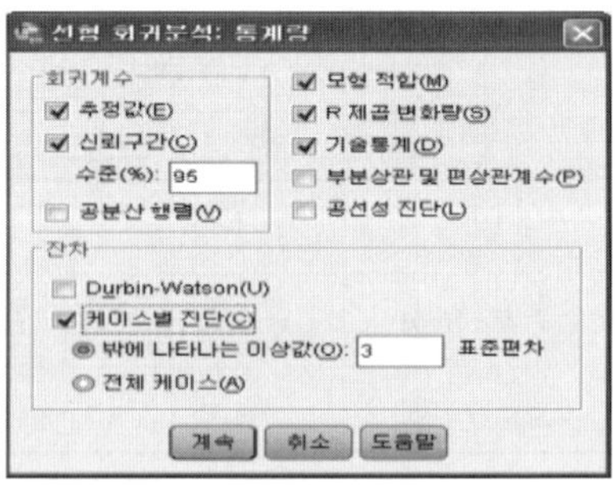

① '소득, 나이, 학력, 직업, 거주지, 결혼 여부, 가족 규모가 고객을 구분[1]하는 데 영향을 줄 것이다'라는 연구가설을 검증하고자 한다.

기술통계량

	평균	표준편차	N
고객 구분	1.42	.493	1000
소득	2.97	1.269	1000
나이	2.12	.799	1000
학력	2.55	.958	1000
직업	2.50	.925	1000
거주지	2.48	.970	1000
결혼 여부	1.18	.380	1000
가족 규모	2.94	1.039	1000

② <나이, 결혼 여부, 가족 규모>는 유의성이 있으나, 세 변인과 <고객 구분> 변인 간의 밀집성 정도는 낮은 것으로 나타났다.

상관 계수

		고객 구분	소득	나이	학력	직업	거주지	결혼 여부	가족 규모
Pearson 상관	고객 구분	1.000	.014	.146	.009	-.003	-.010	.145	-.278
	소득	.014	1.000	-.010	.049	-.008	-.036	.042	.015
	나이	.146	-.010	1.000	-.052	.002	-.018	-.568	.652
	학력	.009	.049	-.052	1.000	-.019	.002	.068	-.036
	직업	-.003	-.008	.002	-.019	1.000	-.015	.063	-.038
	거주지	-.010	-.036	-.018	.002	-.015	1.000	-.015	-.005
	결혼 여부	.145	.042	-.568	.068	.063	-.015	1.000	-.557
	가족 규모	-.278	.015	.652	-.036	-.038	-.005	-.557	1.000
유의확률(단축)	고객 구분		.333	.000	.387	.466	.376	.000	.000
	소득	.333		.381	.062	.400	.130	.094	.316
	나이	.000	.381		.051	.472	.281	.000	.000
	학력	.387	.062	.051		.270	.476	.016	.127
	직업	.466	.400	.472	.270		.312	.024	.116
	거주지	.376	.130	.281	.476	.312		.313	.440
	결혼 여부	.000	.094	.000	.016	.024	.313		.000
	가족 규모	.000	.316	.000	.127	.116	.440	.000	

1) 종속변수: 고객 구분, 독립변수: 소득, 나이, 학력, 직업, 거주지, 결혼 여부, 가족 규모.

N	고객 구분	1000	1000	1000	1000	1000	1000	1000	1000
	소득	1000	1000	1000	1000	1000	1000	1000	1000
	나이	1000	1000	1000	1000	1000	1000	1000	1000
	학력	1000	1000	1000	1000	1000	1000	1000	1000
	직업	1000	1000	1000	1000	1000	1000	1000	1000
	거주지	1000	1000	1000	1000	1000	1000	1000	1000
	결혼 여부	1000	1000	1000	1000	1000	1000	1000	1000
	가족 규모	1000	1000	1000	1000	1000	1000	1000	1000

진입/제거된 변수[b]

모형	진입된 변수	제거된 변수	방법
1	가족 규모, 거주지, 학력, 직업, 소득, 결혼 여부, 나이[a]		입력

a. 요청된 모든 변수가 입력되었다.
b. 종속변수: 고객 구분.

모형 요약[b]

모형	R	R제곱	수정된 R제곱	추정값의 표준오차	통계량 변화량				
					R제곱 변화량	F 변화량	df 1	df 2	유의확률 F 변화량
1	.533[a]	.284	.279	.419	.284	56.206	7	992	.000

a. 예측값:(상수), 가족 규모, 거주지, 학력, 직업, 소득, 결혼 여부, 나이.
b. 종속변수: 고객 구분.

③ 독립변인들과 종속변인인 <고객 구분> 간의 상관관계 계수인 Multiple R의 값은 0.533이기 때문에 설명 변량인 R^2값은 Multiple R(0.533)의 자승한 값 0.284(또는 28.4%)임을 알 수 있다. 전체 설명변량 0.279는 독립변인들 간의 겹친 부분을 제외한 후 계산한 값이다. 반대로 설명변량 R^2값인 0.279를 제곱하면 Multiple R값인 0.533이 된다. 설명할 수 없는 변량은 총변량 1에서 설명변량 0.279를 뺀 0.721(또는 72.1%)이다. Adjusted R^2은 표본의 사례 수가 적을 때에 해석된다.

분산분석[b]

모형		제곱합	자유도(df)	평균 제곱	F	유의확률
1	회귀모형	68.992	7	9.856	56.206	.000a
	잔차	173.952	992	.175		
	합계	242.944	999			

a. 예측값: (상수), 가족 규모, 거주지, 학력, 직업, 소득, 결혼 여부, 나이.
b. 종속변수: 고객 구분.

④ 회귀모델의 유의도 검증: 독립변인 7개를 동시에 고려해 계산한 것이다. F값은 설명변량 9.856을 설명할 수 없는 변량 0.175로 나눈 56.206이다. 자유도 7과 992에서 F값 56.206의 유의도는 0.000으로 통계적으로 유의미하기 때문에 연구가설을 받아들인다. 즉, 일곱 가지 독립변인들은 <고객 구분>에 영향을 주는 것으로 나타났다. 이 유의도 검증은 변인들 간의 관계가 있는지 없는지를 판단해 주기 때문에 변인들 간의 관계가 얼마나 밀접한 관계인지는 알 수가 없다. 이를 알기 위해서는 개별 회귀계수의 유의도를 검증해야 한다.

계수[a]

모형		비표준화 계수		표준화 계수	t	유의확률	B에 대한 95.0% 신뢰구간	
		B	표준오차	베타			하한값	상한값
1	(상수)	1.166	.114		10.239	.000	.943	1.390
	소득	.008	.010	.021	.777	.438	-.012	.029
	나이	.391	.023	.634	16.881	.000	.346	.437
	학력	.003	.014	.007	.251	.802	-.024	.031
	직업	-.020	.014	-.037	-1.383	.167	-.048	.008
	거주지	.001	.014	.002	.062	.950	-.026	.028
	결혼 여부	.226	.045	.175	5.076	.000	.139	.314
	가족 규모	-.283	.018	-.596	-16.029	.000	-.318	-.248

a. 종속변수: 고객 구분.

⑤ 비표준 회귀계수의 경우, <나이>는 0.391, <결혼 여부>는 0.226, 상수는 1.166이기 때문에 비표준 회귀방정식은 다음과 같다.

$$Y' = 1.166 + 0.008X_1 + 0.391X_2 + 0.003X_3 - 0.020X_4 + 0.001X_5 + 0.226X_6 - 0.283X_7$$

이 식을 사용해 <고객 구분>의 예측 점수를 구할 수 있다.

⑥ 표준 회귀계수는 상호 비교가 가능하기 때문에 <나이>는 <소득>보다 <고객 구분>에 더 큰 영향력을 준다는 것을 알 수 있다.

⑦ 개별 독립변인의 회귀계수는 나머지 다른 독립변인을 통제한 상태에서 구한 값이다. 변인을 통제한다는 것은 한 변인의 값을 고정시킨 후에 회귀계수 값을 구한다는 것이다. 독립변인 A의 회계계수는 A와 다른 독립변인 B와의 겹친 부분을 제외한 후 A가 홀로 종속변인에 미친 영향력의 값이다.

잔차 통계량[a]

	최솟값	최댓값	평균	표준편차	N
예측값	.98	1.76	1.42	.263	1000
잔차	-.758	1.019	.000	.417	1000
표준오차 예측값	-1.656	1.314	.000	1.000	1000
표준화 잔차	-1.810	2.434	.000	.996	1000

a. 종속변수: 고객 구분.

제 6 절 가변인 회귀분석

1 가변인 회귀분석(1)

명목척도로 측정한 한 개의 독립변인과 등간척도(비율척도)로 측정된 한 개의 종속변인 간의 관계를 회귀분석 방법으로 분석하는 통계 방법으로, 명목척도로 측정한 독립변인을 가변인(dummy variable)으로 바꿔 등간척도로 만들면 회귀분석 방법을 사용할 수 있다. 명목척도로 측정한 변인이 하나일 때 가변인 회귀분석 방법의 결과는 일원변량분석 방법(one-way ANOVA)의 결과와 동일하다.

1) 가변인 회귀분석 방법의 조건

(1) 독립변인
① 수: 한 개
② 측정: 명목척도를 가변인으로 변환

(2) 종속변인:
① 수: 한 개
② 측정: 등간척도 또는 비율척도

2) 연구 절차

① 연구가설을 설정한다.
② 프로그램을 실행한다.
③ 회귀모델의 변량분석 및 유의도 검증을 한다.
④ 비표준 회귀계수를 이용해 집단 평균값을 분석한다.

3) 연구가설 설정

① 일원변량분석 방법[2]과 가변인 회귀분석 방법의 결과가 동일하다는 것을 보여주기 위해 일원변량분석 방법에서 제시한 연구가설을 사용한다.
② 연구자는 종교가 음주에 대한 태도에 영향력을 미치는지 분석하고 싶어한다고 가정하면, 연구가설은 '종교가 음주에 대한 태도에 영향을 줄 것이다'가 될 것이다. 검증하고자 할 때 독립변인은 명목척도로 측정된 <종교> 하나이고, 세 가지 유목으로 측정된다. 종속변인은 <음주에 대한 태도>로 5점 척도로 측정된다.
[명목척도로 측정된 독립변인을 가변인으로 만들어 ⇒ 회귀분석 방법 사용 분석]
[예] 연구자는 <거주지역에 따라 준법성에 차이가 있을 것이다>라는 연구가설을 검증하고자 한다. 연구자는 <거주지역>을 ① 북동부, ② 남동부, ③ 서부 세

2) 명목척도로 측정한 독립변인의 수가 한 개이고, 등간척도(비율척도)로 측정한 종속변인의 수가 하나인 연구가설을 검증하는 통계 방법.

개의 유목으로 측정했고, <준법성>은 5점 척도(1=매우 중요, 2=2번째 중요, 3=3번째 중요, 4=4번째 중요, 5=가장 덜 중요)로 측정했다. 이 연구가 가설을 검증할 수 있는 적합한 통계 방법은 일원변량분석 방법이지만, 여기서는 명목척도로 측정된 독립변인을 가변인으로 만들어 회귀분석 방법을 사용해 분석한다.

4) 가변인의 코딩 방법과 수

명목척도의 세 가지 코딩 방법은 다음과 같으며. 명목척도를 등간척도로 코딩해야 한다.

① 가변인 코딩(dummy coding): 응답자가 특정 유목에 속해 있느냐 여부에 따라 특정 유목에 속하면 '1'을, 속하지 않으면 '0'을 부여하는 방법이다.

[예] 응답자 1과 2는 동부 지역거주자이기 때문에 가변인<D1>에서 '1'을 부여하고, 동부 지역거주자가 아닌 다른 응답자에게는 '0'을 부여한다. 응답자 3은 동부지역 거주자가 아니기 때문에 '0'을 부여한다.

② 효과 코딩(effect coding): 응답자가 특정 유목에 속해 있느냐의 여부에 따라 $E(0,\ 1,\ -1)$ 세 수치를 부여하는 방법이다. 가변인 코딩과 유사한 방식으로 값을 부여하는데, 차이점은 마지막 집단인 서부지역 거주자에게는 '0' 대신에 '−1'을 부여하는 방법이다

③ 독립 코딩(orthogonal coding): <$O1$>에서는 동부와 서부의 평균값을 비교하는 방식으로 <$O2$>에서는 동부집단과 동부와 서부 두 집단의 평균값과 남부집단의 평균값을 비교하는 방식으로 (0, 1, −1, −2) 네 값을 부여하는 방법이다.

2 가변인 회귀분석(2)

명목척도로 측정한 두 개 이상의 독립변인들과 등간척도(또는 비율척도)로 측정한 한 개의 종속변인 간의 관계를 회귀분석 방법으로 분석하는 통계 방법이 가변인 회귀분석 방법이며, 가변인 회귀분석 방법의 결과는 다원변량분석 방법

(n-way ANOVA)의 결과와 동일하다.

1) 가변인 회귀분석 방법의 조건

(1) 독립변인

① 수: 두 개 이상의 여러 개

② 측정: 명목척도를 가변인으로 변환

(2) 종속변인

① 수: 한 개

② 측정: 등간척도 또는 비율척도

3) 연구 절차

① 연구가설을 설정한다.

② 프로그램을 실행한다.

③ 회귀모델의 변량을 분석하고 유의도를 검증한다.

④ 비표준 회귀계수를 이용한 집단 평균값을 분석한다.

4) 연구가설 설정

① 연구자가 성별과 거주지역이 음주에 대한 태도에 영향력을 미치는지 분석하고자 가정할 때, 연구자는 '종교와 성별이 음주에 대한 태도에 영향을 줄 것이다'라는 연구가설을 설정해 검증하고자 한다.

② 독립변인은 <종교>와 <성별>

<종교>는 ① 기독교, ② 천주교, ③ 불교 세 개의 유목으로 측정하고, <성별>은 ① 남성, ② 여성으로 측정했다.

종속변인은 <음주에 대한 태도> 하나이고, 음주에 대한 태도를 부정과 긍정 측면에서 5점 척도로 측정했다.

→ 이 연구가설을 검증할 수 있는 적합한 통계 방법은 다원변량분석 방법이지만, 명목척도로 측정된 독립변인을 가변인으로 만들어 가변인 회귀분석 방법을 사용해서 분석한다.

3 가변인 회귀분석(3)

명목척도로 측정된 한 개 이상 여러 개의 독립변인과 등간척도(또는 비율척도)로 측정된 한 개 이상 여러 개의 독립변인과 등간척도(비율척도)로 측정된 한 개의 종속변인과의 인과 관계를 분석하는 통계 방법이다.

표 12-3 가변인 회귀분석 방법의 조건

독립변인	
수 측정 명칭	두 개 이상 여러 개 명목척도, 등간척도(또는 비율척도) 명목척도로 측정된 변인을 요인(factor) 등간척도(비율척도)로 측정된 공변인(covariate)
종속변인	
수 측정	한 개 등간척도 또는 비율척도

1) 독립변인의 주 효과만이 존재한다고 가정한 회귀모델

연구자가 명목척도로 측정된 독립변인과 등간척도(비율척도)로 측정된 독립변인이 등간척도(비율척도)로 측정된 종속변인에 미치는 개별적 영향력만 존재한다고 전제할 경우에는 독립변인의 주 효과만 검증하고, 상호작용 효과는 분석하지 않는다.

2) 독립변인의 주 효과와 상호작용 효과가 존재한다고 가정한 회귀모델

연구자가 명목척도로 측정된 독립변인과 등간척도(비율척도)로 측정된 독립변인이 등간척도(비율척도)로 측정된 종속변인에 미치는 개별적 영향뿐 아니라 상호작용 효과도 존재한다고 전제할 경우에는 먼저 상호작용 효과를 분석한다. 만일 상호작용 효과가 통계적으로 유의미하면 분석을 마치지만, 상호작용 효과가 통계적으로 의미가 없으면 주 효과를 분석한다.

3) 연구 절차

(1) 가변인 회귀분석 방법에 적합한 문제를 만든다.

독립변인과 종속변인의 수[3]와 측정 조건[4]에 맞는 변인을 선정한다.

① 독립변인의 주 효과만 있다고 가정한 회귀모델

② 주 효과와 상호작용 효과가 함께 존재한다고 가정한 회귀모델

(2) 프로그램의 가변인 회귀분석 방법을 실행해 분석에 필요한 결과를 얻는다.

(3) 설명변량을 살펴보고, 변량분석표를 통해 독립변인의 전체의 유의도, 상호작용 효과와 주 효과의 유의도 검증하고, 베타계수 분석을 통해 개별 변인의 영향력을 분석한다.

(4) 독립변인의 비표준 회귀계수를 이용해 집단 간 평균값을 분석한다.

4) 연구가설 설정

예를 들어 연구자가 성별과 연령이 음주에 대한 태도에 영향력을 미치는지 분석하고 싶어한다고 가정하자. 연구자는 <성별과 연령이 음주에 대한 태도에 영향을 줄 것이다>라는 연구가설을 설정해 검증하고자 한다. 독립변인은 <성별>과 <연령>이고, <성별>은 ① 남성, ② 여성으로 측정했고, <연령>은 실제 나이로 측정했다. 종속변인은 <음주에 대한 태도> 한 개이고, 부정-긍정 차원에서 5점 척도로 측정했다.

독립변인의 주 효과만이 존재한다고 가정한 회귀모델에서는 독립변인이 종속변인에 미치는 영향력만이 존재한다고 전제하는 회귀모델의 경우, 독립변인의 상호작용 효과를 분석하지 않는다.

$Y' = A + B_1 D_1$ (비표준 회귀계수일 때)

$Y' = B_1 X_1 + B_2 D_2$(표준 회귀계수일 때)

Y': 종속변인 예측 점수(음주에 대한 태도)

X_1: 공변인 1(연령)

---

3) 독립변인은 두 개 이상 여러 개, 종속변인은 반드시 한 개.

4) 독립변인은 명목척도와 등간척도(또는 비율척도), 종속변인은 등간척도(또는 비율척도).

D_1: 가변인 1(남성)

B_1, B_2: 회귀계수(주 효과)

A: 상수

여성 집단 회귀방정식: $Y' = A + B_1X_1$(D_1이 0이기 때문에)

남성 집단 회귀방정식: $Y' = (A + B_2) + B_1X_1$(D_1이 1이기 때문에)

제 13 장 경로분석

제 1 절 경로분석의 의의

경로분석(path analysis)이란 등간척도(또는 비율척도)로 측정한 두 개 이상 여러 개의 외부 변인들(exogenous variables)이 등간척도(또는 비율척도)로 측정한 특정 내부 변인(endogenous variable)에 미치는 영향력과 특정 내부 변인이 다른 내부 변인에 미치는 영향력을 분석하는 방법이다.

1 경로분석 방법의 조건

1) 외부 변인: 독립변인처럼 원인으로 설정된 변인
   내부 변인: 종속변인처럼 결과로 여겨지는 변인
2) 경로분석 방법의 조건
(1) 외부 변인
수: 한 개 또는 여러 개, 측정: 등간척도 또는 비율척도(명목척도: 가변인)

(2) 내부 변인

수: 각 분석 단계별 한 개, 측정: 등간척도 또는 비율척도

명목척도로 측정한 변인은 내부변인으로 사용할 수 없다.

여러 변인 간의 인과 관계를 여러 단계로 나눠 분석하는 특성상 특정 변인이 독립변인이 되기도 하고, 종속변인도 되기도 하기 때문에 혼란을 피하기 위해 외부 변인, 내부 변인으로 구분해서 용어를 사용한다.

3) 경로모델에서 자주 사용하는 기호

① 실선 화살표(→): 한 변인이 다른 변인에게 영향을 준다는 것을 나타낸다.

[예] 외부 변인에서 내부 변인으로, 내부 변인에서 내부 변인으로 가는 영향력 표시

② 점선 화살표(⇢)는 한 변인이 다른 변인에게 영향력을 미치지 못한다는 것을 의미한다.

[예] A ⇢ B: A변인이 B변인에게 영향을 주지 못한다는 의미이다.
통계 검증 결과 변인들 간의 인과 관계가 없다는 표시로 사용된다.

③ 양방향 화살표가 있는 포물선(↶↷)은 변인 간의 상관 관계는 존재하지만 인과 관계가 불분명해서 경로모델 내에서는 분석할 수 없다는 것을 나타낸다. 주로 외부 변인과 외부 변인 간의 관계를 표시할 때 사용한다.

[예] A↶↷B는 A변인과 B변인 간의 상관 관계가 존재하지만 인과 관계가 분명하지 않아 분석할 수 없다는 의미이다.

④ 화살표 표시가 없는 포물선(⌒)은 변인 간의 상관 관계가 경로모델에서 포함하지 않은 다른 변인 때문에 생긴 의사 상관 관계(spurious correlation)이거나 인과 관계에 의한 것이 아니기 때문에 분석할 필요가 없다는 것을 나타낸다. 이 기호는 주로 외부 변인과 외부 변인 간의 관계, 또는 내부 변인과 내부 변인 간의 관계를 표시할 때 사용한다.

[예] A⌒B는 A변인과 B변인의 상관 관계는 의사 상관 관계이거나, 인과 관계에 의한 것이 아니기 때문에 분석할 필요가 없다는 의미이다.

그림 13-1 경로모델

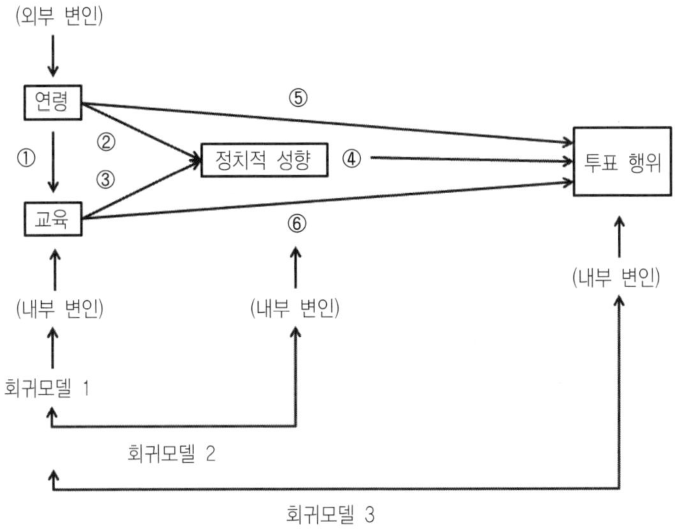

① 연령이 교육에 미치는 영향력을 분석하는 단순회귀모델, ② 연령과 교육이 정치적 성향에 미치는 영향력을 분석하는 다변인 회귀모델, ③ 연령과 교육, 정치적 성향이 투표행위에 미치는 영향력을 분석하는 다변인 회귀모델

〈연령〉: ①②③ 회귀모델에서 항상 독립변인 역할 → 외부 변인

〈교육〉: ① 종속변인, ②③ 독립변인 → 내부 변인

〈정치적 성향〉: ② 종속변인, ③ 독립변인 → 내부 변인

〈투표행위〉: ③ 종속변인 역할 → 내부 변인

⑤ 경로모델에서 독립변인으로만 존재하는 변인은 외부 변인이고 각 분석 단계에서 종속변인이 되는 변인은 내부 변인이다. 위 모델은 한 개의 외부 변인과 세 개의 내부 변인 간의 인과 관계를 설정한 경로모델이다.

⑥ SPSS에는 경로모델을 분석할 수 있는 별도의 통계 프로그램은 없다. 경로분석을 하기 위해서는 여러 번의 회귀분석 방법을 통해 변인들 간의 인과 관계를 분석하면 된다. 경로분석 방법에서는 내부 변인의 수만큼 회귀분석이 필요하다.

그림 13-2 회귀모델

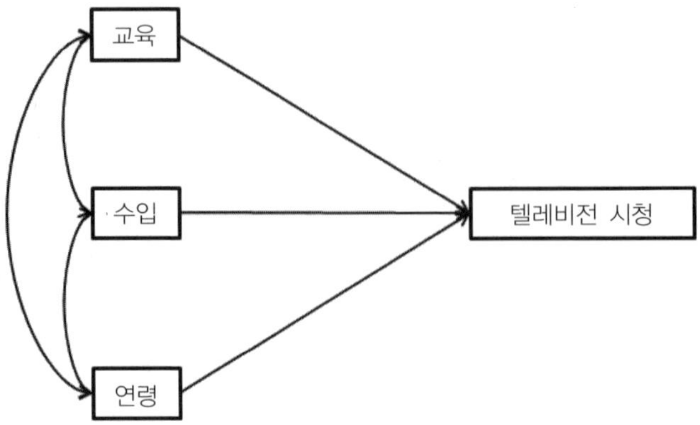

⑦ 세 개의 독립변인 교육, 수입, 연령이 종속변인 텔레비전 시청에 미치는 영향력을 분석하기 위한 것이 [그림 13-2]이다.

⑧ 독립변인 간에 인과 관계를 설정하지 않고, 세 개의 독립변인이 종속변인에 미치는 영향력을 동시에 분석한다.

그림 13-3 경로모델

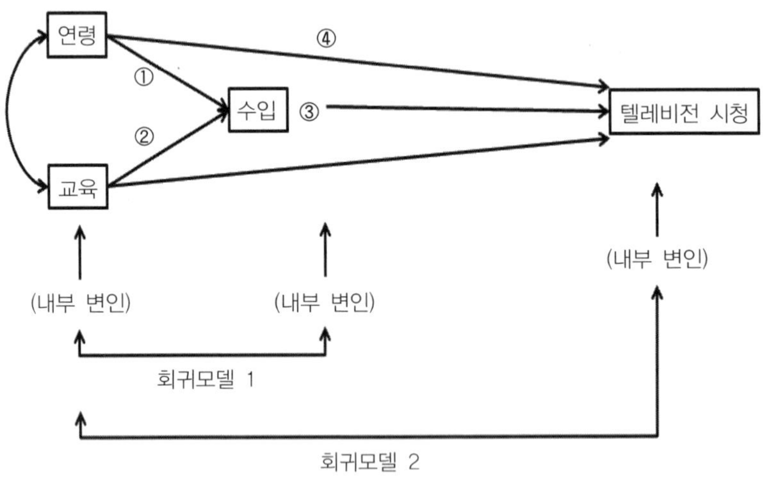

⑨ 네 변인을 이용해 회귀모델과는 다른 연구모델을 만들 수 있는데, 그중 하나가 경로모델이다. 교육과 연령 두 변인이 수입에 영향을 주고, 교육과 연령, 수입 세 변인이 <텔레비전 시청량>에 영향을 준다는 경로모델을 만들었다.

가. 교육과 연령 두 개의 외부 변인이 내부 변인인 수입에 미치는 영향력(①, ②)을 분석하는 다변인 회귀모델이다.

나. 교육과 연령 두 개의 외부 변인과 내부 변인 수입이 다른 내부변인 <텔레비전 시청량>에 미치는 영향력(③과 ④, ⑤)을 분석하는 다변인 회귀모델이다.

그림 13-4 적합한 경로모델

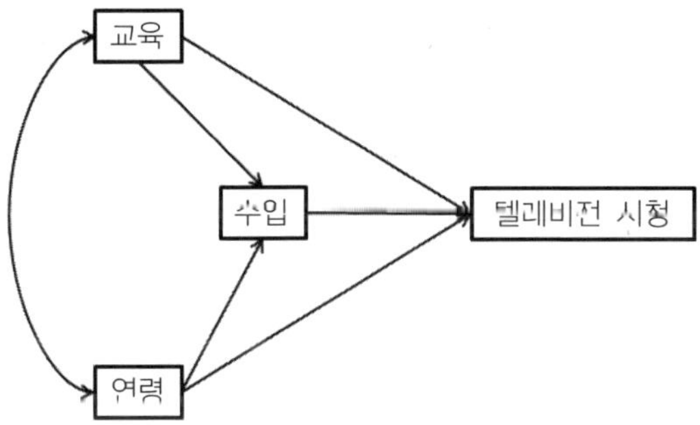

그림 13-5 부적합한 경로모델

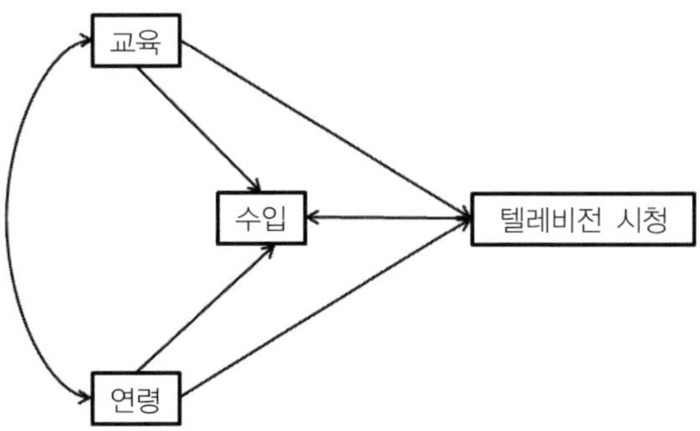

그림 13-6 부적합한 경로모델

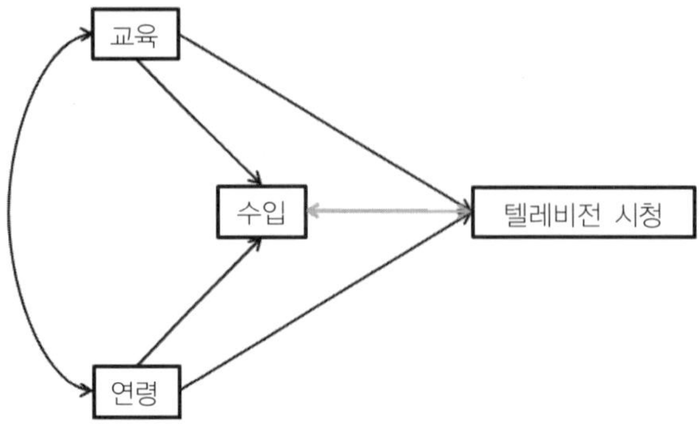

2 경로모델의 조건

① 경로모델에서 설정된 변인들 간의 인과 관계는 반드시 이론에 기초를 두어야 한다.

② 변인의 인과 관계는 한쪽 방향(recursive)으로 설정되어야 한다. 외부 변인에서 내부 변인으로, 내부 변인에서 내부 변인으로 가는 영향력(화살표로 표시됨)의 방향이 한쪽 방향(일반적으로 왼쪽에서 오른쪽으로)으로만 가야 한다([그림 13-4]).

③ 경로모델에서 변인 간의 인과 관계는 전부 설정되어야 한다.

④ 분석 단계별 내부 변인의 수가 1개여야 한다.

[그림 13-4]: 적합한 경로모델, 경로 계수를 정확하게 계산 가능하다.

[그림 13-5] 내부 변인인 <텔레비전 시청량>에서 내부 변인인 <수입>으로의 경로는 역방향이다.

[그림 13-6] 내부 변인 <수입>에서 다른 내부 변인 <텔레비전 시청량>으로 가는 경로와 <텔레비전 시청량>에서 <수입>으로 가는 경로가 동시에 존재하는 상호 인과모델이기 때문에 적합한 경로모델이 아니다.

[그림 13-5]와 [그림 13-6]은 LISREL을 사용해 분석할 수 있다.

그림 13-7 부적합한 경로모델

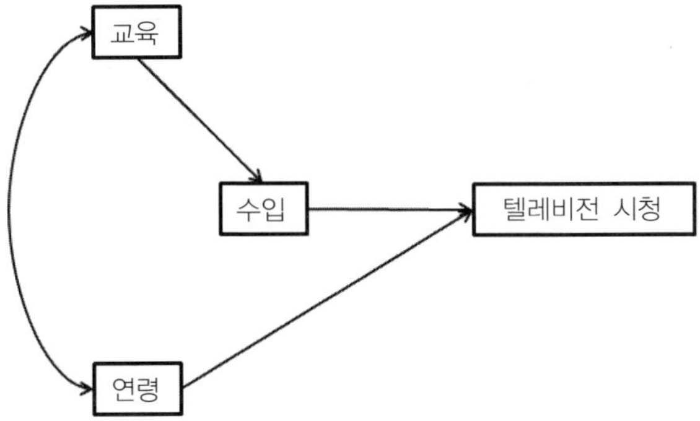

그림 13-8 부적합한 경로모델

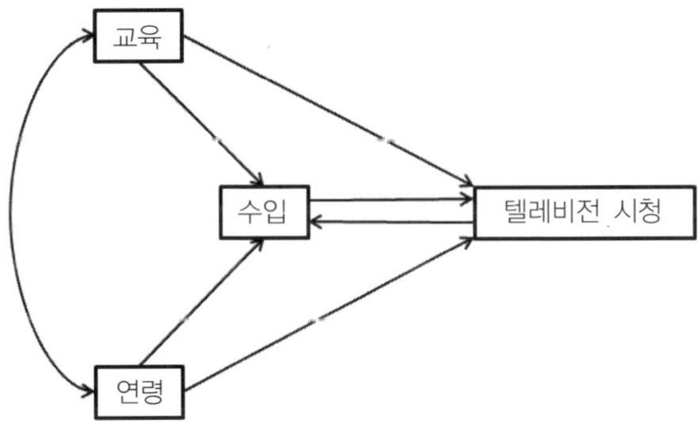

⑤ 변인들 간의 인과 관계가 전부 설정되어야 한다.

경로분석 방법에 적합한 경로모델이 되기 위해서는 변인들 간의 경로가 전부 연결되어야 한다. → 경로 계수(베타 계수)를 계산해 한 변인이 다른 변인에 미치는 영향력을 측정한다.

그림 13-9 부적합한 경로모델: 종속변인이 2개

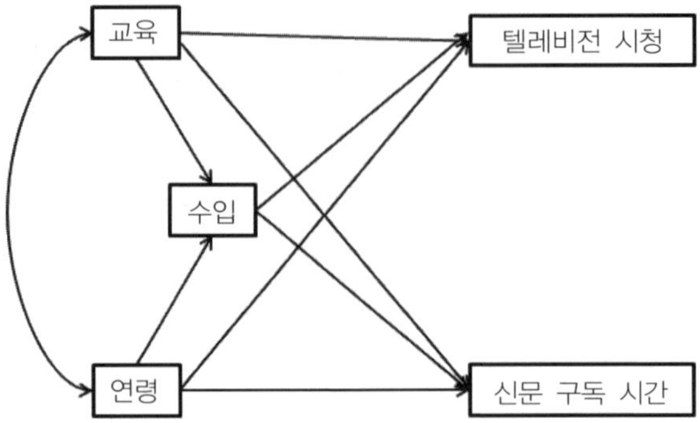

⑥ 분석 단계별 내부 변인의 수는 1개여야 한다.

ㄱ. 첫째 회귀분석 단계에서는 내부 변인 <수입> 1개이기 때문에 적합하다.

ㄴ. 두 번째 회귀분석 단계에서는 내부 변인 <텔레비전 시청량>과 <신문 구독 시간> 2개이기 때문에 부적합한 경로모델이다.

제 2 절 연구 절차

1 연구 절차

1. 경로분석 방법에 적합한 연구가설을 설정한다.
2. SPSS의 다변인 회귀분석 방법을 여러 번 실행해 분석에 필요한 결과를 얻는다.
3. 외부 변인과 내부 변인의 기술통계값을 살펴본다.
4. 외부 변인과 내부 변인 간의 상관관계 계수를 분석한다.
5. 각 분석 단계별 설명변량을 살펴보고, 변량분석을 통해 각 단계의 경로모델의 유의도를 검증한다.
6. 개별 경로 계수를 분석하고, 유의도를 검증한다.
7. 효과 계수(effect coefficient)를 계산해서 분석한다.

[예제] 연구자는 교육과 연령, 수입과 텔레비전 시청량 간의 인과 관계를 분석하고 싶어한다.[1] 연구자는 이들 네 변인의 관계를 분석하기 위해 외부 변인 <교육>과 <연령>이 내부 변인 <수입>에 영향을 주고, <교육>과 <연령>, <수입>이 다른 내부 변인인 <텔레비전 시청량>에 영향을 준다는 경로모델 <그림 13-4>. 이 연구가설을 검증하기 위해, <교육>은 응답자의 학력을 ① 중학교 졸업, ② 고등학교 졸업, ③ 대학교 졸업 등 3점 척도로 측정하고, <연령>은 응답자의 실제 나이로, <수입>은 응답자의 월 평균 수입을 ① 200만 원 미만, ② 200만 원 이상 250만 원 미만, ③ 250만 원 이상 300만 원 미만, ④ 300만 원 이상 350만 원 미만, ⑤ 350만 원 이상으로 측정했다.

변인들의 인과 관계를 검증할 수 있는 적합한 통계 방법은 경로분석 방법이다. 경로모델의 회귀방정식에서는 표준 회귀계수를 나타내는 베타(β) 대신 경로 계수를 나타내는 'P'를 사용한다.

① 외부 변인 <교육>과 <연령>이 한 개의 내부 변인 <수입>에 미치는 영향력: 2원 1차 방정식이다.

$Y' = P_1X_1 + P_2X_2$

Y': 내부 변인 예측 점수(수입)

X_1: 외부 변인 점수(교육)

X_2: 외부 변인 점수(연령)

P_1, P_2: 경로 계수(베타 계수)

② 외부 변인 <교육>과 <연령>과 한 개의 내부 변인 <수입>이 다른 내부 변인 <텔레비전 시청량>에 미치는 영향력을 분석하기 때문에 3원 1차 방정식이다.

$Y' = P_1X_1 + P_2X_2 + P_3X_3$

Y': 내부 변인 예측 점수(텔레비전 시청량)

X_1: 외부 변인 점수(교육)

1) 분석자료는 USB 교재 자료를 사용해 분석했다.

X_2: 외부 변인 점수(연령)

X_3: 외부 변인 점수(수입)

P_1, P_2, P_3: 경로 계수(베타계수)

② 예제

[분석]: [회귀분석]: <선형>→ 종속변수: 수입, 독립변수: 연령, 교육, 방법: 입력, [통계량]: [회귀계수]: <추정값>, <신뢰구간>, <모형 적합>, <R제곱 변화량>, <기술통계>, <부분상관 및 편상관계수>

[도표] → Y: ZRESID, X: ZPRED, [표준화 잔차도표]: <히스토그램>, <정규확률도표>, <편회귀잔차도표 모두 출력>

1) 교육, 연령, 수입 관계

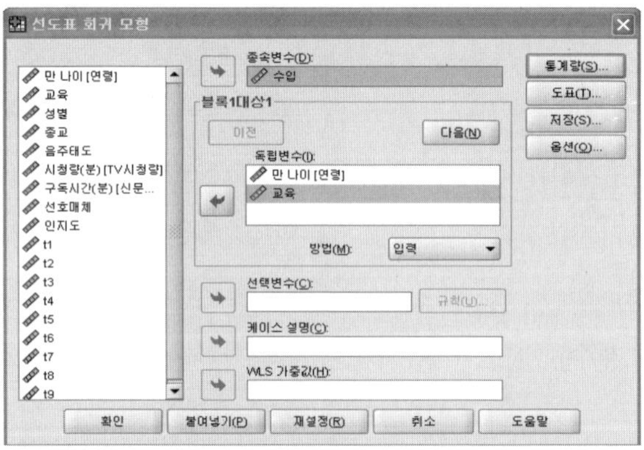

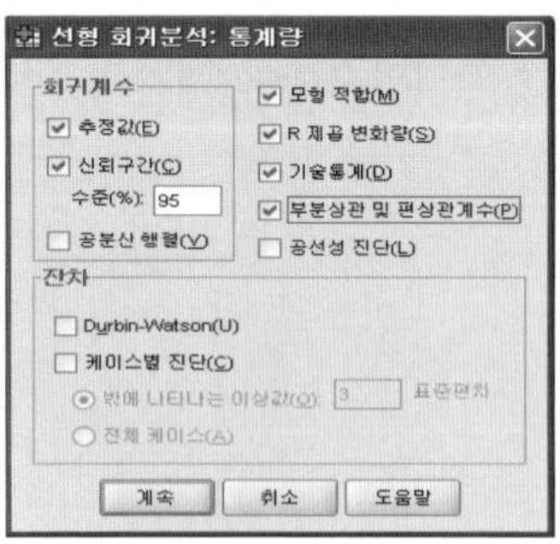

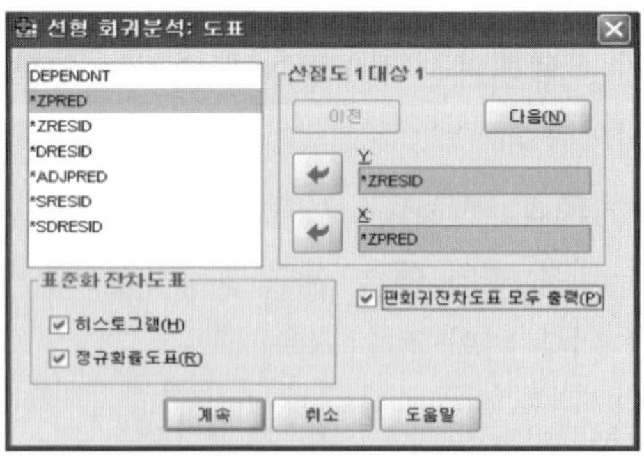

기술통계량

	평균	표준편차	N
수입	2.7200	1.27541	25
만 나이	28.76	6.766	25
교육	2.1200	.78102	25

① <수입>과 <연령>의 상관관계 계수는 0.484이고, <수입>과 <교육>의 상관관계 계수는 0.412이다.

상관 계수

		수입	만 나이	교육
Pearson 상관	수입	1.000	.484	.412
	만 나이	.484	1.000	.006
	교육	.412	.006	1.000
유의확률(단측)	수입		.007	.020
	만 나이	.007		.489
	교육	.020	.489	
N	수입	25	25	25
	만 나이	25	25	25
	교육	25	25	25

진입/제거된 변수[b]

모형	진입된 변수	제거된 변수	방법
1	만 나이, 교육[a]		입력

a. 요청된 모든 변수가 입력되었다.
b. 종속변수: 수입.

모형 요약[b]

모형	R	R제곱	수정된 R제곱	추정값의 표준오차	통계량 변화량				
					R제곱 변화량	F 변화량	df 1	df 2	유의확률 F 변화량
1	.634[a]	.402	.347	1.03029	.402	7.389	2	22	.004

a. 예측값: (상수), 만 나이, 교육.
b. 종속변수: 수입.

② 첫 번째 경로모델인 외부 변인 <교육>, <연령>과 내부 변인 <수입> 간의 Multiple R의 값은 0.634, 설명변량인 R^2값은 0.402이다.
오차 상관관계 계수: 첫 번째 경로모델에서 설명변량은 0.402이기 때문에 오차변량은 1−0.402한 값인 0.598이 된다. 오차 상관관계 계수는 $\sqrt{0.598}=0.77$이다.

분산분석[b]

모형	제곱합	자유도	평균제곱	F	유의확률
1 선형회귀분석	15.687	2	7.844	7.389	.004[a]
잔차	23.353	22	1.061		
합계	39.040	24			

a. 예측값: (상수), 만 나이, 교육.
b. 종속변수: 수입.

③ 첫 번째 경로모델에서 외부 변인과 내부 변인 간 인과 관계에 대한 전체적 유의도 검증은 F값 분석으로 이뤄진다. 자유도 2와 22에서 F값은 7.389이고 유의도는 0.004로 유의미하기 때문에 연구가설을 받아들인다. 즉, 전체적으로 볼 때 교육과 연령이 수입에 영향을 준다는 것을 알 수 있다.

계수[a]

모형		비표준화 계수		표준화 계수	t	유의확률	B에 대한 95.0% 신뢰구간		상관 계수		
		B	표준오차	베타			하한값	상한값	0차	편상관	부분상관
1	(상수)	−1.309	1.078		−1.215	.237	−3.545	.926			
	만 나이	.091	.031	.482	2.924	.008	.026	.155	.484	.529	.482
	교육	.668	.269	.409	2.479	.021	.109	1.226	.412	.467	.409

a. 종속변수: 수입.

④ <교육>의 베타 계수 0.409, <연령> 0.482이다. 즉, 외부 변인 <교육>이 0.409, <연령>은 0.482 만큼의 영향력을 내부 변인 <수입>에 준다는 것을 알 수 있다. 변인 간의 회귀방정식은 Y' 수입$=0.409X_{교육}+0.482X_{연령}$이다.

잔차 통계량[a]

	최솟값	최댓값	평균	표준편차	N
예측값	.9943	3.9655	2.7200	.80847	25
잔차	−1.96583	1.85241	.00000	.98643	25
표준화 예측값	−2.134	1.541	.000	1.000	25
표준화 잔차	−1.908	1.798	.000	.957	25

a. 종속변수: 수입.

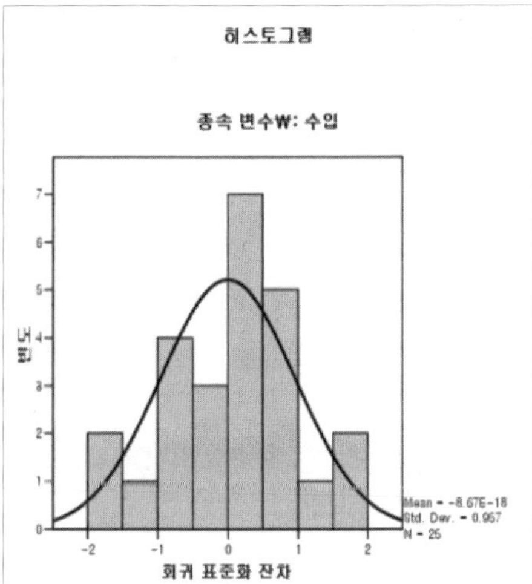

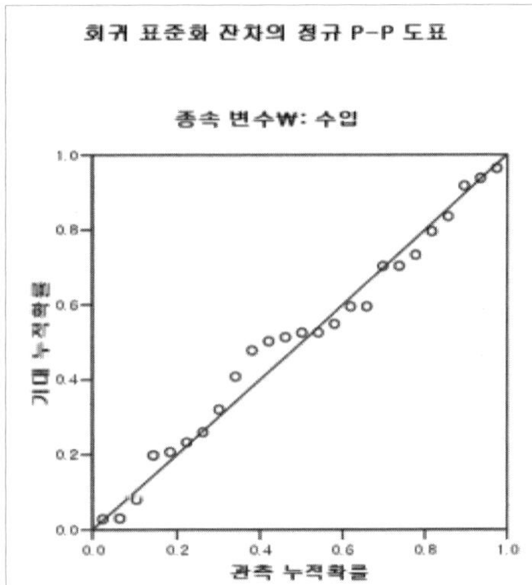

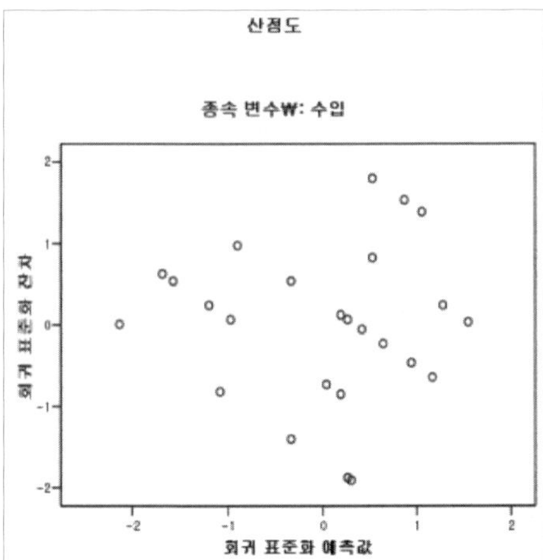

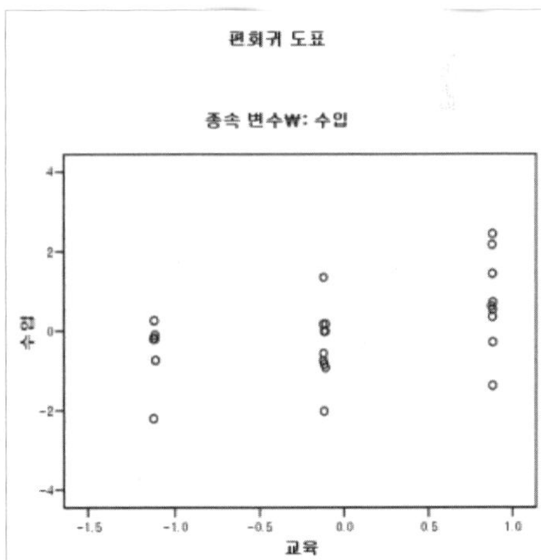

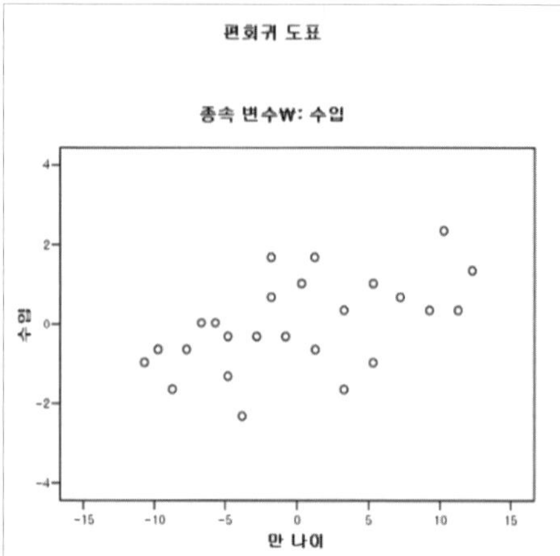

2) 교육, 연령, 수입, 텔레비전 시청량

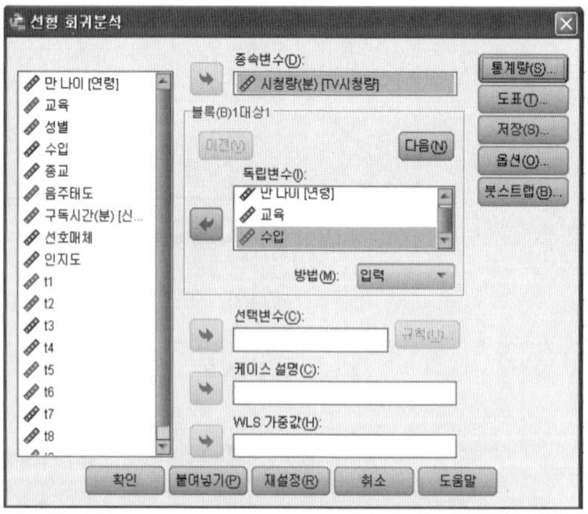

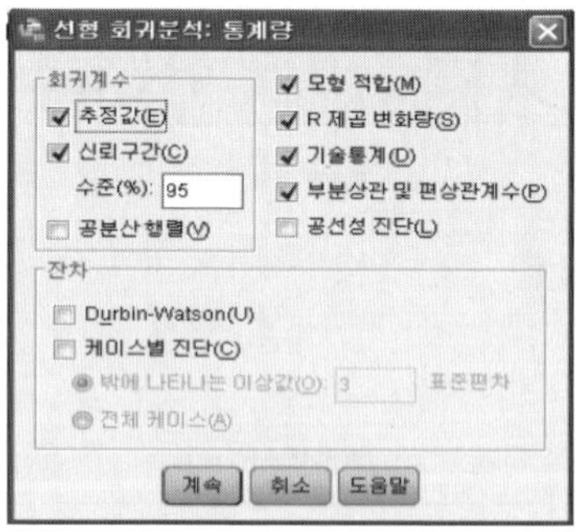

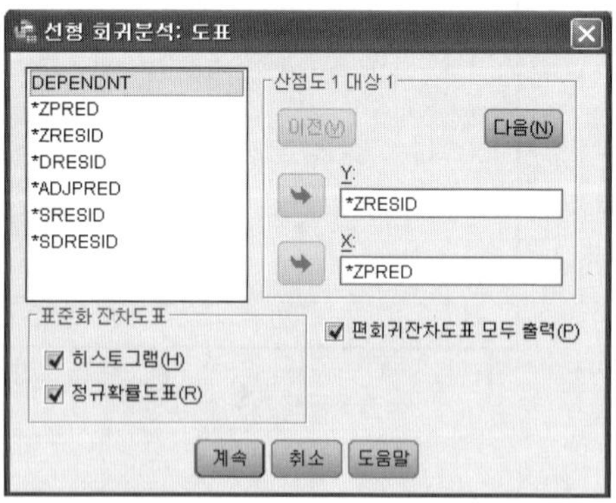

기술통계량

	평균	표준편차	N
시청량(분)	47.2000	14.79302	25
수입	2.7200	1.27541	25
만 나이	28.76	6.766	25
교육	2.1200	.78102	25

① <텔레비전 시청량>과 <교육>의 상관관계 계수는 -0.579이다.

상관 계수

		시청량(분)	만 나이	교육	수입
Pearson 상관	시청량(분)	1.000	.449	-.579	-.240
	만 나이	.449	1.000	.006	.484
	교육	-.579	.006	1.000	.412
	수입	-.240	.484	.412	1.000
유의확률(단측)	시청량(분)		.012	.001	.124
	만 나이	.012		.489	.007
	교육	.001	.489		.020
	수입	.124	.007	.020	
N	시청량(분)	25	25	25	25
	만 나이	25	25	25	25
	교육	25	25	25	25
	수입	25	25	25	25

진입/제거된 변수[b]

모형	진입된 변수	제거된 변수	방법
1	수입, 교육, 만 나이[a]		입력

a. 요청된 모든 변수가 입력되었다.
b. 종속변수: 시청량(분).

모형 요약[b]

모형	R	R제곱	수정된 R제곱	추정값의 표준오차	통계량 변화량				
					R제곱 변화량	F 변화량	df 1	df 2	유의확률 F 변화량
1	.788[a]	.621	.567	9.73676	.621	11.466	3	21	.000

a. 예측값: (상수), 수입, 교육, 만 나이.
b. 종속변수: 시청량(분).

② 외부 변인 교육, 연령과 내부변인 수입이 내부 변인 <텔레비전 시청량> 간의 Multiple R의 값이 0.788이기 때문에 설명변량인 R^2값은 0.621이다.

분산분석[b]

모형		제곱합	자유도(df)	평균 제곱	F	유의확률
1	회귀모형	3261.107	3	1087.036	11.466	.000[a]
	잔차	1990.893	21	94.804		
	합계	5252.000	24			

a. 예측값: (상수), 수입, 교육, 만 나이.
b. 종속변수: 시청량(분).

③ 외부 변인, 내부 변인과 내부 변인 간의 인과 관계에 대한 전체적 유의도 검증은 F값 분석으로 이뤄진다. 자유도 3과 21의 F값은 11.466이고 유의도는 0.000으로 통계적으로 유의미하다. 따라서 교육, 연령, 수입이 전체적으로 볼 때 <텔레비전 시청량>에 영향을 준다는 것을 알 수 있다.

계수[a]

모형		비표준화 계수		표준화 계수	t	유의확률	B에 대한 95.0% 신뢰구간		상관계수		
		B	표준오차	베타			하한값	상한값	0차	편상관	부분상관
1	(상수)	36.523	10.522		3.471	.002	14.640	58.406			
	만 나이	1.377	.346	.630	3.977	.001	.657	2.097	.449	.655	.534
	교육	-8.175	2.878	-.432	-2.840	.010	-14.161	-2.189	-.579	-.527	-.382
	수입	-4.259	2.015	-.367	-2.114	.047	-8.449	-.069	-.240	-.419	-.284

a. 종속변수: 시청량(분).

④ <교육>의 베타 계수는 −0.432, <연령>은 0.63, 내부 변인 <수입>은 -0.367, 즉 외부 변인 <교육>이 −0.432, <연령>은 0.63, 내부 변인 <수입>은 −0.367만큼의 영향력을 내부변인 <텔레비전 시청량>에 미친다는 것을 알 수 있다. 변인 간의 회귀방정식은 Y_1(텔레비전 시청량) $= -0.432X_{교육} + 0.63X_{연령} + (-0.367)X_{수입}$이다.

잔차 통계량[a]

	최솟값	최댓값	평균	표준편차	N
예측값	27.8730	70.8948	47.2000	11.65673	25
잔차	−27.95433	13.86824	.00000	9.10790	25
표준화 예측값	−1.658	2.033	.000	1.000	25
표준화 잔차	−2.871	1.424	.000	.935	25

a. 종속변수: 시청량(분).

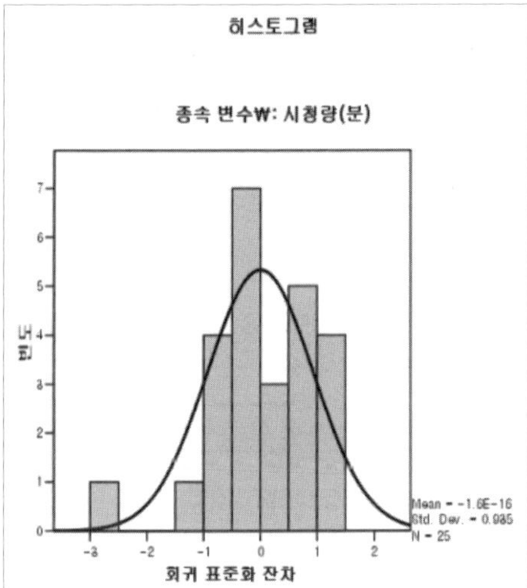

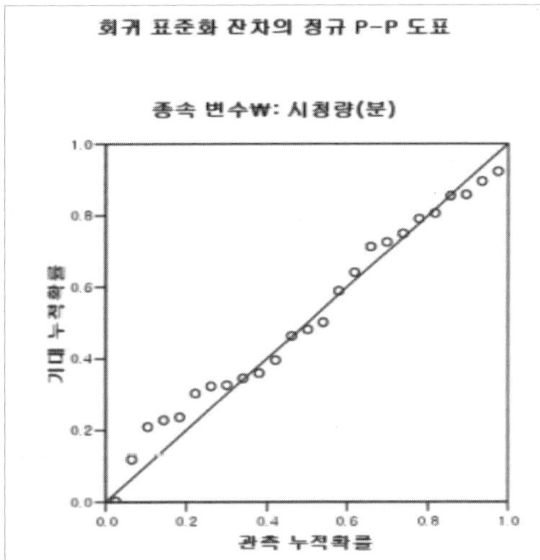

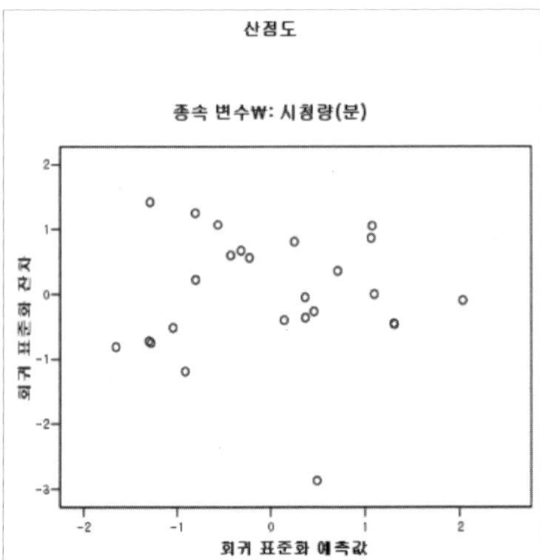

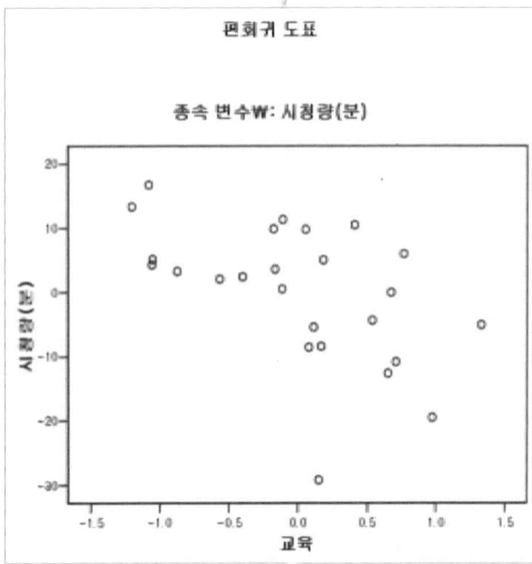

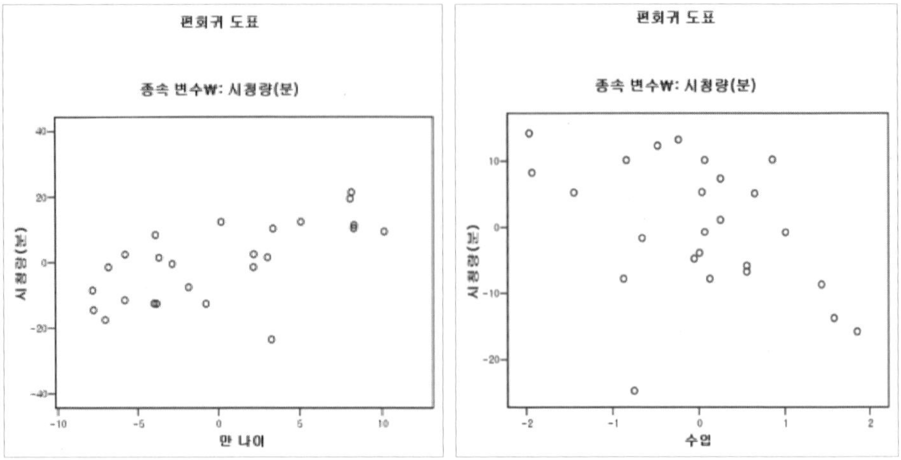

3) 변인 간의 경로 계수

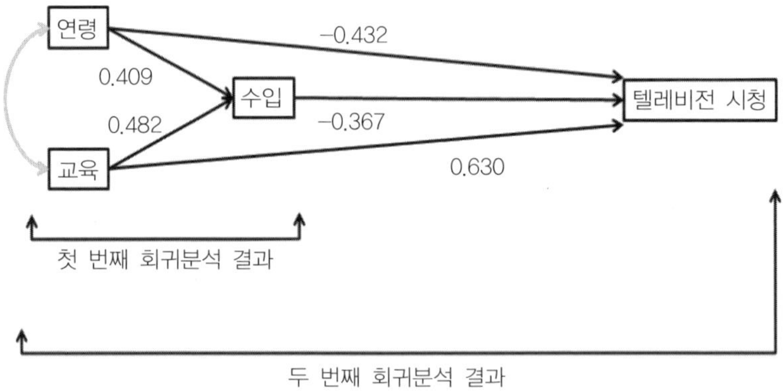

4) 효과·계수

(1) 경로분석 방법

한 변인이 다른 변인에게 미치는 영향력을 직접 영향력(direct effect)과 간접 영향력(indirect effect), 그리고 두 영향력을 합한 영향력 세 가지로 살펴본다. 효과 계수(effect coefficient)는 직접 효과+간접 효과이다.

(2) 회귀분석 방법

독립변인이 종속변인에 미치는 직접 효과만을 분석한다.

(3) 직접 효과

외부 변인이 내부 변인에게, 또 한 내부 변인이 다른 내부 변인에게 직접적으로 주는 영향력(변인 간의 경로 계수)을 의미한다.

(4) 간접 효과

외부 변인이 한 내부 변인에게, 이 내부 변인이 다른 내부 변인에게 순차적으로 미치는 영향력을 말한다. 외부 변인이 중간 단계로 한 내부 변인을 거쳐 다른 내부 변인에게 영향을 주기 때문에 간접 효과라 한다.

효과 계수

	교육	연령	수입
수입	0.409	0.482	
텔레비전 시청	–0.582	0.453	–0.367

5) 간접 효과의 예

(1) 〈교육〉 사례

① <교육> → <수입> → <텔레비전 시청량>

② <교육> → <연령> → <수입> → <텔레비전 시청량>

③ <교육> → <연령> → <텔레비전 시청량>

※ 양방향 포물선 연결, 분석할 수 없다(② & ③) => 간접 효과를 계산할 수 없다.

<교육> → <수입> → <텔레비전 시청량>

0.409 −0.367

$(0.409) \times (-0.367) = -0.150$

∴ 효과 계수 = 간접 효과 계수 + 직접 효과 계수

$= (-0.432) + (-0.150) = -0.582$

④ 교육 수준이 높은 사람은 교육 수준이 낮은 사람보다 수입이 더 많은 것으로 보인다(베타 = 0.409).

(2) 〈연령〉 → 〈수입〉 → 〈텔레비전 시청량〉

0.482 −0.367

$(0.482) \times (-0.367) = -0.177$

∴ 효과 계수=간접 효과 계수+직접 효과 계수

$= (-0.177) + (0.630) = 0.453$

① 연령의 경우, 연령이 높으면 높을수록 수입이 증가하는 경향이 있다(베타=0.482).

② <교육>과 <연령>이 <수입>에 미치는 영향력의 크기를 비교해 보면, 사회불안감과 내외향 성향 두 변인 모두 수입에 상당한 영향을 주고 있는데, 연령이 교육보다 수입에 좀 더 큰 영향을 미치는 것으로 나타났다.

③ <교육>과 <연령>, <수입>은 <텔레비전 시청량>에 영향을 미치는 것으로 나타났다. 교육의 경우, 교육 정도가 낮은 사람은 교육 정도가 높은 사람들보다 텔레비전을 더 많이 시청하는 것으로 보인다(베타=−0.432). 교육은 수입을 통해 텔레비전 시청량에 간접적 영향을 주는 것으로 나타났다. 즉 교육 정도가 높은 사람은 수입이 더 많고, 수입이 많을수록 텔레비전 시청량이 적었다. 연령의 경우, 나이가 많으면 많을수록 텔레비전 시청량이 늘어나는 경향이 있다(베타=0.630). 연령은 수입을 통해 텔레비전 시청량에 간접적 영향을 주는 것으로 나타났다. 즉, 나이가 많은 사람은 수입이 더 많고, 수입이 많을수록 텔레비전 시청량이 적었다.

④ 수입의 경우, 수입이 많을수록 텔레비전 시청량이 적어지는 경향이 있다(베타=−0.367). 위의 <효과 계수> 표에서 볼 수 있듯이, 교육이 텔레비전 시청량에 가장 큰 영향을 주고 있고(효과 계수=−0.582), 다음으로 연령이 영향을 주고 있다(효과 계수=0.453). 수입의 영향력은 세 변인 중 가장 적은 것으로 나타났다(효과 계수=−0.367).

제 14 장 요인분석

제 1 절 정의

요인분석(factor analysis)이란 등간척도(또는 비율척도)로 측정한 두 개 이상 여러 개의 변인의 밑바탕에 깔려 있는 공통요인(common factor)을 찾아내는 분석 방법이다.

상관 관계가 깊은 여러 변인 간의 밑바탕에 깔려 있는 공통요인을 발견하는 데 사용하는 요인분석은 변인들 간의 인과 관계를 분석하는 것이 아니라 공통요인을 찾아내는 방법으로 독립변인과 종속변인의 구분이 없다. 특정 대상들(사람이나 조직, 사물 등)에 대해 사람들이 가지는 다양한 생각이나 태도 및 가치관 등을 몇 개의 공통요인으로 축약하는 방법이다.

[예] 정치학의 예

유권자가 국회의원 후보자를 판단할 때 어떤 차원에서 평가하는지를 연구한다고 가정할 때 유권자들은 국회의원 후보자들을 다양한 측면에서 평가할 것이다. 예를 들어 일 처리 능력과 창의성, 계획성, 근면함, 겸손함, 성실함, 이타심, 도덕성을 평가한다고 가정해 보자. 이런 모든 측면을 통해 평가하는 것은 비현실적일 뿐만 아니라 이들 평가 항목 간에는 유사한 것들이 있기 때문에 모든 항목을 일일이 고려해 후보자를 평가하는 것은 불필요하다. 그러므로 상호 비슷한 항목들을 찾아내어 몇 개의 공통요인(예: 능력 차원과 도덕성 차원 등)으로 묶을 수 있다면 후보자를 평가하는 데 유용하게 사용할 수 있다. 이럴 때 활용하는 방법이 바로 요인분석이다.

[예] 언론학의 경우

시청자가 텔레비전을 왜 시청하는지, 즉 시청 동기가 무엇인지를 연구할 경우 시청자들은 생활에 필요한 정보를 얻기 위해, 일상에서 벗어나기 위해, 재미있어서, 다른 사람의 생각을 알기 위해, 다른 사람들과의 대화 주제를 얻기 위해 등 다양한 동기가 있을 수 있다. 이 경우 유사한 항목들을 묶어 몇 개의 공통요인(예: 정보 획득 동기, 오락 동기 등)으로 축약하는 것이 더 용이하다.

요인분석 방법은 대상들에 대해 사람들이 가지는 다양한 생각이나 태도, 가치관 등을 유사한 항목들로 묶어서 몇 개의 차원을 찾아내는 방법, 방대한 데이터를 축약하는 데 유용하게 사용된다.

요인분석 방법의 조건

수	2개 이상 여러 개
측정	등간척도 또는 비율척도

제 2 절 종류

연구 목적에 따라 크게 탐사적 요인분석(exploratory factor analysis) 방법과 가설검증 요인분석(confirmatory factor analysis) 방법 두 가지로 구분된다.

1 탐사적 요인분석 방법

상관 관계가 깊은 변인들의 밑바탕에 깔려 있는 공통요인을 찾아내는 방법으로, 설문지를 통해 실제 측정한 여러 변인 중 상관 관계가 높은 변인들을 유사한 것으로 간주해 공통요인을 찾아내는 방법이다. 연구자가 사람들이 다른 사람들을 몇 개의 차원으로 평가하는지를 알아보고자 할 때 사용하는 방법으로 우리가 일반적으로 요인분석 방법이라고 하는 것은 탐사적 요인분석 방법을 말한다.

2 가설검증 요인분석 방법

연구자가 이론에 따라 여러 변인의 밑바탕에 깔려 있는 공통요인의 수가 몇 개인지에 대한 가설을 제시한 후, 요인분석 방법을 통해 그 가설이 맞는지를 검증하는 방법이다. 연구자가 일반적으로 사람들은 다른 사람들을 능력 차원과 성격 차원 두 가지로 평가한다는 가설을 정하고 요인분석 방법을 통해 과연 두 요인이 추출되는지를 검증하는 방법이다.

제 3 절 통계학적 전제

1 통계학적 전제

변인들 간의 상관 관계는 공통요인 때문에 나온 것이라고 전제한다(postulate of factorial causation).

공통요인의 수를 결정하는 최소의 원칙(postulate of parsimony)과 요인 적재치를 구하기 위한 회전의 문제(problem of rotation)가 있다.

변인들 간의 상관 관계는 공통요인 때문에 나온 것이다.

① 전제는 변인들 간의 상관관계 계수는 변인들 간의 인과 관계 때문에 나온 것이 아니라 공통요인의 영향 때문이다.

② 요인분석 방법은 여러 변인 간의 상관관계 계수를 분석해 공통요인을 찾아

낸다.

2 변인들 간의 상관관계 계수의 원인

변인들 간의 상관관계 계수의 원인을 살펴보면 다음과 같다.

① 변인들 간의 인과 관계 때문에 생긴 것일 수 있다. 즉, 변인들 간의 상관관계 계수는 독립변인 A와 종속변인 B와의 인과 관계 때문에 생긴 것이다.

② 공통요인의 영향 때문에 생긴 것일 수 있다. 즉, 변인 A와 B, C 간의 상관관계 계수는 이 변인들의 바탕에 깔려 있는 보이지 않는 공통요인의 영향 때문에 생긴 것이다.

변인들의 상관 계수가 있을 때 연구자는 이 상관 계수가 인과 관계 때문에 나온 것인지 혹은 공통요인 때문에 나온 것인지를 구분할 수 없다. 즉, 연구자는 변인들 간의 상관 관계를 변인들 간의 인과 관계로 생각할 수도 있고, 공통요인에 의해 나온 것이라 생각할 수도 있다.

① 연구자가 측정된 변인들 간에 상관 관계가 인과 관계 때문에 나온 것이라고 전제할 경우 인과 관계를 분석하는 통계 방법인 회귀분자 방법이나 경로분석 방법을 사용해 상관관계 계수를 분석할 수 있다.

② 연구자가 측정한 변인들 간의 상관관계 계수가 변인들을 연결짓는 보이지 않는 공통요인 때문에 나온 것이라고 전제할 경우 요인분석 방법을 사용해 공통요인을 추출할 수 있다.

변인들 간의 상관관계 계수 행렬표

	X1	X2	X3
X1	1.00		
X2	0.64	1.00	
X3	0.48	0.48	1.00

③ 인과모델과 요인모델

1) 인과모델(경로분석모델)

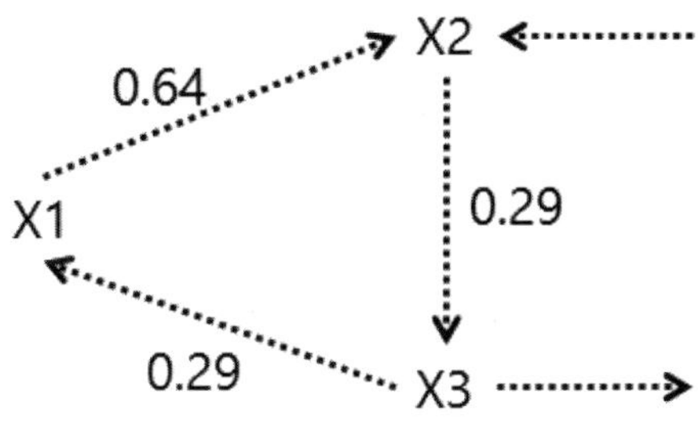

2) 요인모델(인자분석모델)

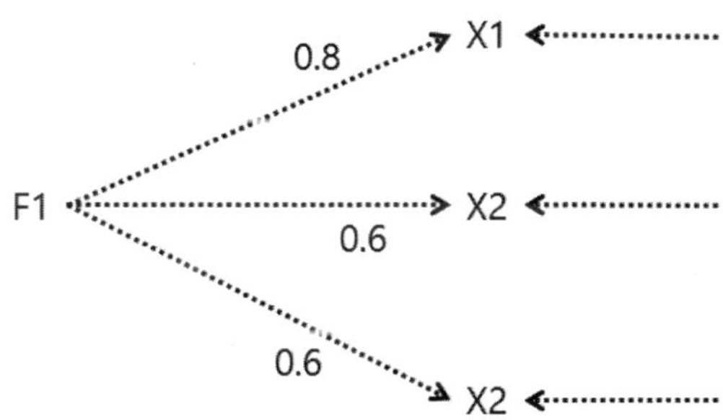

Data: Joe-On Kim & Mueller, C. H. (1978).
Introduction to Factor Analysis: What it is and how to do it, Sage, p.42.

④ 최소의 원칙: 공통요인의 수 결정

요인분석 방법의 전제 조건은 다음과 같다.
① 변인들 간의 상관관계 계수는 공통요인 때문에 나온 것이다
② 최소의 원칙을 고려한다.
변인들 간의 상관관계 계수로부터 공통요인의 수를 결정하기 위한 것이라고 전

제할 경우 → 몇 개의 공통요인이 가장 적절한 것인가 결정한다.

공통요인의 수가 다를 경우에는 가장 적은 수의 공통요인을 선택한다.

(최소 1개~변인들의 수)

아이겐 값(eigen value)이 1.0 이상인 요인만 공통요인으로 결정한다.

5 회전의 문제: 요인 적재치 결정

각 변인과 각 공통요인 간의 밀접성의 정도를 파악하는 것으로서 요인 적재치(factor loading)로 각 변인이 어느 공통요인에 속해 있는가를 알 수 있다.

① 사각회전(oblique): 공통요인들 간에 상관 관계가 있다($r \neq 0$)고 전제

② 직각회전(varimax): 공통요인들 간에 상관 관계가 없다($r = 0$)고 전제

6 요인분석 방법을 정확하게 사용하기 위한 세 가지 통계적 전제

요인분석 방법을 정확하게 사용하기 위해서는 다음과 같이 세 가지 통계적 전제가 요구된다.

① 변인들 간의 상관 관계는 공통요인 때문에 나온 것이다.

② 공통요인의 수는 최소의 것을 정답으로 간주한다.

③ 공통요인들 간의 상관 관계에 따라 회전 방법이 달라지고, 이에 따라 다른 요인 적재치를 구할 수 있다.

제 4 절 연구 절차

① 인자분석 방법에 적합한 연구 문제를 설정한다.
변인의 수와 측정 조건에 맞는 변인을 선정한다.
② SPSS 프로그램의 요인분석 방법을 실행해 분석에 필요한 결과표를 얻는다.
③ 변인들의 상관관계 계수를 살펴본다.
④ 아이겐 값과 공통성 값을 통해 공통요인의 수를 찾고 분석한다.
⑤ 공통요인을 회전시킨 후 요인 적재치를 분석한다.
⑥ 연구자가 원할 경우 요인점수(factor score coefficient)를 분석한다.

1 데이터 축소; 요인분석

음식점에 영향을 주는 요인에 관련된 자료를 이용해 분석한다.
분석(A) 메뉴 클릭 후 차원 감소(D)를 선택한다.

① [요인분석] 창이 나타나면, 분석에 이용할 변수를 선정한다(6개 변수 선택).

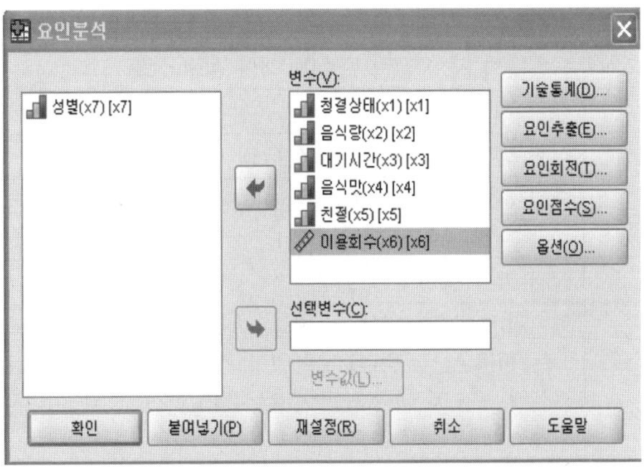

요인분석을 하기 위해 변수를 청결 상태, 음식량, 대기 시간, 음식 맛, 친절, 이용 횟수를 선정했다.

② 요인분석에서 [기술통계]를 선택한다.

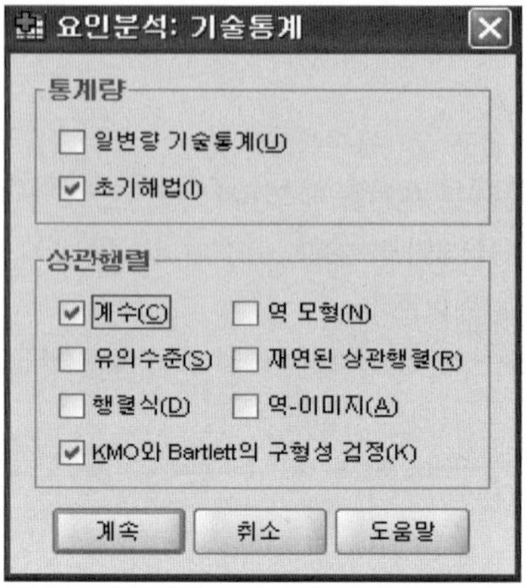

통계량에서 초기 해법, 상관 행렬에서 상관 계수를 선택한다.

요인분석: 기술통계

선택 키워드	내용 설명
통계량	기술통계량에 대해 처리할 내용을 지정
일변량 기술통계	각 변수의 유효 관측값 수, 평균, 표준편차 등 표시
초기 해법	초기 공통성, 고유값, 설명된 분산의 퍼센트 등 표시
상관 행렬	
계수	요인분석 시 지정된 변수에 대한 상관 행렬
역 모형	상관 계수의 역행렬
유의 수준	상관 행렬에서 계수의 한쪽 유의 수준
재연된 상관 행렬	요인 해법으로부터 추정한 상관 행렬, 잔차(추정된 상관 계수와 기대된 상관 계수 간 차이)도 함께 표시
행렬식	상관 계수 행렬의 행렬식
역-이미지	역-이미지 상관행렬에는 편상관계수 중 음수가 있고, 역-이미지 공분산 행렬에는 편공분산값 중 음수가 있다. 적합한 요인 모형에서는 대부분 비대각 요소가 작다. 변수에 대한 표본 추출 적합도 측도는 역-이미지 상관 행렬의 대각에 표시된다.
KMO와 Bartlett의 구형성 검증	표본 적합도에 대한 Kaiser-Meyer-Olkin 측도는 변수 간 편상관계수가 작은지 여부를 검증한다. Bartlett의 구형성 검증은 해당 상관 행렬이 요인 모형이 부적절함을 나타내는 단위 행렬에 해당하는지 여부를 검정한다.

③ 요인분석에서 [요인 추출]을 선택한다.

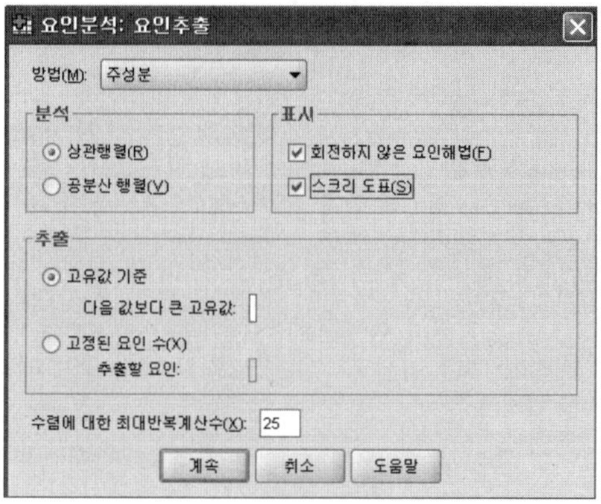

방법에서 주성분, 분석에서 상관 행렬, 출력에서 회전하지 않은 요인 해법, 추출에서 고유값 기준을 선택한다.

요인분석: 요인 추출

선택 키워드	내용 설명
방법	요인 추출 방법
주성분	관측된 변수의 상관되지 않은 선형 조합을 형성하는 데 사용되는 요인 추출 방법. 처음 성분이 최대 분산을 가지게 된다. 성분이 연속될수록 점진적으로 더 작아지는 분산을 나타내며 각 성분은 서로 상관되지 않는다. 주성분분석으로 초기 요인 해법을 구할 수 있으며, 상관 행렬이 단순할 때 사용된다.
가중되지 않은 최소 제곱법	대각선을 무시하는 관측 상관 행렬과 재연된 상관 행렬 간의 차이 제곱합을 최소화하는 요인 추출 방법이다.
일반화된 최소 제곱법	관측된 상관 행렬과 재연된 상관 행렬 간의 차이 제곱합을 최소화하는 요인 추출 방법이다. 상관 계수는 특정 요인 분산의 역으로 가중되므로 고유값이 높은 변수는 낮은 변수보다 가중값이 작다.
최대우도	표본이 다변량 정규분포에서 비롯된 경우 관측된 상관 행렬을 작성하는 모수 추정값을 생성하는 요인 추출 방법이다. 상관 계수는 변수 고유값의 역으로 가중되고 반복 계산 알고리즘이 적용된다.
주축 요인 추출	공통성의 초기 추정값으로서 대각으로 배치된 제곱 다중 상관계수를 사용해 원래의 상관 행렬로부터 요인을 추출하는 방법이다. 이러한 요인 적재값은 대각으로 위치하는 기존의 공통성 추정값을 대신하는 새 공통성을 추정하는 데 사용된다. 한 반복 계산에서 다음 반복 계산까지 공통성에 대한 변화량이 추출에 대한 수렴 기준을 만족할 때까지 계산은 반복된다.

알파 요인 추출	분석할 변수를 잠재 변수의 표본으로 간주하는 요인 추출 방법이다. 이 항목은 요인의 알파 신뢰도를 최대화한다.
이미지 요인 추출	Guttman에 의해 개발된 요인 추출 방법으로서 이미지 이론에 기초한다.
분석	
상관 행렬	상관 행렬을 분석한다. 이 항목은 분석 시 변수가 다른 척도에 대해 측정되는 경우 유용하다.
공분산 행렬	공분산행렬 분석
표시	
회전하지 않은 요인 해법	요인 해법에 대한 회전되지 않은 요인 적재값(요인 패턴 행렬), 공통성, 고유값 등을 표시한다.
스크리 도표	각 요인과 관련된 분산 도표로 그대로 유지할 요인의 수를 결정하는 데 사용된다. 일반적으로 도표는 큰 요인들의 가파른 기울기와 나머지 요인들의 점진적 꼬리 부분(스크리) 간의 뚜렷한 구분을 보여준다.
추출	
고유값 기준	디폴트로, 고유값이 1보다 크거나 (상관행렬 분석시) 평균 항 분산(공분산 행렬 분석 시)보다 큰 요인이 추출된다. 요인 추출용 분리점으로 다른 고유값을 사용하려면 분석 시 0에서 전체 변수의 수까지의 수를 하나 입력한다.
고정된 요인 수	사용자 지정 요인 수를 고유값에 관계없이 추출한다. 양수를 입력한다.
수렴에 대한 최대 반복 계수: 25	초기 지정값으로 요인 추출에 대해 25회의 최대 반복 계산을 수행한다. 최댓값을 다르게 지정하려면 양의 정수를 입력한다.

④ 요인분석에서 [요인회전]

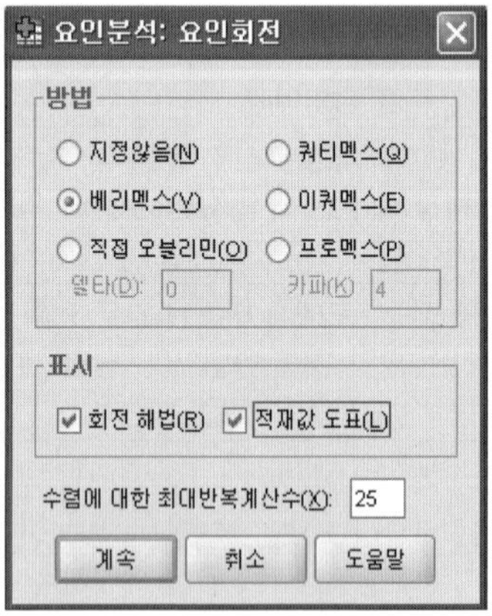

방법에서 베리멕스, 표시에서 회전 해법을 선택한다.

선택 키워드	내용 설명
방법	요인 추출 방법
지정 않음.	요인이 회전되지 않는다(초기 지정값).
베리멕스	각 요인 적재값이 높은 변수의 수를 최소화하는 직교 회전 방법으로 이 방법은 요인 해석을 단순화한다.
직접 오블리민	사각(oblique, 직교가 아닌) 회전 방법으로 델타가 0일 때(디폴트 값) 해법은 가장 기울어지는 형태를 나타낸다. 델타의 음수성이 강해질수록 요인은 덜 기울어진다. 디폴트 델타값 0을 바꾸려면 0.8 이하의 수를 입력한다.
쿼티멕스	각 변수를 설명하는 데 필요한 요인 수를 최소화하는 회전 방법으로 관측된 변수의 해석을 단순화한다.
이쿼멕스	요인을 단순화한 베리멕스 방법과 변수를 단순화한 쿼티멕스 방법을 조합한 회전 방법으로 요인에 읽어들인 변수의 수와 변수 설명에 사용할 요인 수는 최소화된다.
프로멕스	요인이 상관되도록 하는 오블리크 회전 방법으로 이 회전은 직접 오블리민 회전보다 좀 더 빨리 계산될 수 있으므로 큰 데이터 집합에 적용하는 데 유용하다.
표시	
회전 해법	회전 방법을 선택해 회전 방법을 구할 수 있다. 직교 회전에 대해 회전 패턴 행렬과 요인 변환 행렬이 표시된다. 오블리크 회전에 대해서는 패턴, 구조, 요인 상관 행렬이 표시된다.
적재값 도표	처음 세 요인의 도표를 3차원 요인 적재값, 도표, 두 요인 해법의 경우 2차원 도표가 표시된다. 요인이 하나만 추출되면 도표가 표시되지 않는다. 회전을 요청하면 도표에서 회전된 해법을 볼 수 있다.
수렴에 대한 최대 반복 계수	초기 지정값으로 요인 회전에 대해 최대 25번의 반복 계산이 수행된다. 다른 최대 횟수를 지정하려면 양의 정수를 입력한다.

⑤ 요인분석에서 [요인점수]

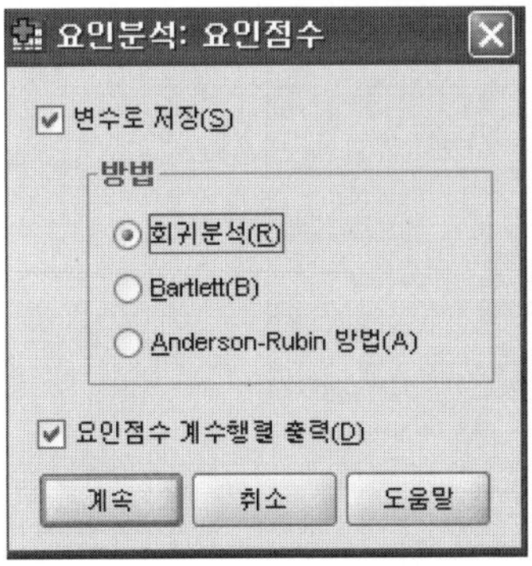

요인분석에서 방법은 회귀분석, 요인점수 계수 행렬 출력을 선택한다.

요인분석: 요인점수

선택 키워드	내용 설명
변수로 저장	요인점수를 변수로 저장한다. 해법에서 각 요인에 대한 변수가 하나씩 작성된다. 출력 결과의 표에는 새 변수명과 요인점수를 계산할 때 사용되는 방법을 나타내는 변수 설명이 나타난다.
방법	
회귀분석	요인점수 계수를 추정하는 방법으로 생성된 점수는 평균 0을 가지며 추정된 요인점수와 요인값 간의 제곱 다중 상관계수와 동일한 분산을 가진다. 점수는 요인이 직교될 경우에도 상관될 수 있다.
Bartlett	요인점수 계수의 추정 방법으로 작성된 점수의 평균은 0이고 변수 범위에서 고유한 요인의 제곱합이 최소화된다.
Anderson-Rubin 방법	요인점수 계수를 추정하는 방법으로 추정된 요인의 직교성을 확인하는 Bartlett 방법을 수정한 것이다. 생성된 점수들은 평균 0이며 표준편차는 1로 서로 상관되지 않는다.
요인점수 계수 행렬 출력	요인점수 계수 행렬을 표시한다. 요인점수 공분산 행렬도 표시된다.

⑥ 요인분석 옵션

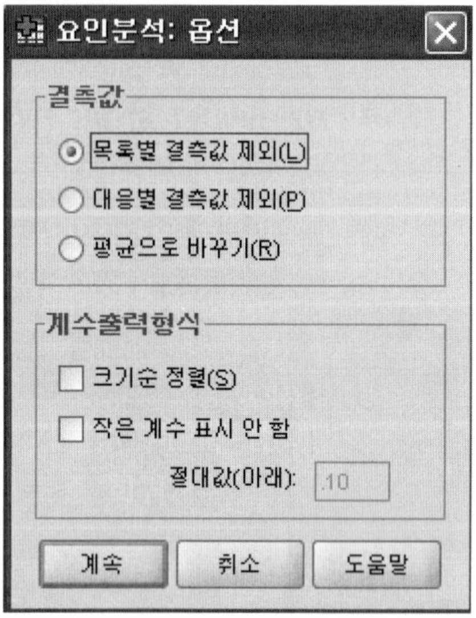

요인분석: 옵션

선택 키워드	내용 설명
결측값	무응답치와 결과에 대한 지정 방법이다.
목록별 결측값 제외	분석 시 사용되는 변수에 대한 결측값이 있는 케이스를 제외시킨다.
대응별 결측값 제외	특정 통계량 계산시 대응 변수 중 하나나 둘 모두에 대해 결측값이 있는 케이스를 분석에서 제외시킨다.
평균으로 바꾸기	결측값을 변수 평균으로 대처한다.
계수 출력 형식	
크기 순서 정렬	요인 적재값 행렬과 구조 행렬을 정렬해 동일한 요인에 대해 높은 적재값을 가지는 변수가 함께 나타나게 한다.
작은 계수 표시 안 함.	절댓값이 지정한 값보다 작은 계수는 출력되지 않는다. 디폴트 값은 0.100이다. 디폴트 값을 바꾸려면 0과 1 사이의 수를 입력한다.

2 분석 결과

분석 결과를 살펴보면 아래와 같다.

상관 행렬

상관 계수		청결 상태	음식량	대기 시간	음식맛	친절	이용 횟수
	청결 상태	1.000	.050	.629	.265	.686	.460
	음식량	.050	1.000	.220	.355	.009	.602
	대기 시간	.629	.220	1.000	.183	.509	.211
	음식맛	.265	.355	.183	1.000	.272	.734
	친절	.686	.009	.509	.272	1.000	.312
	이용 횟수	.460	.602	.211	.734	.312	1.000

KMO와 Bartlett의 검정

표준형성 적절성의 Kaiser-Meyer-Olkin 측도		0.496
Bartlett의 구형성 검증	근사 카이제곱	65.650
	자유도	15
	유의확률	.000

1) KMO(Kaiser-Meyer-Olkin)와 Bartlett 검증

수집된 자료가 요인분석에 적합한지 여부를 판단하는 것이다. KMO값은 표본 적합도를 나타내는 값으로 0.5 이상이면 표본자료는 요인분석에 적합함을 판단할 수 있다. Bartlett의 구형성 검증은 변수 간의 상관 행렬이 단위 행렬인지 여부를 판단하는 검증 방법으로 여기서 단위 행렬(identity matrix)은 대각선이 1이고, 나머지는 0인 행렬을 말한다. 여기서 유의확률이 0.000이면 변수 간 행렬이 단위 행렬이라는 귀무가설은 기각되어 차후에 계속 진행할 수 있음을 알 수 있다.

2) 공통성

공통성(communality)은 변수에 포함된 요인들에 의해서 설명되는 비율로 각 변수의 초기값과 주성분 분석법에 의한 각 변수에 대한 추출된 요인에 의해 설명되는 비율이다.

공통성

		초기	추출
	청결 상태	1.000	.832
	음식량	1.000	.641
	대기 시간	1.000	.631
	음식맛	1.000	.674
	친절	1.000	.744
	이용 횟수	1.000	.879

추출 방법: 주성분 분석.

설명된 총분산

성분	초기 고유값			추출 제곱합 적재값			회전 제곱합 적재값		
	합계	% 분산	% 누적	합계	% 분산	% 누적	합계	% 분산	% 누적
1	2.881	48.021	48.021	2.881	48.021	48.021	2.281	38.016	38.016
2	1.520	25.340	73.361	1.520	25.340	73.361	2.121	35.345	73.361
3	.748	12.467	85.829						
4	.411	6.846	92.675						
5	.342	5.695	98.370						
6	.098	1.630	100.000						

추출 방법: 주성분 분석.

3) 고유값

고유값은 몇 개의 요인이 설명되는 정도를 나타낸다. 모든 요인(성분)의 고유값 합계는 요인분석에 사용된 변수의 수와 같다. 그러므로 여기서는 6이다.

[예] 1요인(성분)의 설명력(분산비)

적재값/문항 수=2.881/6=0.481, 약 48%

2요인의 설명력

1.520/6 = 0.254, 약 25%

초기 고유값(아이겐 값), 설명된 변량(%분산), 누적변량(누적%)

4) 스크리 도표

스크리 도표(scree chart)란 고유값의 변화를 나타내는 것으로, 가로축은 요인 수, 세로축은 고유값의 크기이다. 고유값이 작아지는 점에서 요인(성분)의 개수를 결정한다. 따라서 요인의 개수 2개가 적당하고, 고유값이 크게 꺾이는 형태를 보이고 있으므로 이 자료를 이용해서 요인분석을 실시해도 무방함을 알 수 있다.

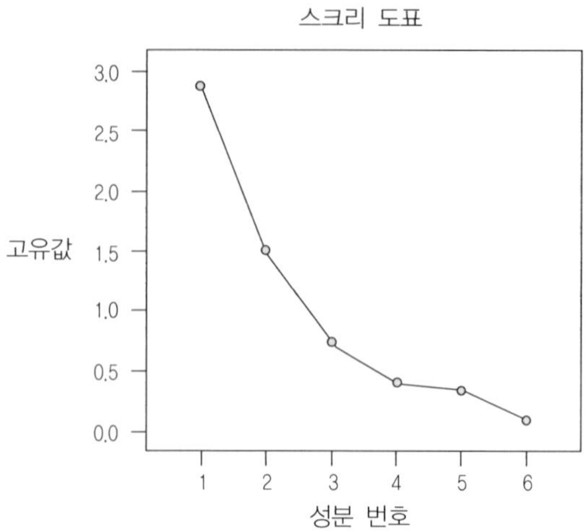

성분 행렬[a]

	성분	
	1	2
청결 상태	.781	−.471
음식량	.487	.635
대기 시간	.663	−.437
음식맛	.681	.459
친절	.698	−.507
이용 횟수	.802	.485

요인 추출 방법: 주성분 분석.
a. 추출된 2 성분.

① 회전되지 않은 요인 적재치가 제시된다.

② 이 성분 행렬은 회전시키기 전의 요인 부하량을 보여주고 있다. 추출된 요인(성분) 1과 2에 대해 3변수 X_1(청결 상태), X_3(대기 시간), X_5(친절)의 부하량, X_2(음식량), X_4(음식맛), X_6(이용 횟수)의 부하량은 각각 하나의 공통적인 특성을 가지고 있는 것으로 보인다. 청결 상태(X_1)의 공통성(communality)은 요인과 변수와의 관계의 제곱합에 의해서 구할 수 있다.
즉, 요인 1에 대한 적재량의 제곱과 청결 상태(X_1)의 요인 2에 대한 적재량의 제곱인$(0.781)^2+(-0.471)^2=0.610+0.222=0.832$이다.
[예] 청결 상태에 대한 공통성: $(0.781)^2+(-0.471)^2=0.610+0.222=0.832$

회전된 성분 행렬[a]

	성분	
	1	2
청결 상태	.897	.166
음식량	−.058	.799
대기 시간	.786	.114
음식맛	.204	.796
친절	.858	.085
이용 횟수	.278	.896

요인 추출 방법: 주성분 분석.
회전 방법: Kaiser 정규화가 있는 베리멕스.
a. 3 반복 계산에서 요인 회전이 수렴되었다.

③ 요인의 회전(rotation)이란 변수의 설명축인 요인들을 회전시켜 요인의 해석을 돕는 것이다. 베리멕스가 가장 일반적인 방법이다. 직각회전 방법은 성분점수를 이용해 회귀분석이나 판별분석 등을 수행할 경우 사용되는데, 요인(성분) 간에 독립성이 있는 것이 요인들의 공선성에 의한 문제점을 발생시키지 않기 때문이다. 이 결과를 가지고 연구자는 변수의 공통점을 발견해 각 요인(성분)의 이름을 정하게 된다. 여기서는 제1요인(성분)을 식당 이용 요인, 제2요인(성분)을 음식 관련 요인이라고 할 수 있다. X_1(청결 상태), X_3(대기 시간), X_5(친절)은 제1요인 성분인 식당 이용 요인이라고 말할 수 있고, X_2(음식량), X_4(음식맛), X_6(이용 횟수)는 음식 관련 요인이라고 말할 수 있다.

④ 회전된 적재치가 제시되며, 추출된 두 인자 간의 관계가 제시된다. 성분 변환 행렬의 요인이 회전된 경우, 변환 행렬값이 나타난다.

성분 변환 행렬

성분	1	2
1	.748	.664
2	−.664	.748

요인 추출 방법: 주성분 분석.
회전 방법: Kaiser 정규화가 있는 베리멕스.

회전 공간의 성분 도표

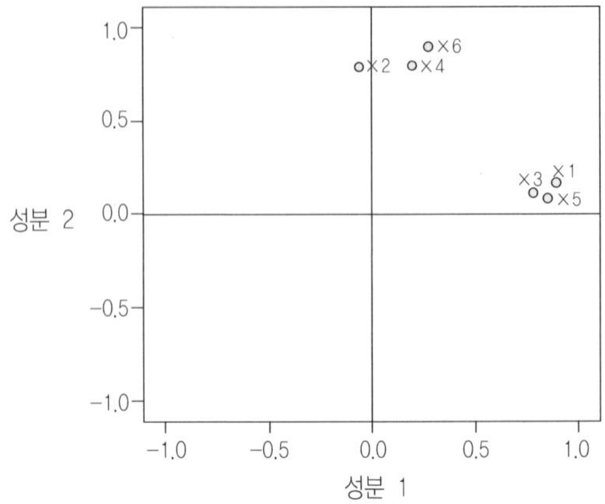

⑤ 요인(성분)이 2개로 구성되어 각 6개의 변수가 공간에 위상을 차지하고 있다. 여기서 X_1(청결 상태), X_3(대기 시간), X_5(친절)는 요인 1인 식당 이용 요인과 X_2(음식량), X_4(음식맛), X_6(이용 횟수)의 요인 2인 음식 관련 요인은 서로 다른 위상에 위치하는 것을 볼 수 있다.

성분 점수 계수 행렬

	성분	
	1	2
청결 상태	.409	−.052
음식량	−.151	.425
대기 시간	.363	−.062
음식맛	−.024	.383
친절	.402	−.088
이용 횟수	−.004	.424

요인 추출 방법: 주성분 분석.
회전 방법: Kaiser 정규화가 있는 베리멕스.
요인 점수.

⑥ 요인점수(factor scores)는 각 표본 대상자의 변수별 응답을 요인들의 선형결합으로 표현한 값이다. 각 개체들의 요인점수는 다음과 같다.

요인(성분) 1의 점수 $= (0.409)X_1 + (-0.135)X_2 + (0.363)X_3 + (-0.024)X_4 + (0.402)X_5 + (-0.004)X_6$

요인(성분) 2의 점수 $= (-0.052)X_1 + (0.425)X_2 + (-0.062)X_3 + (0.383)X_4 + (-0.088)X_5 + (0.424)X_6$

성분점수 공분산 행렬

성분	1	2
1	1.000	.000
2	.000	1.000

요인 추출 방법: 주성분 분석.
회전 방법: Kaiser 정규화가 있는 베리멕스.
요인점수.

⑦ 요인점수 계수 행렬 출력 결과

각 변수들의 관찰치를 대입하면, 대상자별로 요인점수를 구할 수 있다. 성분점수 공분산 행렬이 대각선은 1이고 나머지는 0인 것은 배리멕스 방법에 의한 회전 방법을 선택해 직각 회전의 결과이기 때문에 두 요인 간의 관련성이 0인 단위 행렬이기 때문이다. 두 요인은 독립적인 관련성을 갖는다고 해석을 해야 한다.

5) 상관관계 계수

	청결 상태	음식량	대기 시간	음식맛	친절	이용 횟수
청결 상태	1.000					
음식량	0.050	1.000				
대기 시간	0.629	0.220	1.000			
음식맛	0.265	0.355	0.183	1.000		
친절	0.686	0.009	0.509	0.272	1.000	
이용 횟수	0.460	0.602	0.211	0.734	0.312	1.000

변인들 간의 상관관계 계수는 공통요인 때문에 나온 것이다. 요인분석 방법에서는 이 상관관계 계수를 이용해서 공통요인을 찾는다.

6) 공통요인의 수와 결정 기준

① 공통요인을 추출하기 위해 일반적으로 사용하는 방법은 주성분 분석(principal component analysis)이다.

② 각 오차를 자승해서 더한 값이 최소한이 되는 선을 요인선으로 찾는데, 이 선이 바로 공통요인이 된다.

③ 아이겐 값

가. 주성분 분석을 통해 추출한 공통요인이 분석할(또는 설명할) 만한 가치가 있는 공통요인인지의 여부는 공통요인의 아이겐 값(eigen value)으로 판단한다.

나. 아이겐 값: 요인분석 방법에서 추출한 각 공통요인의 설명력을 보여주는 수치로 공통요인의 아이겐 값은 '1' 이상 되는 것을 분석할 만한 공통요인으로 간주해서 해석하며, 아이겐 값이 크면 클수록 추출한 공통요인의 설명력이 높다.

회전되지 않은 요인 행렬표

	F1		F2	
	요인 적재치	요인 적재치를 자승한 값	요인 적재치	요인 적재치를 자승한 값
청결 상태	0.781	0.6100	−0.471	0.2219
음식량	0.487	0.2372	0.635	0.4033
대기 시간	0.663	0.4396	−0.437	0.1910
음식맛	0.681	0.4638	0.459	0.2107
친절	0.698	0.4872	−0.507	0.2571
이용 횟수	0.802	0.6432	0.485	0.2353
아이겐 값	2.8810		1.5193	

④ 계산 방법

가. 공통요인의 아이겐 값 2.881은 <청결 상태>와 공통요인과 상관관계 계수인 요인 적재치 0.781을 자승한 값(0.6100)과 <음식량> 0.487을 자승한 값(0.2372), <대기 시간> 0.663을 자승한 값(0.4396), <음식맛> 0.681을 자승한 값(0.4638), <친절> 0.698을 자승한 값(0.4872), 그리고 <이용 횟

수> 0.802를 자승한 값(0.6432)을 모두 합한 값이다.

나. 두 번째 공통요인 1.5193도 같은 방법으로 계산하면 된다.

⑤ 일반적으로 연구자는 아이겐 값이 '1' 이상인 공통요인을 찾는다. 공통요인을 찾는 기준은 아이겐 값을 사용하는 대신에 연구자가 공통요인의 수를 정해 원하는 수만큼의 공통요인을 찾을 수도 있다.

⑥ 연구자가 공통요인의 수를 정해 공통요인들을 찾는 방법은 특히 연구자가 아이겐 값 '1' 이상인 공통요인들을 찾았다고 하더라도 각 공통요인의 특성을 잘 파악할 수 없을 때 유용하게 사용할 수 있다.

→ 연구자는 아이겐 값 '1'을 기준으로 추출한 공통요인의 수보다 적게 정해 공통요인을 찾고, 새롭게 추출한 공통요인의 특성을 분석할 수 있다.

⑦ 공통성 값(communality: h^2)

가. 아이겐 값과 더불어 추출한 공통요인들의 설명력을 보여주는 값이다.

나. 공통요인들이 각 변인을 얼마나 잘 설명할 수 있는가를 보여주는 값으로 공통성 값이 크면 클수록 추출한 공통요인들의 설명력이 높다. 공통성 값은 다변인 회귀분석의 설명변량(R^2)으로 측정한 각 변인을 종속변인, 추출한 여러 개의 공통요인을 독립변인으로 놓고 분석하는 다변인 회귀분석 설명변량이다.

회전된 성분행렬표

변인	F1		F2		h^2
	요인 적재치	요인 적재치를 자승한 값	요인 적재치	요인 적재치를 자승한 값	
청결 상태	0.897	0.8046	0.166	0.0276	0.8322
음식량	–0.058	0.0034	0.799	0.6384	0.6418
대기 시간	0.786	0.6178	0.114	0.0130	0.6308
음식맛	0.204	0.0417	0.796	0.6337	0.6754
친절	0.858	0.7362	0.085	0.0073	0.7435
이용 횟수	0.278	0.0773	0.896	0.8029	0.0774
아이겐 값	2.2819		2.1229		

아이겐 값(요인 적재치를 자승한 값들의 합)

$h^2 = F1$(요인 적재치 자승한 값) + $F2$(요인 적재치 자승한 값)

인자행렬표와 공통성 값(h^2)

변인	F1		F2		h^2
	요인 적재치	요인 적재치를 자승한 값	요인 적재치	요인 적재치를 자승한 값	
청결 상태	0.409	0.1673	−0.052	0.0027	0.1700
음식량	−0.151	0.0228	0.425	0.1807	0.2035
대기 시간	0.363	0.1318	−0.062	0.0039	0.1357
음식맛	−0.024	0.0006	0.383	0.1467	0.1473
친절	0.402	0.1616	−0.088	0.0078	0.1694
이용 횟수	−0.004	0.0001	0.424	0.1798	0.1799
아이겐 값	0.4842		0.5216		

제 5 절 분석: 차원 감소; 요인분석(1~6단계)

1 요인분석: [변수 선정](5개 변수 선택)

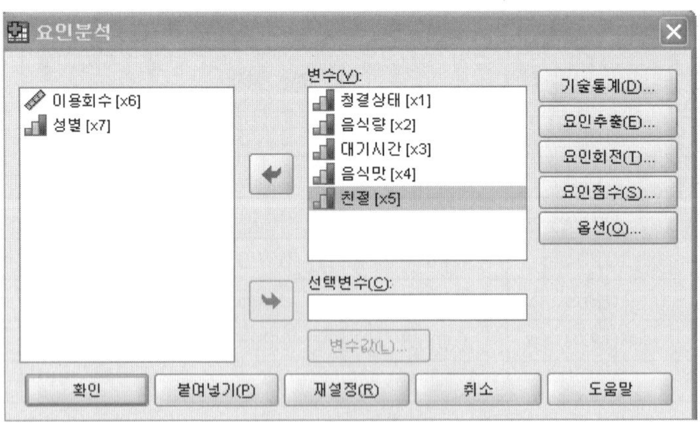

요인분석을 하기 위해 변수를 청결 상태(X_1), 음식량(X_2), 대기 시간(X_3), 음식맛(X_4), 친절(X_5)로 선택한다.

요인분석: 기술통계

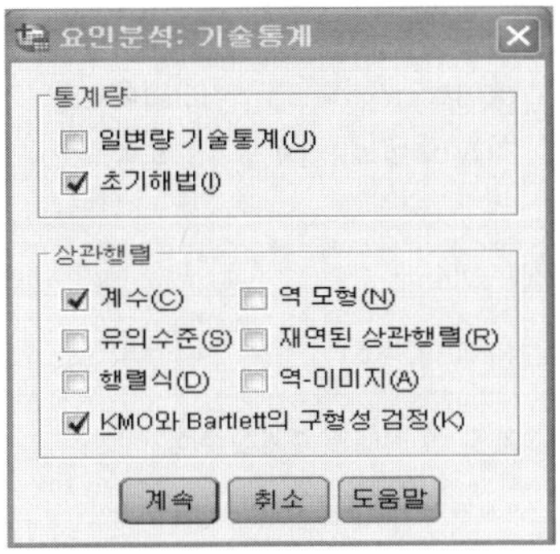

통계량에서 초기 해법, 상관 행렬에서 상관 계수와 KMO와 Bartlett의 구형성 검증을 선택한다.

② 요인분석: [요인 추출]

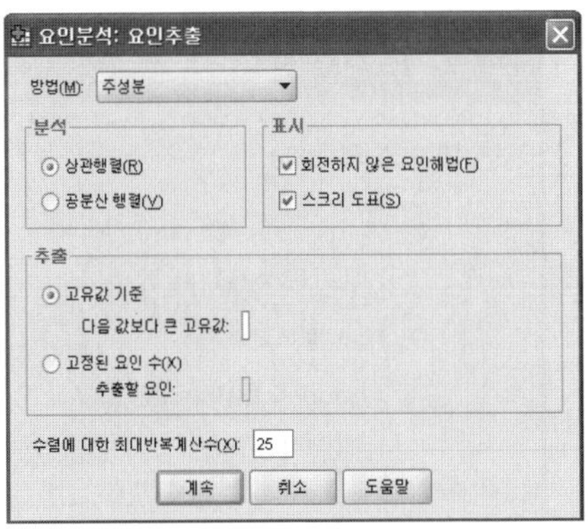

방법에서 주성분, 분석에서 상관 행렬, 표시에서 회전하지 않은 요인 해법과 스크리 도표, 추출에서 고유값 기준, 수렴에 대한 최대 반복 계산수 25를 선택한다.

③ 요인분석: [요인 회전]

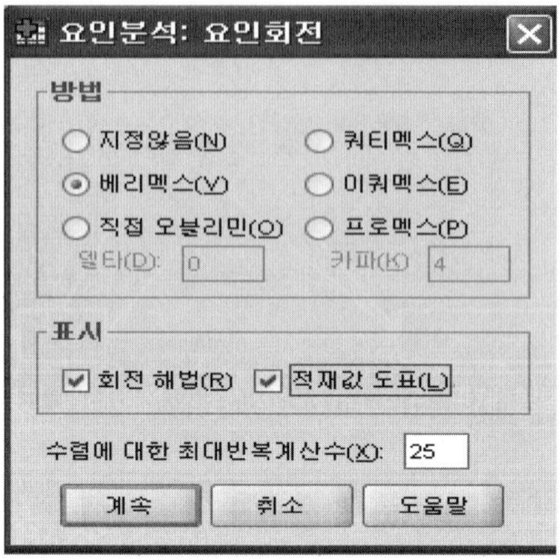

방법에서 베리멕스, 표시에서 회전 해법, 적재값 도표, 수렴에 대한 최대 반복 계산수 25를 선택한다.

④ 요인분석: [요인점수]

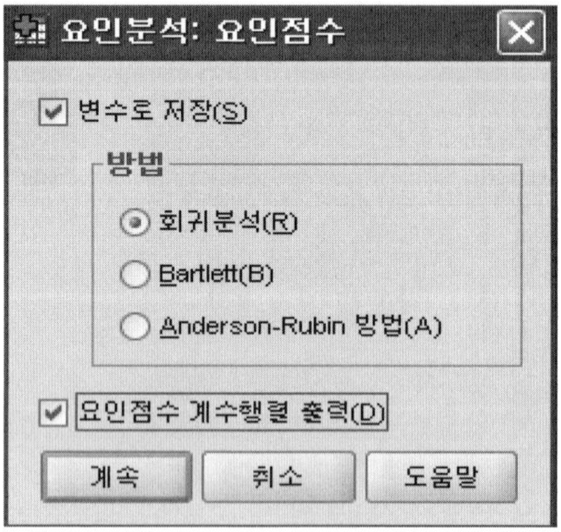

변수로 저장을 선택하고, 방법에서 회귀분석, 요인점수 계수 행렬 출력을 선택한다.

5 요인분석: [옵션]

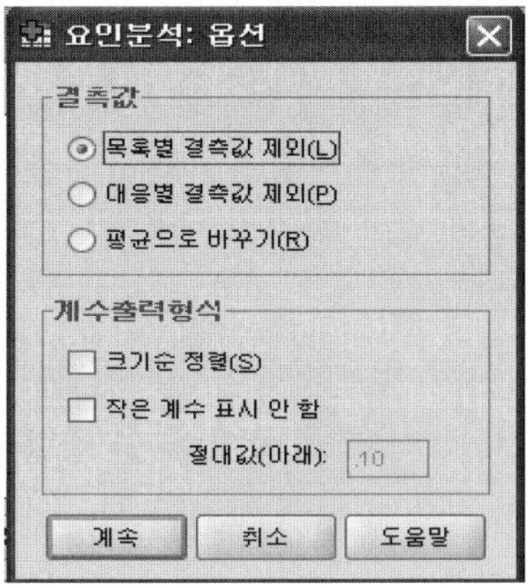

제 6 절 분석 결과

1) 분석 결과

상관 행렬

	청결 상태	음식량	대기 시간	음식맛	친절
청결 상태	1.000	0.050	0.629	0.265	0.686
음식량	0.050	1.000	0.220	0.355	0.009
대기 시간	0.629	0.220	1.000	0.183	0.509
음식맛	0.265	0.355	0.183	1.000	0.272
친절	0.686	0.009	0.509	0.272	1.000

청결 상태와 친절의 상관 계수(0.686)가 가장 높게 나타나 있다.

KMO와 Bartlett의 검증

표준 형성 적절성의 Kaiser-Meyer-Olkin 측도		.655
Bartlett의 구형성 검증	근사 카이 제곱	61.519
	자유도(*df*)	10
	유의확률	.000

2) KMO(Kaiser-Meyer-Olkin)와 Bartlett 검증

수집된 자료가 요인분석에 적합한지 여부를 판단 KMO값은 표본적합도를 나타내는 값으로 0.5 이상이면 표본자료는 요인분석에 적합하다.

3) Bartlett의 구형성 검증

변수 간의 상관 행렬이 단위 행렬인지 여부를 판단하는 검증 방법으로 단위 행렬(identity matrix)은 대각선이 1이고, 나머지는 0인 행렬을 말한다. 위의 표에서 유의확률이 0.000으로 변수 간 행렬이 단위 행렬이라는 귀무가설은 기각되어 차후에 계속 진행할 수 있음을 의미한다.

공통성

	초기	추출
청결 상태	1.000	.823
음식량	1.000	.772
대기 시간	1.000	.649
음식맛	1.000	.615
친절	1.000	.750

추출 방법: 주성분 분석.

4) 공통성

공통성(communality)은 변수에 포함된 요인들에 의해 설명되는 비율로 각 변수의 초기값과 주성분 분석법에 의한 각 변수에 추출된 요인에 설명되는 비율이다.

설명된 총분산

성분	초기 고유값			추출 제곱합 적재값			회전 제곱합 적재값		
	합계	% 분산	% 누적	합계	% 분산	% 누적	합계	% 분산	% 누적
1	2.396	47.929	47.929	2.396	47.929	47.928	2.236	44.719	44.719
2	1.213	24.255	72.184	1.213	24.255	72.184	1.373	27.465	72.184
3	.714	14.287	86.471						
4	.395	7.897	94.368						
5	.282	5.632	100.000						

추출 방법: 주성분 분석.

5) 고유값

고유값은 몇 개의 요인이 설명되는 정도로, 모든 요인(성분)의 고유값 합계는 요인분석에 사용된 변수의 수와 같다(이 사례의 고유값은 5).

[예] 1요인(성분)의 설명력(분산비)

적재값/문항수 = 2.396/5 = 0.480, 48%

2요인(성분)의 설명력(분산비)

1.213/5 = 0.243, 약 24%

6) 초기 고유값(아이겐 값), 설명된 변량(분산%), 누적 변량(누석%)

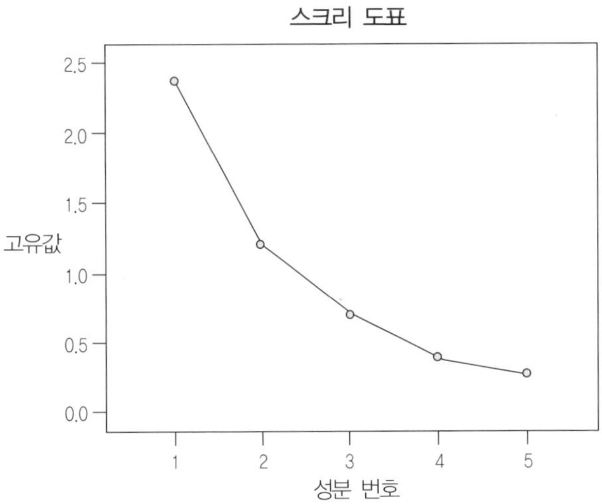

7) 스크리 도표

스크리 도표(scree chart)는 고유값의 변화를 나타낸다. 가로축은 요인 수이고 세로축은 고유값의 크기이다. 고유값이 작아지는 점에서 요인(성분)의 개수를 결정한다. 요인의 개수 2개가 적당하고, 고유값이 크게 꺾이는 형태를 보이고 있으므로 이 자료를 이용 요인분석을 실시해도 된다.

8) 성분 행렬

회전되지 않은 인자 적재치가 제시된다.

성분 행렬은 회전시키기 전의 부하량을 의미한다. 요인(성분) 1과 2에 대해 3변수 X_1(청결 상태), X_3(대기 시간), X_5(친절)의 부하량과 X_2(음식량), X_4(음식맛)의 부하량은 각각 하나의 공통적인 특성을 가지고 있다.

성분 행렬[a]

	성분	
	1	2
청결 상태	.867	-.266
음식량	.291	.829
대기 시간	.800	-.097
음식맛	.503	.602
친절	.817	-.287

요인 추출 방법: 주성분 분석.
a. 추출된 2 성분.

9) 청결 상태의 공통성

청결 상태(X_1)의 공통성(communality)은 요인과 변수와의 관계의 제곱합에 의해서 구할 수 있다. 즉, 요인 1에 대한 적재량의 제곱과 청결 상태(X_1)의 요인 2에 대한 적재량의 제곱인 $(0.867)^2+(-0.266)^2= 0.752+0.071 = 0.823$

[예] 청결 상태에 대한 공통성: $(0.867)^2+(-0.266)^2= 0.752+0.071 = 0.823$

회전된 성분 행렬[a]

	성분	
	1	2
청결 상태	.904	.072
음식량	-.035	.878
대기 시간	.779	.204
음식맛	.246	.745
친절	.865	.034

요인 추출 방법: 주성분 분석.
회전 방법: Kaiser 정규화가 있는 베리멕스.
a. 3 반복 계산에서 요인회전이 수렴되었다.

10) 요인의 회전 이유

요인의 회전(rotation) 이유는 변수의 설명축인 요인들을 회전시켜 요인의 해석을 돕는 것으로, 베리멕스가 가장 일반적인 방법이다.

직각회전 방법이 쓰이는데 성분 점수를 이용해 회귀분석이나 판별분석 등을 수행할 경우, 요인(성분) 간에 독립성이 있는 것이 요인들의 공선성에 의한 문제점을 발생시키지 않기 때문이다. 이 결과를 가지고 연구자는 변수의 공통점을 발견해 각 요인(성분)의 이름을 정하게 된다. 여기서는 제1요인을 설비 관련 요인, 제2요인은 음식 관련 요인으로 명칭을 정했다. X_1(청결 상태), X_3(대기 시간), X_5(친절)은 제1요인인 설비 관련 요인의 구성 요소이고, X_2(음식량), X_4(음식맛)은 제2요인인 음식 관련 요인의 구성 요소이다.

11) 적재치 제시

성분 변환 행렬

성분	1	2
1	.930	.368
2	-.368	.930

요인 추출 방법: 주성분 분석.
회전 방법: Kaiser 정규화가 있는 베리멕스.

추출된 두 요인 간의 관계가 제시되고, 성분 변환 행렬의 요인이 회전된 경우, 변환 행렬값이 나타나 있다. 요인(성분)이 2개로 구성되어 각 5개의 변수들이 공간에 위상을 차지하고 있다. 여기서 X_1(청결 상태), X_3(대기 시간), X_5(친절)는 요인 1인 설비 관련 요인이고, X_2(음식량), X_4(음식맛)은 요인 2인 음식 관련 요인으로 서로 다른 위상에 위치하는 것을 볼 수 있다.

회전 공간의 성분 도표

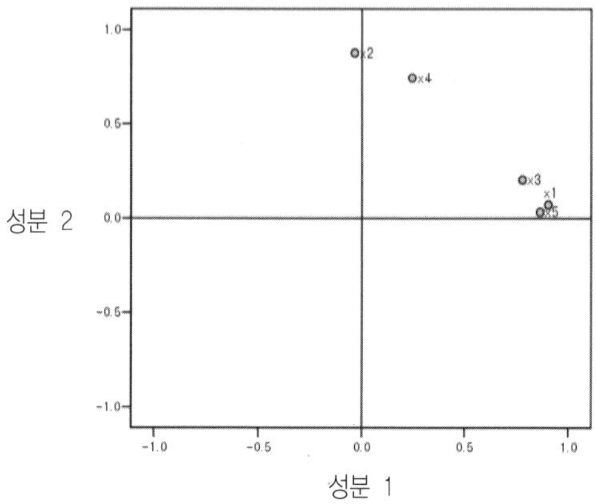

성분점수 계수행렬

	성분	
	1	2
청결 상태	.417	−.071
음식량	−.139	.680
대기 시간	.340	.048
음식맛	.012	.539
친절	.404	−.095

요인 추출 방법: 주성분 분석.
회전 방법: Kaiser 정규화가 있는 베리멕스.
요인점수.

12) 요인점수

요인점수(factor scores)는 각 표본 대상자의 변수별 응답을 요인들의 선형 결합으로 표현한 값이다. 각 개체들의 요인점수는 다음과 같다.

요인(성분)1의 점수 $= (0.417)X_1 + (-0.139)X_2 + (0.340)X_3 + (0.012)X_4 + (0.404)X_5$

요인(성분)2의 점수 $= (-0.071)X_1 + (0.680)X_2 + (0.048)X_3 + (0.539)X_4 + (-0.095)X_5$

성분점수 공분산 행렬

성분	1	2
1	1.000	.000
2	.000	1.000

요인 추출 방법: 주성분 분석.
회전 방법: Kaiser 정규화가 있는 베리멕스.
요인점수.

13) 요인점수 계수행렬 출력 결과

각 변수들의 관찰치를 대입하면, 대상자별로 요인점수를 구할 수 있다. 성분점수 공분산행렬이 대각선은 1이고, 나머지는 0인 것은 베리멕스 방법에 의한 회전 방법을 선택해 직각 회전의 결과이기 때문에 두 요인 간의 관련성이 0인 단위 행렬이기 때문이다. 두 요인은 독립적인 관련성을 갖는다고 해석해야 한다.

제 7 절 요인분석을 이용한 회귀분석

회귀분석: 선형 회귀분석

종속변수: 이용 횟수(X_6), 독립변수: REGR factor score 1, REGR factor score 2

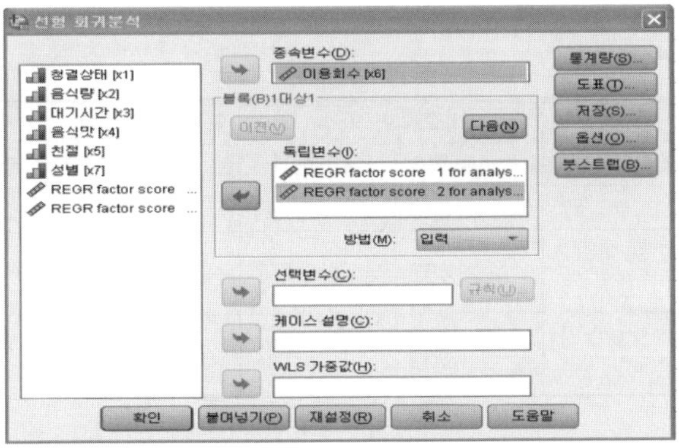

진입/제거된 변수[b]

모형	진입된 변수	제거된 변수	방법
1	REGR factor score 2 for analysis 1, REGR factor score 1 for analysis 1[a]		입력

a. 요청된 모든 변수가 입력되었다.
b. 종속변수: 이용 횟수.

모형 요약

모형	R	R제곱	수정된 R제곱	추정값의 표준오차
1	.816[a]	.666	.636	.866

a. REGR factor score 2 for analysis 1, REGR factor score 1 for analysis

분산분석[b]

모형		제곱합	자유도(df)	평균 제곱	F	유의확률
1	회귀모형	32.929	2	16.465	21.938	.000[a]
	잔차	16.511	22	.750		
	합계	49.440	24			

a. 예측값: (상수), REGR factor score 2 for analysis 1, REGR factor score 1 for analysis
b. 종속변수: 이용 횟수.

제 8 절 회귀식

$$Y = 3.680 + 0.452_{f1} + 1.081_{f2}$$

계수[a]

모형		비표준화 계수		표준화 계수	t	유의확률
		B	표준오차	베타		
1	(상수)	3.680	.173		21.239	.000
2	REGR factor score 2 for analysis 1	.452	.177	.315	2.557	.018
3	REGR factor score 1 for analysis	1.081	.177	.753	6.110	.000

a. 종속변수: 이용 횟수.

1) $Y = X_6$(이용 횟수)

f_1= 요인 1(설비 관련 요인)

f_2= 요인 2(음식 관련 요인)

2) 이 통계식은 유의하며(유의확률 Sig F = 0.000 < 0.05), R^2 = 0.666으로 총 변동의 66%를 설명하고 있다. 1요인(설비 관련 요인)은 통계적으로 유의하며(유의확률 Sig F=0.018<0.05), 2요인(음식 관련 요인)도 통계적으로 유의한 것으로 밝혀졌다(유의확률 Sig F=0.000<0.05).

3) 회귀분석 결과

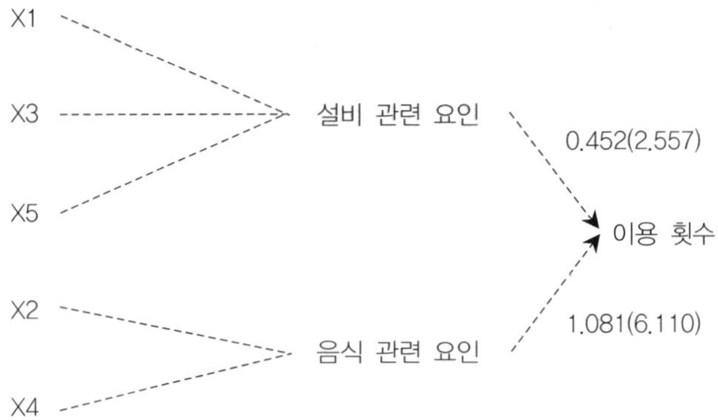

결론적으로 이 음식점은 설비 관련 요인과 음식 관련 요인 모두를 중요시해야 한다. 또한 음식 관련 요인의 회귀 계수가 설비 관련 요인보다 더 크므로, 음식점의 음식 관련 요인에 더 관심을 가져야 한다.

참고 문헌

국내 문헌

강주희 (2015). 「New SPSS 프로그램을 활용한 따라하는 통계분석」. 크라운출판사.

구자홍 · 김진경 · 박진호 · 박헌진 · 이재준 · 전홍석 · 황진수 (2000) 「통계학: 엑셀을 이용한 분석」. 자유아카데미.

김계수 (2001). 「AMOS 구조방정식 모형분석」. SPSS 아카데미.

김민주 (2015). 「행정계량분석(SPSS21활용)」. 대영문화사.

김연형 · 김재훈 (2006). 「SPSS와 사회과학 자료분석. 교우사.

김영석 (2002). 「사회조사방법론 SPSS WIN 통계분석」. 나남.

김용대 · 박진경 (2015). 「SPSS 통계분석」. 자유아카데미.

김준우 (2015). 「설문지 작성법이 추가된 즐거운 SPSS, 풀리는 통계학」. 박영사.

김충현 (2012). 「SPSS 데이터분석」. 21세기사.

김태영 · 김정수 · 조임곤 (2003). 「사회과학 논문 작성과 통계자료 분석」. 대영문화사.

김태진 (2006). 「행정계량분석의 이론과 활용」. 대영문화사.

김호정 (1997). 「행정통계학」. 삼영사.

남궁근 (2001). 「행정조사방법론」. 법문사.

노형진 (2014). 「SPSS를 활용한 조사방법 및 통계분석」. 학현사.

민윤기 · 윤영채 (2004). 「사회과학을 위한 통계분석」. 형설출판사.

박광박 (1999). 「기초통계학」. 교우사.

박성현 · 김성수 · 황현식 (2011). 「고급 SPSS 이해와 활용」. 한나래.

배규한 · 이태림 · 이기재 (2014). 「SPSS를 이용한 통계학」. 자유아카데미.

배규한 · 이태림 · 이기재 (2000). 「사회조사분석(필기시험)을 위한 조사방법론과 사회통계」. 자유아카데미.

배일섭 · 정영숙 (1998). 「SPSS 한글프로그램과 통계분석기법」. 대구대학교출판부.

성내경 (2012). 「표본조사방법론」. 자유아카데미.

송건섭 (2005). 「SPSS 설문지 조사통계 입문 및 조사 실제 사회조사방법론」. 대구대학교출판부.

안광호 · 임병훈 (2004). 「SPSS를 활용한 사회과학조사방법론」. 학현사.

오종철 (2015). 「IBM SPSS Statistics 기초통계분석」. 자유아카데미.

우수명 (2015). 「마우스로 잡는 SPSS22」. 인간과 복지.

이기훈 (2014). 「SPSS를 이용한 통계자료분석」. 자유아카데미.

이덕기 (1999). 「예측방법의 이해」. SPSS 아카데미.

이명천 · 김요한 (2014). 「SPSS를 이용한 사회과학통계」. 커뮤니케이션북스.

이상만 · 김원식 · 김주안 (2015). 「SPSS를 활용한 사회과학 통계분석」. 한울.

이준형 (2000). 「통계분석」. 대영문화사.

이학식 · 임지훈 (2014). 「사회과학 논문작성을 위한 연구방법론: SPSS 활용방법」. 집현재.

장상희 · 홍동식 옮김 (1992). G. W. Bohrnstedt, D. Knoke 지음. 「사회통계학: 원리와 실제」. 박영사.

정동빈 (2003). 「SPSS를 활용한 시계열 자료와 단순화 분석」. SPSS 아카데미.

정우석 · 손일권 (2012). 「과학적 조사방법론(SPSS활용)」. 두양사.

제갈돈 (1997). 「간여시계열 실험과 분석」. 길안사.

최기헌 (1999). 「설문조사 통계자료분석」. 자유아카데미.

최기창 · 박혜련 · 오세열 (1999). 「실문자를 위한 통계학: SPSS/win의 활용」. 한올출판사.

최종후 · 강현희 (1998). 「설문조사: 처음에서 끝까지」. 자유아카데미.

최창현 (2011). 「SPSS. UCINET 활용 조사방법론」. 학현사.

최철현 (2007). 「사회통계방법론」. 나남.

한승준 (2003). 「사회조사방법론」. 대영문화사.

——— (2006). 「조사방법의 이해와 SPSS 활용」. 대영문화사.

허명회 (1992). 「수량화 방법론의 이해」. 자유아카데미.

——— (1998). 「사회여론조사 : 통계적 연구사례」. 자유아카데미.

——— (2001). 「사회과학을 위한 통계적 방법」. 자유아카데미.

——— (2002). 「SPSS 설문지 조사 입문」. SPSS 아카데미.

허준 · 최인규(2000). 「AMOS를 이용한 구조방정식 모형과 경로분석」. SPSS 아카데미.
위키피디아 백과사전(2015).

국외 문헌

Agresti, Alan & Barbara Finlay Agresti(1986). *Statistical Methods for the Social Sciences*, Dellen Publishing Company.

Anderson, T. W. (1971). *The Statistical Analysis of Time Series*, New York: Wiley.

Babbie, Earl R. (2007). *Research Methods for Social Work*. Wadsworth.

Barrow, Michael (1996). *Statistics for Economics, Accounting, and Business Studies*, London: Longman.

Blalock, Ann B. & Hubert M. Blalock, Jr.(1982). *Introduction to Social Research*, Prentice-Hall.

Creswell, J. W. (1994). *Research Design: Qualitative & Quantitative Approaches*, Thousand Oaks: Sage.

Dillon, W. R. & M. Goldstein(1984). *Multivariate Analysis: Methods and Applications*, New York: Wiley.

Etzioni, Amitai & Frederic Dubow(eds.)(190). *Comparative Perspectives: Theories and Methods*, Boston: Little, Brown.

Folz, David H. (1996). *Survey Research for Public Administration*. Thousand Oaks: Sage.

Fox, William(2002). Social Statistics: *A Text using MicroCase*, 4th edition, Wadsworth.

Kim, Joe-On & C. H. Mueller (1978). *Introduction to Factor Analysis: What it is and how to do it*, Thousand Oaks: Sage.

Lang, Gerhard & Georage D. Heiss (1984). *A Practical Guide to Research Methods*, Lanham, MD: University Press of America.

Lewin, Kurt (1951). *Field Theory in Social Science*, New York: Harper.

Miller, Delbert C. (1991). *Handbook of Research Design and Social Measurement*, 5th edition, Thousand Oaks: Sage.

Nachmias, David (2008). *Research Methods in the Social Science*, Worth Publishers.

White, Jay D. & Guy B. Adams (1994). *Research in Public Administration: Reflections on Theory and Practice*. Thousand Oaks: Sage.

찾아보기

ㄱ

ㄴ

ㄷ

ㄹ

ㅁ

ㅂ

ㅅ

저자 소개

제갈욱
애리조나주립대학교 행정학 박사
현, 순천향대학교 행정학과 교수

김병규
켄터키대학교 정치학 박사(공공정책 전공)
현, 국립안동대학교 행정학과 부교수

윤기웅
성균관대학교 국정관리대학원 행정학 박사
현, 국립안동대학교 행정학과 조교수

제갈돈
애리조나주립대학교 행정학 박사
현, 국립안동대학교 행정학과 교수

조사방법론

펴낸날 제1판 제1쇄 2016년 8월 10일
지은이 제갈욱 · 김병규 · 윤기웅 · 제갈돈
펴낸이 임춘환
펴낸곳 도서출판 대영문화사
주소 서울특별시 용산구 청파로 61길 5(청파동 1가) 제일빌딩 2층
등록 1975년 12월 26일 제3-16호
전화 (02)716-3883, (02)714-3062
팩스 (02)703-3839
홈페이지 http://www.dymbook.co.kr

ISBN 978-89-7644-566-7
값 15,000원